KB144303

정보관리기술사 &
컴퓨터시스템응용기술사

Information Management
Computer System Application

vol. 2 | 운영체제

권영식 지음

BM (주)도서출판 **성안당**

머리말

이 책은 IT 분야 기술사인 정보관리기술사와 컴퓨터시스템응용기술사 자격을 취득하기 위해 학습하고 있거나 학습하고자 하는 분들을 위해 만들었다. 필자는 기업에 입사 후 학습량이 절대적으로 부족한 상태에서 여러 번 응시한 적이 있다. 그때마다 느낀 점은 답안 작성을 위해 참고할 만한 서적이 있었으면 하는 생각이 간절했다. 그 당시만 해도 전무한 상태였다. 아무쪼록 본 서적을 통해서 운영 체제 분야 답안 작성에 많은 도움이 되었으면 하는 바람이다.

1.6mm 볼펜으로 400분 동안 자신이 알고 있는 내용을 요약해서 해당 교시별 14페이지에 논리적으로 기술하기란 쉬운 일이 아니다. 심지어 알고 있는 내용일지라도 답안에 기술하기란 또한 쉽지 않다. 이런 어려움을 극복하기 위한 차원에서 필자가 고민 끝에 본 교재를 만들었고 학습자에게는 본 교재가 많은 도움이 되고 실력 향상에 참고가 되었으면 한다. 학원 수강을 통해 습득한 내용과 멘토링을 진행하면서 스스로 학습한 내용을 바탕으로 답안 형태로 작성하여 책을 출간하게 되었다.

기술이란 과거 기술의 연장선으로 성능을 향상하였거나 보안 요소, 저전력, 사용자 편의성을 지향하는 방향으로 발전되고 있다. 해당 기술은 어떤 필요성에 의해 탄생되었는지? 그리고 어떤 기술 요소를 가지고 있고 다른 기술과의 관계는 어떻게 형성되는지? 그리고 향후에는 어떻게 발전될 것이며, 현업(실무자 차원)에서 경험한 문제와 해결 방법 등을 답안에 기술해야 고득점을 획득할 수 있다.

답안은 외워서 작성하는 것보다 실무 경험에서 쌓은 노하우를 논리적으로 기술하는 방법이 제일 좋다. 특히 IT 분야는 매우 다양하기 때문에 현업을 수행하면서 주위의 동료나 다른 부서의 팀원과의 교류를 통해 간접적인 경험을 많이 축적해 보는 것이 학습에 많은 도움이 된다. 직접 해보지 않는 분야에 대해서는 간접적인 경험을 통해 습득하는 것도 좋은 방법이다.

운영체제 학습 방법의 예를 들자면 아래와 같이 전반적인 발전 과정을 미리 이해해 두는 것이 좋다. 예를 들어 스케줄링(Scheduling)의 발전 동향을 보면

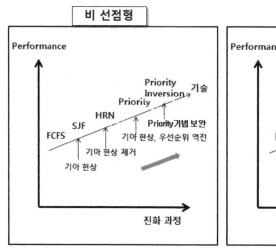

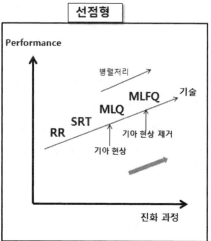

위와 같은 형태로 전체적인 내용을 이해하고 학습하면 지식의 폭을 신속히 늘릴 수 있다.

본 교재는 발전 동향, 배경 그리고 유사 기술과의 비교, 다양한 도식화 등 25년간의 실무 개발자 경험을 토대로 작성한 내용으로 풍부한 경험적인 요소가 내재되어 있는 장점이 있다. 다시 한번 더 학습자 여러분의 답안 작성 방법에 많은 도움이 되었으면 하는 바람이다.

교재 구입 후 추가로 궁금한 내용이나 문의 사항에 대해서는 운영 중인 카페 https://cafe.naver.com/96starpe에 질문 답변을 통해 언제든지 성심성의껏 답변드릴 것을 약속드리며, 본 교재 내의 내용도 지속적으로 보완하여 학습자에게 도움을 드리고자 합니다.

총 9권의 책자가 집필되는 동안 옆에서 묵묵히 내조해 준 사랑하는 아내와 딸 지혜, 아들 대호에게 고맙고, 또한 출판을 위해 여러모로 도움을 주신 성안당 관계자분들께 감사드립니다.

저자 권영식

차 례

PART 2 Unix 및 Linux 운영체제

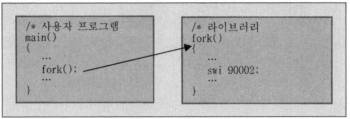

PART 3 　스케줄링(Scheduling)

53. 다음 프로세스(Process) 상태전이도에 대하여 질문에 답하시오. ·· 160

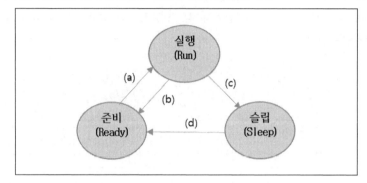

가. (a), (b), (c), (d)에 대하여 각각 설명하시오.

나. (b), (c)가 일어나는 이유에 대하여 설명하시오.

54. Round Robin 스케줄링 기법(Process 도착 시간을 고려) ·· 164

55. Fixed Time Slice 알고리즘에 대해 설명하시오. ·· 166

56. 아래 주어진 표에서 Job의 종류를 J1 J2 J3 순으로 실행 시 39초가 소요되는 원인과 Job 실행 순서를 변경했을 때의 시간을 각각 구하고, 적절한 스케줄링 시 몇 초까지 실행시간을 단축할 수 있는지 논리적으로 설명하시오. ·· 168

Job	CPU 수행시간
J1	5초
J2	10초
J3	4초

57. 비선점 스케줄링 방식인 FCFS와 SJF의 동작 원리를 설명하시오. ·· 170

58. 아래 Table 상황에서 SRT(Shortest Remaining Time) 스케줄링 알고리즘을 사용하여 평균 대기 시간과 평균 반환 시간을 구하시오. ·· 174

Process	도착시간	실행시간
P1	0	8
P2	1	4
P3	2	6
P4	3	5

59. MLQ(Multi-Level Queue)와 MLFQ(Multi-Level Feedback Queue)를 설명하시오. ·············· 176

60. CPU 스케줄링 알고리즘에 대하여 설명하시오. ·· 178

　　가. SJF(Shortest Job First)와 HRN(Highest Response-ration Next)

　　나. MLQ(Multi Level Queue)와 MLFQ(Multi Level Feedback Queue)

PART 4 프로세스 동기화(Process Synchronization)와 문맥 교환(Context Switching) ...

P: Process(프로세스)

R: Resource(자원)

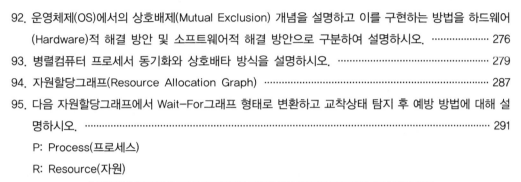

```
Void Scheduler(void)
{
    t1_pri = current task(RUNNING state)'s priority;
    t2_pri = highest priority in the ready list;
    if(t1_pri < t2_pri)
        call context_switch( );
    else
        ; /* do noting */
}
```

PART 5 Memory 제어 기술

> 〈아래 : Page 입력 순서 〉
> A, B, C, D, A, B, E, A, B, C, D, E 순

PART 6 　C-언어 외

PART 7 I/O 제어 및 신기술

OS
(Operating System)

하나의 토픽을 알기보다는 전체적인 발전 과정을 이해하고 도식화하여 기술을 설명하는 연습이 필요합니다. 운영체제(Operating System), Windows OS의 Booting 순서, Process, PCB, TCB, Multi Thread, 마이크로 커널과(Micro Kernel)과 모노리틱 커널(Monolithic Kernel), 실시간 시스템, Tiny OS, 다중 프로그래밍 환경에서 이중 모드(Dual Mode), 운영체제에서의 인터럽트(Interrupt), Process 간 데이터 통신 등 운영체제의 제반 사항을 학습하는 Part입니다.　[관련 토픽-26개]

문	1)	운영체제(Operating System)에 대해 설명하시오
답)		
1.		운영체제(Operating System)의 개요
	가	운영체제의 정의 (사용자와 System간 상호작용)
		-사용자가 Computer System을 원활히 사용할수 있도록
		시스템을 제어하며 컴퓨터와 사용자간의 상호교선위한 프로그램
		-사용자 편의성 제공 & 시스템의 생산성을 향상시키는 S/W
	나	Operating System의 목적

운영체제(OS)	
	-사용자와 Computer간의 Interface 제공
	-자원의 효율적인 운영및 자원 Scheduling
	-Data 공유 & 주변 장치 (I/O) 관리 및 제어 가능
	-처리능력 & 신뢰도 향상, 사용 가능도 향상
	-응답시간(Response) & 반환시간(Turnaround Time) 단축

	다	운영체제의 평가기준

처리능력(Throughput)	반환시간 (Turnaround
-일정시간내 처리하는	Time) · 의뢰시간으로
일(Job)의 양	부터 완료까지 소요시간

운영
체제

사용가능도(Availability)	신뢰도 (Reliability)
-사용필요서 즉시	-주어진 문제를 정확하
사용가능한 정도	게 해결하는 정도

-처리능력, 반환시간, 사용가능도, 신뢰도 등이 평가기준임

2. 운영체제의 기능과 역할

가. OS의 기능

구분	설 명
Process관리	시스템 내의 작업기본 단위인 Process 효율적관리
Main Memory관리	시스템 주메모리 사용과 할당관리
파일관리	시스템 내의 Directory & File의 생성/제거
I/O 시스템관리	입출력 장치별로 제공되는 Device Driver를 통해 다양한 입출력 시스템관리
보조 메모리관리	HDD, SSD등 2차 저장장치의 스케줄링 (Scheduling)&공간 할당관리
N/W (외부통신)	Network 접근을 파일 접근으로 일반화하여 다양한 System간의 연계, 통신관리
자원보호	정의한 System 자원에 대해 사용자 접근제어

나. Operating System의 역할

구분	역할	설 명
사용자 (사용자	프로그램수행	프로그램을 메모리에 적재하여 실행
	입출력 연산	입출력 장치별 특화된 제어 기능수행
정보관리	파일시스템	파일 생성/삭제, 파일 Read/기록수행
편의성	Process간통신	Process간 정보교환지원
제공)	오류탐지 및 복원	다양한 H/W, S/W, N/W에서 발생되는 오류탐지 & 복구지원 (Backup등)
시스템 (시스템	자원할당	다수 사용자나 작업들이 동시에 실행될때, 이들 각각에 대한 자원 제공

		고유역할 수행)	Account-ing	사용되는 정보 자원의 횟수 & 양을 측정하여 사용 통계 제공
			보호	소유자 이외에는 정보 사용 통제 수행

3. 운영체제의 구조 및 구성요소

가. Operating System의 구조

OS의 구조	OS의 기능요소

OS는 H/W와 사용자 응용 S/W 사이에 위치함

4. 운영체제의 구성요소

분류	Module (모듈)
메모리 관리	- 사용되고 있는 Memory의 현황 파악 - Memory Allocation & Memory 반환
보조기억 장치	- Disk의 공간관리, 저장공간 할당, Disk Scheduling, 보조기억 장치 Interface
I/O 관리	- 파일의 생성과 삭제, Directory의 생성과 삭제 - Disk 장치에 대한 File 변환, Backup 지원

		정보	- 정보의 Backup & Recovery	
		보호	- Process 보호, File보호, 접근제어	
		N/W 관리	Network 접근을 각일 접근으로 일반화, 다양한 System 간의 연계, 통신 & 오류 제어	
		명령어해석	사용자 명령 해석 후 System에 전달	

4. 기업 생산성 향상을 위한 OS 선정요소 (실무자 차원)

고려사항	내용	대표 OS
실시간성 (Realtime)	기업에서 제공하는 Service의 시간적 제약(Deadline) 고려	RTOS
목적성	특수(Specific)목적, 소형기기	Embedded OS
보안성	기업 보안 수준 고려한 OS	Secure OS
도입비용	OS 전사도입 비용측면, 공개 SW 고려	Unix 계열

"끝"

문 2) 운영체제(Operating System) (1교시)

답)

1. 컴퓨터와 사용자간 중개역할, 운영체제의 개요

　가. 운영체제(Operating System)의 정의

　　사용자와 Hardware 사이에서 사용자가 Hardware를
　　손쉽게 활용할수있도록 하고 컴퓨터 자원을 효율적으로
　　관리해주는 중개자 역할을 하는 Software.

　나. 운영체제의 목적

| 편의성 | 사용자에 컴퓨터 시스템 사용의 편리함 제공. |
| 효율성 | Computer System의 효율적 운영 |

2. 운영체제의 기능과 역할

　가. Operating System의 기능

구분	설 명
자원할당	CPU 사용시간, 메모리공간, 파일저장공간 등
제어프로그램	입출력장치의 제어, 사용자프로그램 제어
사용자편의제	컴퓨터 지식 없이도 컴퓨터를 사용가능함
프로세스관리	System 내 기본작업단위인 Process 효율적관리
파일관리	시스템내의 디렉토리 & 파일의 생성/제거
I/O관리	I/O 장치별 Device Driver를 통해 다양한 I/O관리
보조메모리관리	HDD, SSD등 2차 저장장치 스케줄링 & 공간할당관리
Networking	다양한 System간 통신관리
자원보호	정의한 시스템 자원 통한 Process & 사용자접근제어

4. 운영체제의 역할

구분	역할	내용
사용자	프로그램수행	프로그램을 Memory에 적재하여 수행
	입출력연산	입출력(In/output) 장치별 연산
	파일시스템 조작	파일을 생성, 삭제하고 읽기/쓰기 수행
	통신	process간 정보교환 지원
	오류 탐지	H/W, S/W 오류탐지및 개선 지원
시스템	자원할당	다수 사용자(User)나 작업들이 실행시, 이들 각각에 대한 자원 제공
	Accounting	사용되는 정보자원의 횟수&양측정, 통계치
	보호	소유자 이외에는 정보의 사용 통제 수행

3. 기업의 효과적인 운영체제 선정을 위한고려요소

고려요소	내용	재료운영체제
실시간성	서비스의 시간적 제약(Deadline) 고려	RTOS
목적성	특수(specific)목적 수행기기	Embedded OS
보안성	기업보안 수준 고려한 OS	Secure OS
도입비용	OS 전사도입 비용측면, 고객 S/W	Linux 계열

"끝"

문 3)		운영체제(Operating System)(2교시)
답)		
1.		System 자원의 효율적인 관리, OS의 개요
	가.	System (Hardware+S/W+F/W) 운영, OS의 정의
		사용자가 System을 효과적으로 사용할수 있도록 자원을 관리하고 사용자와 System간의 인터페이스로서 동작하는 System Software. (H/W및 시스템 제어 & 관리 S/W)
	나.	운영체제(Operating System)의 목적

사용자 편리성	program 개발 & 사용에 편리성 제공
성능 향상	처리 능력향상, 신뢰도 향상, 응답시간 단축등
효율적 운영	제어프로그램 서비스 향상 (I/O제어, N/W오류등)

2.		운영체제의 구성과 구성에 따른 설명
	가.	Operating System의 구성
	-	운영체제는 시스템의 자원관리와 program(프로그램)을 위한 Interface 역할을 수행함

S/W : Software, F/W : Firmware

4. 운영체제 구성에 따른 설명

구분		설명
사용자		해당 유틸리티나 응용프로그램 사용
S/W	운영체제	-H/W와 사용자간 Interface 역할
		-유틸리티 또는 응용프로그램 관리&실행
H/W	CPU	명령어 해독, Process/Thread 관리등
	제어기	메모리/video/ I/O등 제어장치 제어
	보조기억	HDD, SSD, USB 메모리등 보조기억 장치
	네트워킹등	System에 탑재된 유·무선 N/W 제어

3. Operating System의 역할

가. [조정자 역할수행] : OS는 System을 운영하는 H/W, S/W 데이터를 적정하게 사용할수 있도록 제어함. 다른 프로그램이 작업을 할수 있는 환경만 제공할뿐 직접 제어 하는지 못하고, 조정자 역할만 수행함

역할	설명	주요기술요소
프로그램 수행	프로그램을 메모리에적재, 실행	Process, Thread
입출력연산	I/O장치별 특화된 제어기능(수행)	DMA, I/O 채널
파일시스템조작	파일 생성, 삭제, Read/write등	디렉토리관리, 권한관리

나. 자원 할당자 또는 관리자 역할 수행

컴퓨터 시스템이 사용자 요청을 해결하는데 필요한 (프로세서, 메모리공간, 파일저장공간, I/O장치등) 자원을

할당하며 응용프로그램에서 동일한 자원을 요구하여 충돌이 발생할 경우는 시스템을 공정하고 효율적으로 운영하기위해 자원을 어떻게 할당할 지를 결정하는 관리자 역할 수행함

역할	설명	주요기술요소
자원할당	다수의 사용자나 작업들이 동시에 실행될때 이들 각각에 대한 자원제공	스케줄링, 교착상태 방지
Accounting	사용되는 정보자원의 횟수 및 양을 측정, 사용동계 제공	계정정보관리, Audit log
보호	운영체제에 있는 process를 다른 사용자의 프로그램으로부터 보호	세마포어, 모니터, 원자연산, 인터럽트금지등

다. 입출력 장치와 사용자 프로그램 제어 측면 역할

시스템의 부적절한 사용이나 오류를 방지하기 위해 사용자 프로그램의 실행을 제어하며, 특히 입출력 장치를 동작시키고 통제하는 역할을 수행함

역할	설명	주요기술요소
통신	process간 정보교환 지원	IPC(공유메모리 등)
오류탐지	다양한 Hardware, S/w에서 발생되는 오류탐지&복구지원	인터럽트, 교착상태 탐지&복구

4. OS의 발전 전망

가. 안정성, 보안성 강화

- 향상된 Application과 장치간의 호환성, 네트워킹

			과 커뮤니케이션, 통합된 도움말 및 지원 서비스,
			높은 안정성과 강화된 보안기능 탑재
	나		경량화된 OS(Operating System)
			- Web 브라우저 기반의 운영체제인 구글, 크롬 OS 및
			사용자 서비스 중시에 목적을 둔 경량화된 OS로 발전함
	다		신기술 적용
			- Blockchain, AI, 양자컴퓨팅 등 신기술이 신규 OS에
			탑재되어 Release
			"끝"

문 4) 운영체제 기능과 역할에 대해 설명하시오.

답)

1. 운영체제 (Operating System)의 이해

가. Operating System의 정의

- 사용자와 Computer H/W의 중간 매체 역할을 수행하며 사용자의 요청에 따라 System을 제어하는 program

나. 운영체제의 목적

① 사용자와 Computer간의 Interface 제공	② 자원의 효율적인 운영 & 자원 Scheduling
③ Data 공유 & 주변 장치 Management	④ 처리능력 & 신뢰도 향상, 사용 가능도 향상

(가운데 Operating System 원)

2. 운영체제 (Operating System)의 기능과 역할

가. Operating System의 기능

Interface	- 사용자와 System간의 편리한 Interface
S/W 통제 & 관리	- 프로그램 정보교환, Data & 자원공유 - System의 오류 검사, 복구, Backup - 자원의 보호 기능 제공
H/W통제&관리	- 프로세서, 기억 장치, I/O, file 정보등 관리
-자원관리	- System의 각종 HW와 NW관리 및 제어
-Scheduling	- 자원의 효율적 관리를 위한 Scheduling

나. OS의 역할

Process 관리	Process Scheduling & 동기화 관리 담당

		(생성, 소멸등)	Process에게 Memory 할당 & 회수관리 담당
		기억장치관리	입출력 스케쥴링 & 전반적인 관리
		주변장치관리	process에게 Memory 할당 & 회수관리 담당
		(HDD, SSD등)	각일의 Create와 Delete, 변경, 유지
		각일, Data관리	각일의 생성과 소멸, 각일의 유지 & 관리
		사용자관리	사용자 계정관리, 자원 사용 현황관리
3.		Operating System의 발전 방향	
		Green IT 대응	OS Level에서의 전력소모 최소화 방향으로 발전됨 (工/0거거의 Zero Power화)
		Dual 기능 (Mobile화)	Window OS에서 Desktop mode와 Mobile mode 동시에 동작 가능
		Multi OS	한 platform에 여러개 OS 가상화 지원

"22"
E

Trend가
중요

문5)	Windows OS의 Booting 순서에 대해 설명하시오

답)

1. Windows Operating System의 개요

   가. 윈도우 OS의 정의 ; 개인용 Computer 의 운영을
     위하여 MicroSoft (社)가 개발한 Computer 운영체제

   나. Windows OS의 발전

MSDOS → Win3.1 → Win95 → Win98 → WinXP → Win8 → Win X
[IBM open H/W] [Multi Task Spooling 가상메모리] [·Plug& Play지원 ·선점형 동작, ·TCP/IP] [·USB ·IEEE1394 ·DirectX ·ACPI] [Backup 무선 N/W UX, 원격 제어] [·Dual OS ·Mobile 기기]

- 정보화사회에 따른 다양한 정보처리/보호기능추가

2. Window Operating System의 부팅순서

   가. BIOS (Basic Input Output System)의 부팅순서

실행순서

(전원 인가) - Power 공급으로 부터 H/W 전원 인가

(BIOS구동 CPU 시작번지 FFFFF:0000) - 전원과 동시에 CPU의 시작번지는 BIOS 시작번지로 Jump, BIOS내용 Load①

(POST (Power on Self test 수행) - System Bus 검증, Real time clock검증, 비디오구성, Memory test, K/B, Mouse등 I/O검증, HDD연결확인

(plug & play 작업) - 장착 (탑재)된 기본 H/W구성 설정

(MBR (Master Boot Record)) - HDD내의 Master Boot영역검색수행

   나. 윈도우 운영체제의 부팅순서

구분	순서	설명
Boot Loader	Boot Loader 검색	BOOTMGR 혹은 NTLDR

① 의의미는 BIOS를 Memory에 로드하여 수행
    Program   Main Memory

		Boot Loader	검색 및 수행	(이전 Ver.) 검색 및 수행
자기 PC 구동 시 동작 회로는 사항들 임이나다		(Boot Loader 구간)	[OS 선택]	- OS 검색 및 선택 - BCD (Boot-time Configuration Data)이용 Load 수행 - Boot. ini 초기파일 수행
			[NT Kernel Loading]	Kernel HAL (H/W 추상화 Layer)을 메모리로 Loading
			[Device Driver 수행]	- 각 Device Driver 로딩 및 수행 : Boot Driver, System 및 자동 driver
		(Kernel Loading 구간)	[Kernel Subsystem 초기화]	- 초기 Memory 구조체 생성 - CPU 인터럽트 제어기 초기화 - Memory Manager 초기화 - object/process Manager 구동 - System Idle process 구동
			(Device Driver 초기화)	- Kernel 초기화 이후 동작 - Driver의 초기화 과정 수행
		(Session Manager 구간)	[Session 관리자 Subsystem 구동]	- 환경 변수 생성 - Kernel mode side와 User mode side 구동, Logo 구동 - 가상메모리 page 파일 생성
		(Window Login 구간)	[Window 화면 display]	- 사용자 profile Loading / 사용자 인증 과정 수행, Shell구동

차이 (Device = 장치
Driver = Device 구동 program.)

3.	OS 부팅의 성능향상을 위한 운영자 관점의 고려사항	
	방 법	설 명
	SSD 사용	Boot 관련 program은 SSD에 적재
	Driver 설정 변경	-특정 드라이버 초기화 지연에 따른 성능 저하 발생 가능 (timeout 수행)
	BIOS 설정 변경(수행순서)	-CPU Cache 사용활성에 따른 성능개선 -Disk 검색 비활성화 (Menu Setting)
	Quick POST 수행	일부 H/W만 검사하는 축소된 POST만 수행
	plug and play OS 설치	BIOS에서 동작과 CPU 중복 동작은 OS 동작으로 이관하여 수행(부팅시간단축)
	불필요한 OS program 미구동	Background program 및 불필요한 System 서비스 비활성화(disable)

"끝"

문 6) 부트로더(Boot Loader)에 대하여 설명하시오

답)

1. 운영체제 기동 S/W, 부트로더(Boot Loader)의 개요

가. | 부트로더(Boot Loader)의 정의 | OS 기동전 커널이 먼저 기동되기 위해 필요한 작업을 마무리하고 최종적으로 운영체제(OS)를 기동시키기 위한 program(S/W)

나. | 부트로더의 기능 | - 메모리/H/W(사용 port, N/W, Interrupt등) 초기화
- 커널(Kernel) 적재 및 부팅 (주기억장치에 적재)

2. Boot loader의 절차

가. 부트로더의 절차

```
  ┌─────────────┐
  │  전원 인가   │ - power on, Reset
  └─────────────┘
  ┌─────────────┐
  │ 하드웨어 초기화│ - 최초 설정값으로 초기화 (H/W 초기화)
  └─────────────┘      H/W
        │
  ┌───────────┐  Yes
  │ 자동 Boot모드?│──────┐     // 자동인지, 수동 mode인지 판단
  └───────────┘      │     // 수동모드시 사용자 명령 대기
      │ NO           │
  ┌─────────────┐    │
  │ 명령 입력 대기│◄───┘     // 사용자 입력 대기
  └─────────────┘
        │
  ┌───────────┐  No   ┌─────────────┐
  │ 커널 부팅명령?│─────►│ 입력 명령 처리│  // 사용자 명령 처리
  └───────────┘       └─────────────┘
      │ Yes
  ┌─────────────────┐              (Loading)
─►│ 커널 로딩 & 스타트│  // Kernel을 주기억장치에 로딩
  └─────────────────┘
  (  End  )  // OS 구동후 사용자 사용 대기
```

나. Boot Loader의 절차설명

구분	설명
Hardware 초기화	- 프로세스(process) 및 메모리 초기화
	- Network 및 시리얼 port등의 디바이스 초기화

		자동 부트(C Boot)	-커널 등의 프로그램 이미지를 로딩하고 실행시킴 -Auto Boot가 아닌 경우, 사용자 입력 대기상태
		입력 명령 처리	-간단한 수준의 디버깅, 각종 상태 Check -IP주소설정 & 자동부팅설정 등의 H/W환경 설정
		커널로딩 및 start	-Flash나 HDD에 저장되어 있는 커널 및 Root File system을 주기억 장치에 Loading -Kernel 프로그램의 시작번지로 Jump하여 커널부팅

3. Boot Loader의 종류

구분	설 명
LILO	Linux Boot Loader. Assembly 언어로 짜여져 있고 크게 MBR에 들어가는 first.S와 /boot/boot .b로 만들어지는 second.S 두 부분으로 이루어 짐
GRUB	최근 주목 받고 있는 Boot Loader로서 기능과 유연성 면에서 LILO보다 좋음. GNU에서 만들었으며 뛰어난 Shell Interface를 제공
BLOB	ARM SA-11x0 아키텍처에서 사용하는 대표적인 Boot loader로서 GNU GPL이어서 사용에 제한이 없고 Serial 통신으로 Download를 지원
U-BOOT	Universal Bootloader의 약자로 간단하게 PowerPC와 ARM에 기반을 둔 임베디드 보드에서 사용

"끝"

문 7) Process에 대해 설명하시오

답)

1. 기능 안정성 위주 System에 적용, Process의 개요

　가. Context switching 자주 발생, Process의 정의

　　- Processor에 의해 수행되는 program 단위로 현재 실행
　　중이거나 곧 실행가능한 PCB(Process Control Block)를 가진 프로그램

　나. Process의 특징 (Main Feature)

Process (Data, Program, Register, Stack) / PCB 보유
→ Computer 내에 실행중인 프로그램의 Instance
→ 자원 할당, 수집등 자원 하는 최소단위
→ Process 정보는 PCB에 저장되고 반환
　한 Process는 순차적으로 수행 (다버강등비)
→ CPU에 의해 실행, Context 스위칭 발생

2. Process의 상태 설명 및 상태 전이도

　가. Process의 상태 : Process는 Active 동안 Event에 의해 상태 변경

실행 (Run)	현재 Processor를 할당받아 수행중인 Process 상태
준비 (Ready)	실행준비가 되어 프로세서가 처리해주기를 기다림
대기 (Block, wait)	입출력 종료와 같은 외부신호를 기다리고 있는 상태

　나. Process의 상태 전이도

| (준비 (Ready)) ─Dispatch→ (실행 (Run)) / ←선점, 시간초과 / 입출력종료, wake up. → (대기 Block) ←입출력 발생, 입출력 발생 | -Dispatch : 대기 → 실행
-Wake up : 입출력이
종료 → 대기상태 에서
준비상태로 전이 과정 |

3	Process와 Thread의 차이점		
	구분	Thread (성능위주)	Process (기능위주)
	상호 통신	-Library call	-System call
		-요청 Thread만 Blocking	-Call종료서까지 전체자원 Blocking
	처리방식	CPU를 이용하는 기본 작업단위	주로 자원 할당위한 기본단위
	장점	- CPU 성능향상, 자원 활용증대	-순차적 수행 (디거깅용이)
		-성능위주의 System에 적용	-기능위주의 System
	단점	실행순서 모름 (디거깅 어려움)	안정성 -Context 스위칭 발생(저하)

"끝"

문 8)	PCB (Process Control Block)	
답)		
1.	Processor 수행 정보 저장, PCB의 개요	
가	PCB (Process Control Block)의 정의	
	멀티 Task 운영체제에서 Processor가 프로그램을 실행하는데 필요한 모든 정보를 저장하고 있는 자료구조(메모리저장)	
나	Process Control Block의 중요성	
	Context Switching	프로세스가 상태전이를 할경우 PCB이용
	Process 상태 정보	Process번호, 상태, 프로그램 카운터값, 레지스터 값, 메모리영역, open file List등 저장
2.	PCB의 구조와 구성요소	
가	Process Control Block의 구조	

구분	설명
Process ID	Process의 고유한 식별자
Pointer to parent process	Process의 부모프로세스에 대한 Pointer
Pointer to parent process	Process의 자식프로세스에 대한 pointer
Process State	Process 현상태 (Ready, Run, Wait 등)
Program Counter	현재 수행되고 있는 명령어의 위치
Register Save area	중앙 처리장치 (CPU) 레지스터
Memory pointers	프로세스가 위치한 메모리에 대한 Pointer
Priority 정보	프로세스의 우선순위 정보
Accounting 정보	프로세스의 계정정보

		PCB 정보는 각 프로세서들이 실행하는데 필요한 메모리 니고체		
4		PCB의 구성요소 설명		
		항목	내용	비고
		Process번호	프로세스를 구별할수 있는 번호	Process ID
		Process 상태	프로세스 현 상태 정보	Process Status Register
		프로그램 카운터	상태 전이서 이전 코드의 실행주소	PC Register, Jump
		Register 값	프로세스가 실행에 필요한 많은 레지스터	ISR, MAR, MBR, AC등
		Memory 관리	Base, Limit Register, Page, Segment	Cache Address
		Account 정보	사용한 CPU시간, Timer 정보	AC
		I/O state	I/O 장치 List, Open 파일 정보	파일정보, I/O
3		Process 상태 구분		
		- New: 생성 중인 Process요 Admit를 받기 전 단계		
		- Run: process가 실행되고 있는 (명령이 실행되고 있는) 상태		
		- Ready: 명령어들이 실행되기를 기다리고 있는 상태		
		- Exit: process의 실행이 종료된 상태		
				"끝"

문 9)	PCB(Process Control Block)과 TCB(Thread Control Block)
답)	
1.	실행 program의 관리, PCB와 TCB의 개요
가	Process/Thread Control Block의 정의

PCB	Process를 관리하기 위해 유지되는 데이터 블럭 또는 레코드 데이터구조 (실행 program 관리)
TCB	Thread 실행동안 상태(Status) 정보를 유지하기 위해 관리되는 데이터 구조

나. PCB와 TCB의 관계

- 프로세스는 하나이상의 커널 Thread를 포함, PCB는 하나이상의 TCB를 포함하고 프로세스 종료는 포함된 모든 Thread를 종료시킴

2. PCB와 TCB 구성정보

가. PCB 구성정보

구분	구성요소	상세 내용
프로세스 자체 정보	프로세스식별자	각 process에 대한 고유 식별자(ID)
	프로세스 상태	New, Ready, Run, Wait, Halt(Block) 상태 등
	Program Counter	이 프로세스가 다음에 실행할 명령어 주소를 가짐

		프로세스 자체정보	Register	누산기, Index Register, 범용레지스터
			계정 정보	CPU 사용량, 계정번호, Job 또는 Process 번호
		디박자원 정보	I/O 상태정보	I/O 장치목록, open(열린) File 목록 등
			메모리	OS가 사용하는 메모리 시스템에 따라
			관리정보	페이지 테이블 & 세그먼트 테이블 같은 정보 포함

4. TCB 구성 정보

구분	상세 설명
Thread ID	Thread의 고유 식별자 (ID)
Thread PC	PC, 현재 실행중인 Thread Code 주소
Thread 상태	New wait, Time-wait, Block, Runnable, exit 등
Thread 레지스터	Thread가 실행되는 동안 Register 값 stack pointer 등

- TCB는 PCB가 속한 프로세스 상태와 pointer 정보를 포함

3. PCB와 TCB 비교

구분	PCB	TCB
역할	Process 정보저장	Thread 정보저장
구성요소	Owner, PID, Heap Pointer, priority, active thread	Stack pointer, PC, Thread state, register
상호연계정보	하나 이상의 TCB 정보	Thread가 속한 PCB 윙크정보
Context관점	실행 환경 정보	실행 관련 정보
관리 데이터 량	관리 Data 많음 (TCB 공유정보 포함) - Linux 기준 106개 필드	TCB는 PCB에 연결 pointer, Linux 기준 24개 필드

"끝"

문 10)	Thread에 대해 설명하시오.
답)	
1.	Multi-core 세상, Thread의 개요
가.	process 병행성 증가, Thread의 정의
	- 자원 활용 및 처리량 증대를 위해 process 내에서 여러
	동작을 동시에 처리할수 있는 program 단위
나.	CPU Overhead 감소, Thread의 특징 (대표적 특징-8가지)

자원공유 / 상속, 동기화 -Thread간 Sync., 병렬성 -병렬처리, 분할과정복 process관리 Thread실행
TCB (Thread Control Block), 자중 Thread 자원, Context Switching 최소화, System 처리속도 증가

2.	Thread의 종류와 실행구조
가.	Thread의 종류 (User, Kernel Thread로 분류)

사용자 Thread	(UT) 사용자 영역에서 사용되는 Thread
커널 Thread	(KT) 커널 영영(space)에서 사용되는 Thread

나.	Thread의 종류에 따른 실행구조

- Thread는 Single-Thread 또는 Multi-Thread 방식으로 Process와 Kernel에서 병렬로 수행가능

3. Thread와 Process의 차이점

비교항목	process (기능안정성)	Thread (성능위주)
정의	APP.의 실행단위	Process의 실행 단위
생성	Fork() 함수 at Linux	Run()후 Start() at Java
메모리사용	Code, Heap, stack	stack영역 (나머지공유)
CPU	·높은편	·낮은편
Overhead	·Kernel 영역 이용	·User 영역 이용
가시성	관리가능 (순차적실행)	관리불가능 (비순차)
디버깅	용이 (순차)	어려움 (비순차 실행)
Call 형태	System Call	Library Call

"끝"

문	11)	Multi-Thread에 대해 설명하시오.
답)		
1.		Multi-Core 환경, Multi-Thread 개요
	가.	i7 (네할렘) Core 8개 사용, Multi-Thread 정의
		- 여러개의 Thread가 자원을 공유하며 하나의
		수행 업무를 동시에 처리하는 process. (절차)
	나.	Multi-Thread의 사용이유

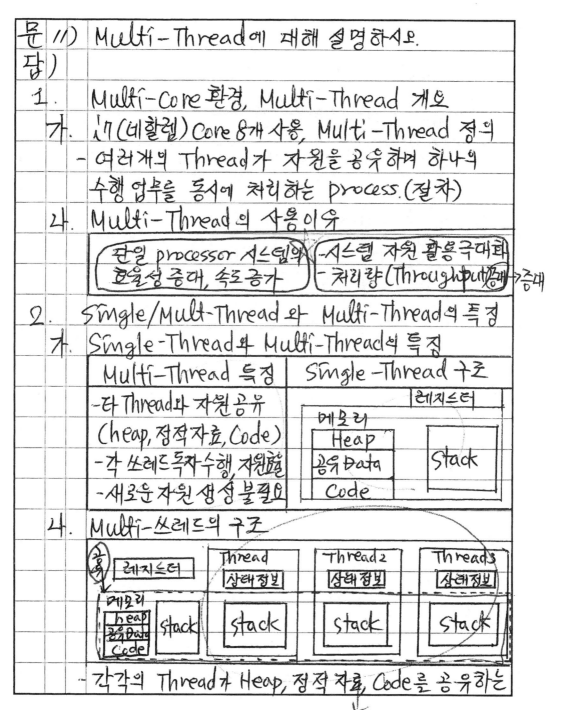

	단일 processor 시스템의	- 시스템 자원 활용극대화
	효율성 증대, 속도 증가	- 처리량 (Throughput)성능→증대

2.		Single/Mult-Thread 와 Multi-Thread의 특징
	가.	Single-Thread와 Multi-Thread의 특징

Multi-Thread 특징	Single-Thread 구조
- 타 Thread와 자원공유 (heap, 정적자료, Code)	레지스터
- 각 쓰레드 독자 수행, 자원값	메모리 Heap 공유 Data Code / Stack
- 새로운 자원 생성 불필요	

나. Multi-쓰레드의 구조

공유 레지스터	Thread 상태정보	Thread 2 상태정보	Thread 3 상태정보
메모리 heap 공유Data Code / Stack	Stack	Stack	Stack

- 각각의 Thread가 Heap, 정적 자료, Code를 공유하는

두개만 그리세요.

			반면 자기자신만의 Register와 Stack만 가짐
3.		Multi-Thread 의 이용분야와 장단점	
	가.	Multi-Thread 의 활용분야 (인터레이드)	
		프로그램 성능 향상	복잡한 사용자 I/F 대응, (ex, JAVA Thread)
		분산시스템 활용	하나의 서버가 많은 Client 요청을 처리시 사용
		Web server	웹서버에 몰리는 Client 요청처리시 멀티 쓰레드 사용
	4.	Multi-Thread 장/단점	

장점	① 여러개의 process fork()가 클요 없음. ② 작은 System 자원으로 활용가능	단점	① DeadLock, 우선순위 역전 가능성 높음 ② 사용자는 Thread를 예측 못함

"끝"

문 /2)	멀티스레딩(Multithreading)의 개념과 종류에 재하여 설명하고, Latency와 Throughput 관점에서 장단점을 설명하시오.

답)

개요

1. 명령어 수준 병렬화, 멀티스레딩(Multithreading)의 ∨

가. 멀티스레딩(Multithreading)의 정의

① 명령어 수준의 병렬화 : 명령어 스트림(Thread)의 병렬적 수행 ② 동일주소공간에서 동작 : 모든 Thread는 주소공간을 (종류)

나. Multithreading의 특징

특징	설명
CPU이용최대화	CPU 자원을 Idle 없이 최대한 사용
응답시간최소화	재기시간긴 작업동안 다른 작업 수행 가능
수행흐름을 분리	한작업은 한 Thread에서 실행, 실행흐름 분리

2. 멀티스레딩(Multithreading)의 종류

종류	도식		설명
	A B C D		-Fine-grain (세밀한, 작은단위) Multithreading
Interleaved Multi-threading	A		
	B	Thread 스위칭	-한번에 두개 혹은 그 이
	C		상의 Thread 처리
	D		-Clock cycle 마다
	A		Thread간 스위칭

Blocked Multithreading

A B C D ✓✓✓✓

A
A
A
////
B

Thread 스위칭 ← event 발생

- Coarse-grain (chunk 단위, Thread 단위)멀티스레딩
- 스레드 명령은 event 발생 전까지 연속해서 실행하고 event발생시 스위칭

Simultaneous Multithreading (SMT)

A B C D ✓✓✓✓

A	A	A	A	B	B	B	C
D	D	D	A	A	A	B	D
D	D	D	A	A	A	B	C
B	D	A	A	A	A	B	B
C	D	D	A	A	A	A	A
A	B	B	D	D	D	D	D

- 수퍼 스칼라 CPU의 전체 성능개선
- 동시에 다수의 명령어가 발송
- 넓은 수퍼스칼라 명령어 발송 능력(처리)과 다수의 Thread Context의 결합형태

Chip Multiprocessing

A B C D ✓✓✓✓

A	A	B	B	C	////
A	////	B	B	////	D	D
////	////	B			D
A	A	////	////	C	D	D
////	////	B	B	C	C	D	D
A	A	B	////	C	C	D	////

- 다중의 프로세스 형태
- 프로세스 마다 Two-issue 수퍼스칼라 형태
- 각 프로세스는 Thread로 할당

3. Latency와 Throughout 관점에서 멀티스레딩 장단점

　가. Multi-threading 장점

장점	설 명	사 례
Idle 시간 감소	한 Thread Cache Miss로 인한 다른 프로세스의 처리	-다양한 연산처리 -프로그램이 큰 경우
빠른 처리 결과(서간	Thread 간 상호작용이 필요한 경우, 대기시간 단축	-외부 서버 & Client 간 -IPC 통한 상호통신
Cache 효율성 강화	다수의 Thread가 동일 Cache 데이터를 사용시 Cache hit 증가	MMDB의 자료를 동시에 사용

　4. Multi-threading의 단점

단 점	설　명	사 례
상호 방해	다수의 Thread가 동일 H/W 자원을 공유한 경우	동일한 USB 저장 공간 사용시
Overhead 인한 속도저하	단일 Thread 운영시 Thread Switching H/W의 불필요한 작업	Thread-switch ing 오버헤드
개선사항 필요	Application S/W와 OS를 위한 Hardware 자원이 필요	Intel사의 Hyper Threading

4. Multi-threading 적용시 고려사항

　가. Latency 및 Throughput 관점에서의 고려사항

고려사항	설 명
Thread수 최적화	스위치 오버헤드 및 대기시간을

			고려한 최적의 수 결정 필요
		데이터의 공유사용	Cache Hit를 최대로 하는 공간적 지역성과 시간적 지역(Locality)성 고려 필요
4		Multi-threading 방법 선택 관점에서의 고려사항	
		고려 사항	설 명
		가격과 성능의 Tradeoff	슈퍼스칼라와 HT와 같은 추가 Hardware (하드웨어)비용과 성능에 대한 고려 필요
		스위칭 타임	Thread의 스위칭주기에 따른 grain의 크기 결정 필요

"끝"

문 /3)	커널 (Kernel)
답)	

1. 자원관리 SW, 커널 (Kernel)의 정의

커널의 정의	OS(운영체제)의 핵심요소로 시스템내 자원을 사용자 응용프로그램에 사용할수 있도록 자원관리 SW
	메모리에 상주, System (시스템) 구동환경설정, 프로그램 스케줄링, H/W관리등 핵심 S/W 역할

2. 커널 (Kernel)의 역할과 유형

가. Kernel의 역할

제어	시간관리/프로세스관리/CPU 스케줄링/IO 제어
자원관리	기억장소/메모리/파일/주변장치등 자원관리
추상화	OS의 복잡한 내부를 감추고 일관성 있는 HW 제어 인터페이스를 응용프로그램에 제공

나. 커널 (Kernel)의 유형

모놀리틱 커널	마이크로 커널
프로세스(Process)/동시성 /메모리관리 등을 관리자모드	전통적인 OS 기능인 파일시스템, NW 프로토콜 스택(Stack), 장치

		에서 실행하여 사용자에게	ㄱ(S/W) 드라이버들을 사용자영역에 위치
		고수준 플랫폼을 제공하는 커널	시켜 H/W추상화를 최소화(경량화)
3.		커널 (Kernel) 유형의 비교	

구분	Monolithic 커널	Micro 커널
핵심 구성	각 파일시스템, 스케줄러, 메모리 관리등이 커널안에 구성	기본적인 IPC, 스케줄러, 메모리등 필수 커널루틴으로 구성 (경량화)
H/W 자원 접근	H/W 제어를 위해 System-Call 사용	H/W 접근을위해 디바이스 드라 이버(SW일종) 필요
성능 관점	H/W 제어위해 System- Call로 인한 오버헤드	잦은 Context switching에 따른 오버헤드 발생
활용 관점	- 범용 OS, System에서 (사용) - Unix/Linux 계열등	- Embedded System - Free RTOS, MACOS 등

"끝"

과 비교 하시오.

문 /4)	마이크로 커널(Micro kernel)에 대해 설명하고 Monolithic 커널
답)	☆ (3)

1.   Kernel의 핵심기능으로만 구성된 마이크로 커널의 개요.

  가. 이식성, 소형화 Kernel, Micro kernel의 정의

    - OS의 기본기능인 커널의 핵심부분인 Process/Thread 제어

    나 실시간 처리에 필요한 기능만 가진 소형화된 커널

  나. Micro kernel의 조건

    (핵심기능포함) - Process/thread 제어, 메모리관리, 메세지 전달포함

    ☆ (이식성) - 이기종간 호환성유지, 컴퓨터간 이식성 보유

    (H/W 최대한배제) - C언어로 작성되어 H/W 의존 요소는 최대한배제

2.   Micro kernel의 구성과 주요특징

  가. Micro kernel의 구성도

마이크로 커널 구조	구성 요소	주요기능
Process 관리 / 통신 관리 / Thread 관리 / 메모리관리 / Supervisor	Process 관리	프로세스 생성, 실행, 종료.
	통신 제어	Thread/process 간 통신 관리
	Thread 관리	Thread 생성, 실행, 종료
	메모리 관리	물리적 메모리 지원, Cache, 가상메모리관리
	Supervisor	인터럽트, 시스템 Call, 예외처리

  나. Micro Kernel의 주요특징

    (여러개 Sub 프로세스로분할) - 프로세스, 메모리, file system 관리등의 서비스제공

    ☆ (시스템문제 발생시 복구용이) - 문제 Server 교체, System 중요 상태 보호 필요

    (메세지 전달방식의통신기법) - 효율적 분산 컴퓨팅 환경 지원

    (Easy kernel 접근) - OS Emulation을 통해 Easy 접근 Kernel

3. Micro kernel과 모놀리딕 (Monolithic) kernel 의 비교

항목	Monolithic kernel	Micro kernel
구조	커널이 OS가 관장하는 모든 서비스들을 가지고 있는 구조	커널의 기능을 최소화 하고 핵심적인기능만 모아놓은구조
특징	-대용량, 확장곤란, 모든기능구현 -기기종속적 (구성요건 자료명 의존) -파일시스템, N/w프로토콜, 표준 Unix파등 OS서비스상위부분 대부분포함	-소용량, 확장용이, 최소한의 code -사용자유연성, Component개념 -Task, Thread, 메모리관리 등은 하위부분, 인터럽트구조처리
안정성	kernel 통합제어로 안정	자주변경시 호환성 고려필요
성능(속도)	System-Call호출 Overhead	최적화가능 → 성능우수(속도)
활용	범용 System	Embedded system
사례	Unix / Linux 계열	Mac OS

- Unix / Linux 계열 에서도 Micro kernel화 추세임.

"끝"

문/5) Embedded OS 특징과 기능에 대해 설명하시오.

답)

1. Embedded 운영체제의 정의와 구성요소

  가. 임베디드 System의 정의 (Specific)

   - 군사, 산업기기, 통신장비, 자동차 전용기기등 특정 (Specific) 목적을 위하여 개발된 System.

  나. Embedded System의 구성요소

구성요소	설 명
개발 Tool	Host system과 Target system의 동시지원, H/W 최적화된 개발 지원
Middleware	ex) 방송용 Middleware 탑재 Settop Box
Application	Browser, Real time Interface
OS	RTOS, TinyOS, Nano Qplus

2. Embedded OS의 특징, 종류, 유형

  가. Embedded OS의 일반적인 특징

이식성	작은 용량의 Memory 및 저속 CPU 지원
모듈성	OS 커널의 필수 요소만으로 구성
실시간성	H/W을 제어하기 위해 실시간 제약준수
고품질	품질 issue Zero화 구현
개방성	Linux 기반, Open Source
응용성	가전, Mobile, 군사용, 환경감시등

			소 형	범용 OS에 비해 저용량, 전력소모 최소

4. Embedded 운영체제의 종류별 특징

종류	특 징
Qplus	-Thread 기반 (Qplus-T), process 기반 (Qplus-P) - Bluetooth, PLC, USB, WLAN
Win XP 임베디드	-Window XP 기반의 Embedded OS -다양한 언어 지원, SDK 환경 지원
Vx Works	-Wind River사의 실시간 운영체제 -수십종의 CPU 지원, SDK 지원
RT Linux	-Linux 기반의 Hard Realtime 솔루션 -다양한 응용(FA, Robotics, 통신, 가전등)

3. Embedded OS의 기능 및 Thread와 Process 차이

가. 임베디드 OS의 기능

기능	주요 기능 및 내용
실시간 처리	-제한된 시간내에 요구응답 만족 -실시간 스케줄링, 비동기 Event 처리
프로그램 스케줄링	-우선순위 기반의 스케줄링 -우선순위 스케줄링중 동적 우선순위변경기능
Multi Tasking	-동기화 메커니즘 (세마포어, 스핀락)제공 -Queue, pipeline, share Memory FIFO등의 IPC 지원

실행

		선점형	-task중 Interrupt 또는 우선순위
		커널 지원	높은 task 전입시 Context switching
		다양한 Booting 수단	-전원 인가후 Embedded system의 응용 sw 가 자동 실행까지 과정, 운영 체제 커널 적재
		전력 관리	-전력소모 최소화를 위해 저전력 상태유지
		file System 관리	-전원 차단으로 인한 File system 손상방지, 무결성 check. (디렉토리, file, Boot-Block, I-node)

④ 重要 **④ process 와 Thread 의 비교**

비교 항목	Process (기능위주)	Thread (성능위주)
정의	-App. 의 실행 단위	-Process의 실행단위
정보저장	-PCB (Process Control Block)	-TCB (Thread Control Block)
호출 방식	-System call (Context switching 발생)	-Library Call (Context 스위칭 최소)
생성	Fork() 함수 at Unix/Linux	Run() 호출후 Start() 수행 at Java
장점	순차적 실행, debugging 용이	-CPU 성능향상 -시스템 자원 활용 극대화
단점	Context Switching 부하	-실행 순서 모름 -Debugging 어려움

으로 인한

외부 접근	-Process ID 이용	-별도의 접근방법 부재
사용 메모리	Code, Global, Heap, stack	-Stack 영역 (나머지는 공유)
CPU Overhead	-높은 편 (kernel 영역이용)	-낮은 편 (User 영역이용)
가시성	관리 가능	관리 불가능

4. Embedd Operating System의 기술동향

개발 동향	시스템 복잡화, 개발 기간 단축화 요구, 단기 개발 지원을 위한 개발도구 및 Code 재 사용 방안 연구중
제품 동향	-통합 개발 환경과 함께 판매증가. (PaaS,SaaS) -WinCE / Embedded Linux등 범용 OS 기반 시장이 확대됨.

"끝"

문	16)	실시간 시스템, 실시간 운영체제 (Real time	
		operating system)에 대해 설명하시오.	
답	)		
1		Mission Critical한 시스템처리, 실시간 시스템의 개요	
	가.	실시간 시스템 (Real Time System)의 정의	
		시스템 동작의 정확성이 논리적 정확성에 시간적 정확	
		성에도 좌우되는 System. 즉, 제한된 시간내에 처리할	
		수 있는 시스템 (System)	
	나.	Real Time System의 등장배경	
		실시간성	특수목적의 H/W를 제어하기위해 실시간 처리
		고신뢰성	주어진 시간 & 제한된 자원사용, 정확한 기능수행
		소형, 저가 저전력	범용 System 대비 소형, 저전력화 기능 대응
		마감시간	특수기능수행 처리시 마감시간 처리 능력 필요.
	다.	실시간 시스템의 중요성 (인명피해, 사용자 불만제거)	
		Hard Real Time System	시간 제약 불만족시 막대한 피해 (원자력 제어, 군사, 자동차등 인명피해)
		Soft Real Time System	시간 제약 불만족시 전체 System 영향도 미비 (동영상/ Audio playback)하나 사용자 불만 크래
2	.	Real Time System 구조 & 주요 기술	
	가.	Real Time System의 구조	
		- Hardware & Software로 구성	

Hardware 구성		Software 구성	
MICOM	ATOM, ARM, 80c51등	OS (실시간 처리)	Hard : RTLinux등
Memory	XIP가능, NOR Flash		Soft : Em-Linux등
I/O	Sensor가능, 특수I/O	App	응용 S/W
N/W	유/무선 통신가능	Driver	특수 Device Driver
	WLAN, Zigbee	Log	Real Time 로그분석
Log	분석(Real Time)	백업	실시간 Backup

4. Real Time System의 주요 기술

주요 기술	설 명
Macro Processor	실시간 Input에 대한 Output 처리
Memory	NOR-Flash 사용하고 XIP가능 대응
I/O Device	다양한 Sensor등의 특수 입력 장치 처리가능
N/W	WLAN, WPAN, LAN, Zigbee등 기능 적용처리
OS	Hard / Soft / Firmw Real time 처리기능내장
응용 S/W	특수목적 처리 & 제어 가능한 Software
Driver	실시간 처리를 위한 Device 제어가능
FPGA구현	RISC CPU구현, 복측한 H/W는 HDL로 FPGA화
저전력 HW	Zero Power 대응 H/W 기능 회로 내장
ASIC	Size 축소, 소형화, 저가격 가능

~ H/W의 소형화, 저전력화, FAST Bootuptime, 저가격

3. 실시간System구현, Real time OS의 개념, 구조, 주요기술

가.	RTOS (Real Time OS)의 정의	
	Hard / Soft / Firm Real time System 구등 S/W	
나	RTOS의 구조	
	응용 Program	다양한 APP. 제어 가능
	Kernel	Thread / process 기반 Scheduling 실시
	Device Driver	특수 H/W의 기능을 제어, Mount후 사용
	메모리/task관리	Memory / Task 관리, Context switch
	File system, N/W	File System, Network 관리
	Hardware	Specific한 기능구현 위한 H/W구성
다.	RTOS의 주요 기술 & 특징	
	주요 기술	특징의 설명
	실시간	- 제한된 시간내에 응답을 위한 요구사항 만족
	처리	- 실시간 Scheduling, 비동기적 event 처리
	Program	- 멀티 프로그래밍을 위한 우선순위 기반 스케줄링
	Scheduling	- 우선순위 스케줄링중 동적 우선순위 변경가능
	Multi-	- 동기화 메커니즘 (Semaphore, spin-lock)제공
	Tasking	- Queue, pipe, share memory, FIFO등 IPC제공
	선점형	- Task 수행중 Interrupt & 우선순위가
	kernel자원	높은 Task 진입시 Context Switching 지원
	다양한	- 전원 인가후 Embedded System의 응용S/W가
	Booting 수단	자동실행까지 과정, OS 커널을 적재
	Semaphore	Critical Section 자원 공유를 위해

			Semaphore	필요한 기능인 상호배제 구현
			우선 순위 역전 방지	우선순위 Scheduling에서 발생되는 Inversion 현상을 우선순위 올림이나 상속으로 방지
			file System	전원 차단으로 인한 File System 손상방지, 무결성 Check (Diretory, file, Boot Block 노드)
			저전력 관리	OS 차원의 ACPI, DVFS, Deepsleep, Tickless-kernel, Power관리_스케쥴링적용
			실시간 Debugging	실시간 Debugging 기능 Code를 삽입하여 문제 발생시 현장에서 즉시 원인 분석 해결가능
4.			Real Time Operating System의 동향&전망	
	가.		군사, 과학, 교육등 다양한 분야에서 Embedded 화 된 Digital 기기의 보급확대에 따른 RTOS 활용 증가 추세	
	나.		국내 RTOS 개발: 정부, 기업, 학교등 범 국가적 차원에서 RTOS 개발및 연구, 상용화 필요	
	다.		디버깅기술 (Debugging) 필요: 실시간 Debugging 가능 기술 필요	
				"끝"

문 (7)	RTOS(Real Time OS)
답)	
1.	Deadline (마감시간) 준수 RTOS의 개요
가.	경량스케줄러. Embedded System을 RTOS의 정의
	주어진 작업을 Deadline 내에 수행하는 일정한 응답시간
	을 요구되는 환경에서 사용되는 OS

나.	RTOS의 특징	시간 제약성, 특수성(최적화), 신뢰성,
	수행시간 예측, 선점/우선순위보장, Context Switching 시간

최소화

다	RTOS와 GPOS 분류
	RTOS	Deadline 설정, 스케줄링 기반 최적화 (효율/공정성)
	GPOS	Best Effort, 자원공평/효율/범용성, Window, Linux
	┌ RTOS에는 POSIX, μTRON 등

2.	RTOS의 구현목표, 구현방법 & 유형
가.	Real Time 의 구현목표

RTOS의 필요성　　　기존개선구현내용　　　RTOS 구현목표

┌ Firmware 구현 ┐
- 기능 종속적　　　　기능독립적　　　　Deadline 준수
- HW 종속적　　　　H/W 독립적　　　　소형 Foot Print
- 자료구조 공유　　　자료구조 분리　　　User Job 작성편의
- ISR 위주구현　　　스케줄러위주구현　　외부모듈사용

┌ Deadline 준수, Realtime 스케줄링. Embedded System
에 적용

| 나. | RTOS 구현방법 및 유형 |

		구현목표	RTOS 구현방법	상세 설명
		Deadline 준수	경량스케줄러 기반 User Job 실행	경량스케줄러 기반 수행으로 기간결과 인터럽트 허용/금지로 수행시간 준수
		소형 Foot print	Task 단위 User Job, 자료구조분리	기능독립적인 Task 단위로 User Job 분할 & IPC 사용 자료교환
		User Job 작성편의	H/W추상화 Layer (HAL) 제공, 자료구조	Biz Logic과 H/W 간의 종속성을 HAL을 통한 추상화 Layer로 분리
		외부 모듈 사용	기능독립적 외부모듈 독립자료구조 종속성제거	다양한 기능의 Task를 독립적 자료구조로 삽입/삭제가 용이한 구
	다.	RTOS 유형		

구분	설명
Hard RTOS	주어진시간초과시 막대한 피해(군사, 항공, 철도, 의료)
Soft RTOS	시간이 초과하면 성능에 영향(실시간 비디오, OLTP, 핸드폰등)
Firm RTOS	중간 형태, 마감시간초과시 무의미, 시간초과시 치명적이여 중요

3		RTOS의 활용과 고려사항
	가.	Embedded 기기에서의 RTOS 활용

- TCP/IP Network stack 확장을 통한 Embedded 기기간 연결성 증가 (N-스크린, DLNA등)
- 모듈형 기능 (컴포넌트 개발방법론) 삽입/삭제로 인한 Embedded S/W 작성및 관리 편의성 증가
- HAL (H/W 추상화 레이어) 통한 추상화로 인한 Business Logic 구현 & 디버깅 (Debugging) 용이

4. RTOS 적용시 고려사항

1) RTOS로 인한 메모리 사용량고려필요

- RAM : Task당 stack 사용량 체크, IPC구조,
  TCB (Task Control Block) 소요량

- ROM : RTOS 자체 코드소요량, 기능분할에 의한
  Business Logic 구현 코드양 증가

2) 스케줄링에 의한 Task수행순서 및 Debugging

- 우선순위역전 고려 대책 마련

- RTOS 디버깅용 plug-in 있는 IDE (개발환경)또는
  Logging 환경 지원 개발환경 구축후 개발&사용

"끝"

문	(8)	기술적 관점에서의 실시간 운영체제 (Operating System) 도입, 선정기준/절차 및 평가 방법		
답)				回
1.		업무 효율성 향상, 실시간 Debugging, 실시간 OS의 개		
	가.	실시간 운영체제 (Real Time Operating System) 정의		
		주어진 특정시간내에 Interrupt를 처리하도록 보장하는		
		OS로서 Embedded System과 같이 제한시간에 영향을		
		받는 응용이나 H/W를 제어하기에 적합한 운영체제		
	나.	실시간 OS의 기술적 관점의 특징		
		항목	기술적 특징	
		Multi Thread	다중쓰레드 지원, 우선순위보장, 선점가능, 동기화지원	
		Interrupt	Interrupt Level 제어 가능, 수십 n∼ms 이내에 동작	
		Memory	메모리고효율, Cache Hit 극대화 등	
	다.	Real Time Operating System 도입위한 사전준비사항		
		항목	설 명	
		공감대	As-Is 대비 도입후 To-Be의 명확한 목적	
		지식습득	RTOS에 대한 기술(제약사항등) 사항 조사 필요	
		교육	내부 IT조직의 RTOS Skill 확보 & 전문가육성plan	
		동향분석	업계동향분석 & RTOS 종류, 특성 파악	
2.		RTOS 도입을 위한 기술적 관점의 선정 기준		
	가.	실시간 운영체제의 종류		

종류	설명	제품
Multi Thread RTOS	OS 커널과 App.이 합쳐져서 서로 구분이 없는 하나의 큰 program.이 되어 작동하는 구조. OS크기 작고 비교적 작은 크기의 System에서 사용	VxWorks, VRTX Nucleus PLUS
Multi Process RTOS	OS 커널이나 각 App.들이 모두 독립적인 Program으로 동작. RTOS크기가 상대적으로 큼. 큰 System 구현시 사용	LynxOS RTLinux Windows CE

4. 기술적 관점의 실시간 OS 선정기준

선정기준	상세 내용
Application 개발기능 (기존 App. 재사용 검토)	- 자사 Application 재개발 가능여부 - ANSIC, C#, C++, JAVA 컴플라이언스, 웹 브라우저, Compiler, Utility Lib.등 통합되어 제공되는지 여부
메모리 관리 기능	- 유연하고 동적인 메모리관리 기능 제공 여부 - Microprocessor MMU 지원 여부
Network Protocol	- FTP, HTTPs, IPv6, Tcp/IP, 무선랜등 세부 사용프로토콜 지원 가능 여부. - N/W 표준지원등
확장성	- Biz 확장(성장시) 대응 가능
이식성	- 다양한 H/W에 대한 지원 가능
보안	- Application의 보안 요구사항 충족
실시간 I/O	동기 & 비동기식 I/O 지원 가능 여부

3		RTOS 선정절차 및 기술적 평가방법		
	가	선정기준에 따른 RTOS 선정절차		

절차	설명	산출물
실시간 운영체제 조사	-유통되는 RTOS 특징 조사 -OS의 기능, 비기능 특징 명세화 -필요시 벤더 제안서로 대체함	RTOS 종류, 특징목록, Vendor 제안서
자사운영 환경분석	-자사의 RTOS 요구사항 정의 -기술적, 관리적, 전략적 요구사항	요구사항 정의서 (기능/ 비기능)
제품선정 기준수립	-기술적, 전략적 선정기준 수립 -선정기준별 배점(정량화) -필요시 외부 벤치마킹 수행	선정기준 (배점표)
제품평가	-RTOS별 선정기준에 따른 평가	평가결과 보고서
RTOS 선정	-내부 Review, 보고후 최종 OS 선정	최종선정 보고서
업체선정	-해당 OS 납품, 기술 지원 업체 선정, 기술력, 경영건전성 고려	업체 선정 결과 보고서

4		기술적 관점에서의 RTOS 평가방법	
		1)실제 기능을 BMT를 통하여 확인, 필요시 현장 검증	

항목	설명
평가인원	내부 IT부서 관리자, 외부 전문가로 혼합구성
평가방식	기술문서 Spec 평가, 실 BMT 통한 평가 병행
요구기술 Set	OS, Embedded System, N/W 프로토콜, APP. 개발언어
	2)제품별 선정기준에 대한 정량적인 기술평가를 실시함

선정 기준	평가 방법
메모리 관리	동적/정적 메모리 할당 수행. Yes(10)/No(0)
N/W 프로토콜	실제 자사 프로토콜 지원 수에 따른 평가
성능	특정 processor에서 MIPS 수행수
기I/O 성능	동기 & 비동기 I/O 동작 여부 등

- 기타 확장성, 이식성 등 평가료로 점검

4. RTOS 선정시 Risk 최소화 방안

가. 내부 사용자의 적극적 참여 필요 : 기술 영향도 평가,
변화 거부반응을 사전에 최소화 가능함

나. 충분한 BMT와 Pilot (prototype 개발) project로
단계별/점진적 접근 가능 : 현재 기술자원으로 대처
가능여부를 선행 개발 통해 점검 (사전에 점검 - 가능성 여부)

" 끝 "

문 19)	실시간 시스템 구축에 있어, 커널(Kernel)의 안전
	기능 (Safety Function)을 정의하고 이를 평가하기 위한
	핵심 시험대상및 항목에 대해 설명하시오.
답)	
1.	Real time System의 Robustness, 실시간 System의 개요
가.	실시간 Computing 활용, Real time 시스템의 정의
	자원이 한정되어 있는 상황에서 작업 수행이 요청되었을
	때, 이를 제한된 시간안에 결과를 도출 할수있는 System
나.	Real time System의 분류

Hard Real time System (경성실시간)	작업실행시간 위배시
System에 치명적인 영향 (예, 무기제어, 자동차, 원자력등)	

Soft Real time System (연성실시간)	작업실행시간 경과
시도 전체시스템에 큰 영향없음 (예, 동영상 play, TV방송등)	

| 다. | 커널(kernel)의 정의와 커널위치및 커널 에러시 동작 |

Kernel 의 정의	OS의 핵심, 컴퓨터내 자원을 사용자 프로그램
이 사용할수 있도록 관리하는 S/W. 즉 process, 파일시스템, N/W관리	

2. 실시간 System의 커널 위협요소, 주요원인, 안전기능

　가. Real time System 커널의 위협요소 및 대응

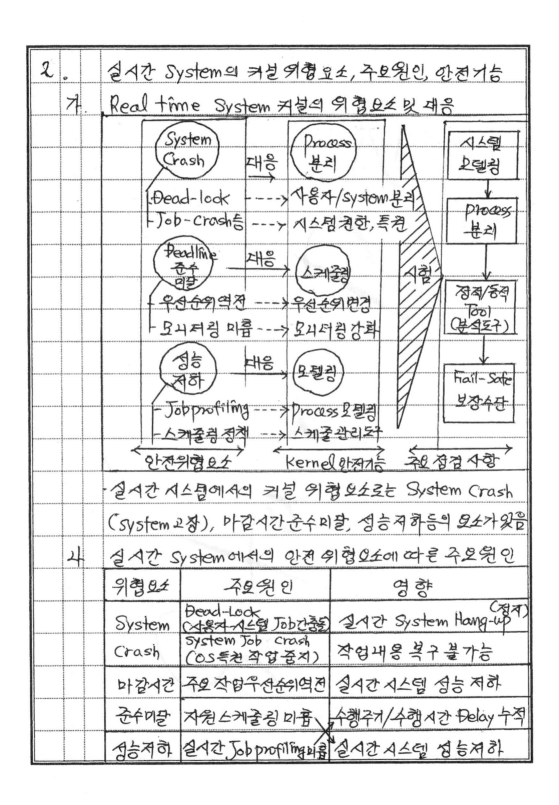

실시간 시스템에서의 커널 위협요소로는 System Crash (System고장), 마감시간 준수미달, 성능저하등의 요소가 있음

나. 실시간 System에서의 안전 위협요소에 따른 주요원인

위협요소	주요원인	영향
System Crash	Dead-Lock (사용자·시스템 Job간충돌)	실시간 System Hang-up (정지)
	System Job Crash (OS특권 작업중지)	작업내용 복구 불가능
마감시간 준수미달	주요 작업우선순위역전	실시간 시스템 성능 저하
	자원스케줄링 미흡	수행주기/수행시간 Delay 누적
성능저하	실시간 Job profiling미흡	실시간 시스템 성능저하

		성능저하	실시간 스케줄링정책	비정상적인 작업 결과 반환

다.	실시간 시스템 안전위협 요소에 따른 커널의 안전기능

대응위협 →	System Crash	마감시간미준수	성능저하
안전기능 →	Process 분리	스케줄링	모델링
세부 안전 기능 →	사용자/시스템	우선순위결정	프로세스모델링
	각티셔닝	모니터링기능	Profiling도구
	상호침범방지	순위 변경자	스케줄관리도구

- 커널안전기능으로는 Process분리, 스케줄링, 모델링으로 가능

3.	실시간 시스템 커널(Kernel) 안전기능 시험대상 및 항목

가.	실시간 시스템 커널안전기능 시험대상

분류	세부기능 시험대상	설명
Process 분리	사용자/시스템 기능분리	사용자와 System 영역 분리여부
	Cpu 각티셔닝 기능	사용자/Job별 각티셔닝 기능
	침범방지 기능	각티션/영역간 침범방지기능
스케줄링	우선순위 지정방식	고정/가변우선순위 지원기능
	실시간우선순위 변경지원	실시간 우선순위 변경기능
	모니터링기능	Job 실행 profile 기능
모델링	모델링도구 지원	Job모델링 도구 지원기능
	profiling도구지원	Job 시뮬레이터 & profiling기능
	스케줄관리도구	실시간 스케줄 Fail-safe기능

시험대상의 분류는 process분리, 스케줄링, 모델링등

4.	실시간 시스템 커널의 안전기능 시험절차와 시험 항목		
분류	**시험항목**	**설명**	
시스템 모델링	정형모델지원	Job정형모델분석 결과 지원여부	
	Job모델분석지원	기존 Job 모델링/분석 결과 지원여부	
	Job디자인도구	신규 Job 디자인 도구 연계여부	
Process 분리	시스템/사용자분리도	시스템과 사용자영역 분리 용이성	
	각티어싱 지원	Job/사용자 CPU 각티어싱 자원용이성	
	주요 작업 분리도	사용자 지정 주요 작업의 분리도 수치	
정적/동적 분석도구	Compile-time Profiler	Job 작성시 CPU 로드예측계산	
	Run-time Profiler	실행시 Job별 CPU 로드 실시간계산	
	Logging 도구	실시간 Logging 단위및 간격지수	
Fail-Safe 보장수단	시스템레벨 감시도구	감시 포인트 기반 스케줄링 상태	
	Watch-dog	임계성능도달시 초기화 여부	
	스케줄러 재지정	우선순위 재지정 & 복구 수행	

4.	안전(Safety Function)한 실시간 System 커널선정절차		

커널선정시고려사항 → 실시간커널&자원도구선정 → 선정결과의 장점

-안전성 점검	-상용 커널사용	-문제점예측가능
-경찰사례 적용	-공개 RTOS선정	-이슈대응신속
-참조사례 점검	-디버깅용이	-강건 설계
-적용 Job시뮬레이션	-지원 Tool 여부	(Robustness)

"끝"

문 20)	Tiny OS (운영체제) 구조와 Kernel Scheduler에 대해 설명하시오

답)

1. Sensor Network (예. Zigbee)에 활용, Tiny OS 개요

가. 무선 Embedded Senor N/W에 사용. Tiny OS의 정의

★ - Sleep 상태 (저전력) 최대화, 초저전력, 초소형, 저가의 노드 (Node)에 저전력, 작은 Code size, 최소한의 Hardware에 적용될 open-source OS.

나. Tiny OS (Operating System)의 등장 배경 (Smart dust활용)

초소형 OS필요	Mote(먼지)를 위한 운영체제 - Zigbee통신
최소 System	OS code 4K이내, 메모리 256 byte
모듈화	Component 기반, M/W 및 스케줄링

2. Tiny OS의 구조와 Kernel Scheduler의 동작

가. Tiny OS의 Architecture

이해

```
          ┌──────────────┐
          │Main Scheduler│
          └──────────────┘
    ┌────────────────────┐  ↑
    │    Application     │
    └────────────────────┘
  ┌────┐ ┌────┐ ┌────┐
  │Sensing│ 통신 │ 구동 │ ...
  └────┘ └────┘ └────┘
  ┌────────────────────┐
  │ HAL C H/w 추상화 layer│
  └────────────────────┘
  Clock, LED, RF, UART, power
```

TinyOS 의 Layer별 구조

· Mote에 다운되는 Application에는 Tiny OS kernel이 그 Application의 Scheduler 역할과 H/W 초기화 역할수행

- Tiny OS에서는 하나의 Application 만 동작 가능
- 기존 Embedded system에서는 OS가 탑재되고 동시에 여러 Application이 동시에 실행이 가능 (차이점)

4. Tiny OS의 kernel Scheduler의 구성및 설명

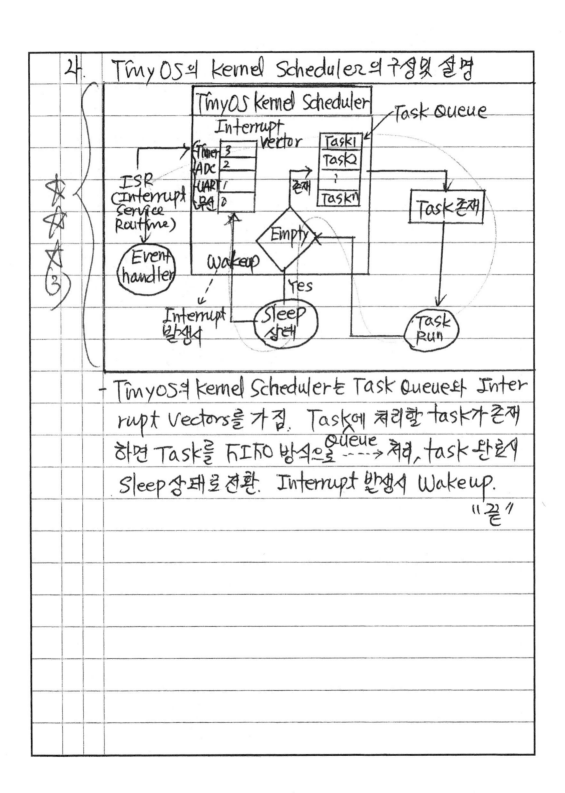

- Tiny OS의 kernel Scheduler는 Task Queue와 Inter
rupt Vectors를 가짐. Task에 처리할 task가 존재
하면 Task를 FIFO 방식으로 Queue 처리, task 완료시
Sleep 상태로 전환. Interrupt 발생시 Wakeup.

"끝"

「 설명하시오.

문 21)	그린운영체제 (Green Operating System)에 대해
답)	
1.	Green IT를 위한 핵심기술. 그린 운영체제의 개요
가.	그린운영체제 (Green Operating System)의 개념
-	운영체제 수준에서 시스템 전략 사용량 낮추는 모든 기술
나.	그린운영체제의 등장 배경

지구온난화	교토의정서 채택 각국의 CO_2 배출 감소
환경문제	IT 제품의 생산및 폐기에서 오는 환경오염
IDC의 전력 사용문제	Internet Data Center의 전력 사용량의 지속적 증가, 이를 해결하기위한 방안

2.	그린 운영체제를 위한 가상화 기술
가.	가상화 (Virtualization)의 개념
-	한 개의 물리적 시스템을 분할하거나 다수의 물리적 시스템을 논리적으로 통합하는 자원 활용기술
나.	가상화를 통한 이점

설치와 관리 부하 감소	설치 이미지를 사용한 OS 설치
시스템 다운시간 최소화	시스템 마이그레이션 기능 활용
편리한 S/W 개발환경 제공	빠른 시스템 재부팅및 다운 최소화
전력 절감및 물리적인 공간의 감소	다수의 서버를 하나로 통합하여 전력감소및 운용공간의 감소

다.	가상화 수준에 따른 분류 및 특징

구분	설　명
서버 가상화	- 하나의 H/W 상에 다수의 OS 실행환경 제공 - Hypervisor : H/W와 OS 상에 위치해 H/W 가상화 기능을 OS에 제공(전가상화, 반가상화) 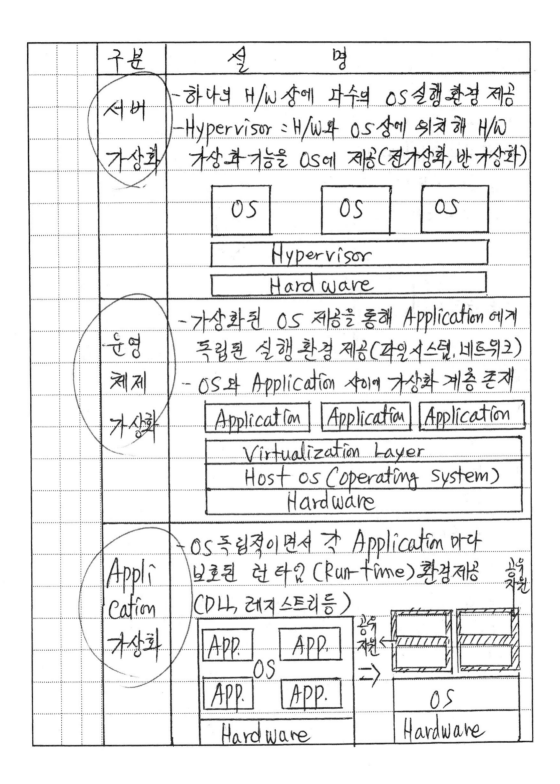
운영 체제 가상화	- 가상화된 OS 제공을 통해 Application 에게 독립된 실행 환경 제공(각인시스템, 네트워크) - OS와 Application 사이에 가상화 계층 존재
Appli cation 가상화	- OS 독립적이면서 각 Application 마다 보호된 런타임 (Run-time) 환경제공 (CDN, 레지스트리 등)

서버 가상화 다이어그램:

OS	OS	OS
Hypervisor		
Hardware		

운영체제 가상화 다이어그램:

Application	Application	Application
Virtualization Layer		
Host OS (Operating System)		
Hardware		

Application 가상화 다이어그램:

APP.	APP.
OS	
APP.	APP.
Hardware	

공유 자원

OS

Hardware

3. 그린 운영체제를 위한 에너지 효율향상 기술

기술	설명
ACPI	- Advanced Configuration and Power Interface - 운영체제가 중심이 되어 각 장치의 동작 상태를 동적으로 파악하고 전력 제어 수행. - 관계별 시스템 (Sleep, Idle, standby, Active) 및 장치의 상태 정의 (G0, G1, G2, G3)
DVFS	- Dynamic Voltage Frequency scaling. - Cpu 전력 감소기술: CPU의 전압과 clock 주파수를 제어하여 전력을 최소한으로 사용 (예. Intel의 Speed Step, AMD의 power Now)
Deep sleep	- Cpu의 유휴 상태 정도에 따라 전력 사용량 결정 - PCU (Power Control Unit)을 통해 각 코어별 전압과 클럭 주파수 제어로 전력 소모량 감소 - C0 ~ Cn 꺼짐 상태 정의 (더 할렘은 C6까지 정의)
Power aware Scheduling	- 작업의 부하 정도에 따라 다수의 코어를 사용하는 태스크를 소수의 코어로 모아서 실행 - 유휴 상태의 코어를 늘려 전력 소비 절감

		power aware API	- 효율적인 power-aware Scheduling 지원기술. - OS와 응용프로그램간 전력정보의 상호전달을 통한 시스템 전력의 능동적 제어및 성능 제공
		Tickless Kernel	- 작업부하에 따른 tick 횟수의 단계적 조절 - Active Mode와 Idle Mode 관리 Timer 구동주기를 차별 (Idle: 구동주기 길게)

4. 그린 운영체제의 발전 방안

- 가상화를 통한 서버 효율성 방향상 방법뿐만 아니라
  가상화 내부 자원관리서 에너지 절감 기술 개발 필요.
- 가상화에 운영 체제 수준의 에너지 절감 기술 도입 검토.

"끝"

문 22) 운영체제 다중프로그래밍 환경에서 이중모드(Dual mode) 구조에 대하여 설명하시오.

가. 이중모드 개념

나. 이중모드의 구조

다. 이중모드의 종류

답)

1. Operating System의 Dual mode의 개요

가. 운영체제에서의 이중모드의 개념

	다중프로그래밍 System에서 자원에
	대한 접근을 사용자모드(User mode)와
	관리자모드(Supervisor / System mode)
	로 분리하여 운영체제를 보호하는 기법

- 관리자모드는 System mode, 모니터모드, 특권모드와 동의어로 사용

나. 이중모드의 역할

구분	역할	적용효과
사용자	보안 제공	악의적인 사용자로부터 OS 보호
	장애/결함 대응	Fault Tolerance 개선 & 성능 향상
System	입출력 장치보호	디바이스별 드라이버 접근권한제어
	메모리 보호	메모리 접근 관리 & 제한
	CPU 보호	프로세스의 CPU 독점 제어

- 이중모드는 사용자관점의 안정성과 시스템수준의 신뢰성 제공하기 위한 구조로 구현됨

2. | Dual mode의 구조

가. | OS상에서의 이중모드 구조의 설명

- 레지스터(Register) Flag를 모드 비트(Bit)로 사용하여 관리자모드와 사용자모드를 구분 전환하며 작업 수행

나. | Dual mode의 메커니즘

순서	모드	메커니즘	설명
1	사용자	사용자의 프로그램 실행	사용자 모드에서 사용자 프로그램 수행 (process 구동)
2	사용자 →관리자	입출력 I/O 발생등의 event	process의 HW 접근, 보안이 필요한 명령등의 수행시 System call 통해 OS가 동작
3	관리자	관리 명령어 실행	운영체제에 의한 필요작업수행, 요청된 작업수행(Int, Trap, System calls)
4	사용자	사용자 프로그램 복귀	관리자 명령 작업 종료후 사용자 program으로 CPU 제어권 전환

- 이중모드의 종류에는 User mode와 관리자(Supervisor) 모드(mode)가 존재함

3. 이중모드의 종류

가. 사용자 모드 (user mode)

구분	설명	핵심
개념	제어권이 사용자에게 있고 사용자 수준의 코드를 수행	
특징	사용자 Application 코드 실행	- 게임, 문서작업등
	시스템 데이터 제한된 접근만 허용	- H/W직접 접근불가
	시스템콜 수행시 사용자 → 관리자모드로 전환	- 레지스터 flag : 1

4. 관리자 모드 (Supervisor mode)

구분	설명	핵심
개념	제어권이 OS에게 있고 OS모드가 수행되어 사용자 프로그램이 사용할 수 없는 명령어를 작동하는 모드	
특징	관리자모드에서 OS는 모든 H/W 접근가능	- OS의 제어 상태
	System 모드 메모리에 접근 및 모든 CPU 명령실행 가능	- 프로그램 제어 명령등
	일부 명령어는 관리자 모드(mode) 특권(privileged)수준 코드실행	- STOP, HALT, RESET 등

"끝"

문 23)		운영체제(OS)에서의 인터럽트(Interrupt)를 정의하고 동작원리를 설명하시오.
답)		
1.		프로그램 동작중 효과적 Interrupt 재응, 인터럽트의 정의
	가	Interrupt의 정의 컴퓨터시스템 외부, 내부, SW적인 원인으로 CPU가 처리하던 프로그램을 일시중단 하고 컴퓨터 제어를 특수사건이나 환경을 처리할수있도록하는 Event
	나	Interrupt 수행과정

```
┌─────────┬─────────┬─────────┬──────────────→ Main program
│ A수행   │← B수행  │ C수행   │
│         ↓ 수행    │         │              ──→ Time
│  결과   ▨ ISR 수행 ▨      │
├───────┬─┴─────────┬───────┬────────┬──→
│   A   │B▨ISR 수행▨│ B수행 │ C수행  │
└───────┴───────────┴───────┴────────┘
```

주프로그램 수행중 ISR수행 (특정 Event, 사용자요구등등)

ISR(Interrupt Service Routine)

2.		Interrupt 동작원리 개념 및 상세설명

동작원리 개념	상세 설명
	① Interrupt 발생 PC(프로그램 카운트)를 Stack에 push(저장) ② 인터럽트 벡터 Table에서 해당 인터럽트의 주소로 JUMP ③ DI, ④ process 상태저장 ⑤ Interrupt 수행(처리) ⑥ process 복귀 ⑦ EI ⑧ Interrupt 수행완료 Stack에서 PC값 POP 복귀

DI = Disable-Interrupt
EI = Enable - Interrupt

3. Software (program) Interrupt의 종류및 설명

종류	설 명	복귀및 처리
System Call	Process, Thread 제어시 발생	프로그램새 INT처리
Divide $\emptyset$	$\emptyset$으로 나누는 연산 수행시 발생	Main()으로 복귀
연산	Over/Underflow 발생	Main()으로 복귀
불법 명령어	지원하지 않는 명령어사용	Main()으로 복귀
불법자원접근	접근권한이 없는 Code Access	Error화면
Trap (트랩)	특정조건 발생시 해당주소로 이동	특정위치로 복귀
SVC	Supervisor Call : OS 감시 프로그램 이 의도적으로 발생	해당주소로 Jump
Watchdog Timer	System 자원 Monitor용	해당주소로 Jump
Ctrl + Alt + Del key 동시	특정 key Board (Ctrl + Alt + Del) push시	화면전환

"끝"

문 24) 운영체제 (Operating System)에서 발생할 수 있는 클럭 인터럽트(Clock Interrupt), 입출력 인터럽트(Input/Output Interrupt), 페이지 부재 (Page fault)의 경우에 대하여 운영체제가 하는 역할에 대해 설명하시오

답)

1. Computer 상태 변화 대응 Interrupt의 개요

가. ISR(Interrupt Service Routine)동작 Interrupt의 정의

주 program 수행중에 주 프로그램을 일시적으로 중지시키는 조건 (Clock / I/O / 페이지부재 등)이 발생하여 주 프로그램은 일시 수행정지 하고 해당 Event가 수행되는 과정

나. Interrupt의 종류 및 우선 순위

구분	항목	설명	우선순위
외부 인터럽트 (H/W)	전원이상	정전등의 경우에 발생	높음 ↑
	기계착오	CPU 오류등의 경우, 부품이상 등	
	외부신호	타이머, K/B, 외부장치 등에서 발생	
	I/O	I/O장치 등에 의해 발생	
내부 인터럽트 (S/W)	명령어 오류	잘못된 명령어 사용 등	
	프로그램 검사	- "∅"으로 나누기 - Overflow/Underflow 등	
SW 인터럽트	SVC(Supervisor Call) 인터럽트	Supervisor Call에 의한 임의 호출등에 의해 발생, 명령어 호출 등	낮음

- 전원 이상, 기계 착오 등의 Interrupt 가 우선순위 높음

2. Clock & I/O Interrupt의 경우 OS가 하는 역할

가. Clock & I/O 인터럽트의 설명

구분	설명	우선순위
Clock Interrupt	- 외부 Interrupt (HW)에 해당 - Timer Interrupt 라고도 함	높음
I/O Interrupt	- 외부 인터럽트 (HW)에 해당 - I/O 장치에 의해 발생	낮음

- Clock Interrupt가 I/O 인터럽트에 비해 우선순위가 높음

나. Clock & I/O Interrupt 경우에 OS가 하는 역할 설명

인터럽트벡터테이블	IVT ②	
Interrupt 벡터값	ISR주소	
인터럽트서비스루틴	ISR ③	
인터럽트금지	Disable INT	
process상태저장	Store process 상태	
인터럽트처리	④ INT 처리	
process상태복구	Load process 상태	
인터럽트허용	Enable INT	

process 처리흐름
① IRQ 인터럽트 요청
⑤ 인터럽트 복귀

①	CPU에 Interrupt 요청
②	Interrupt Vector Table내 해당 ISR 검색
③	실제적인 Interrupt 처리 위치
④	인터럽트 수행 (처리)
⑤	해당 Interrupt 처리 완료, 원래주소로 복귀

| 3 | | Page Fault의 경우 OS가 하는 역할설명 |

- 페이지 부재시 SW Interrupt에 해당하는 Trap이
발생하며 이는 SVC Interrupt에 해당함

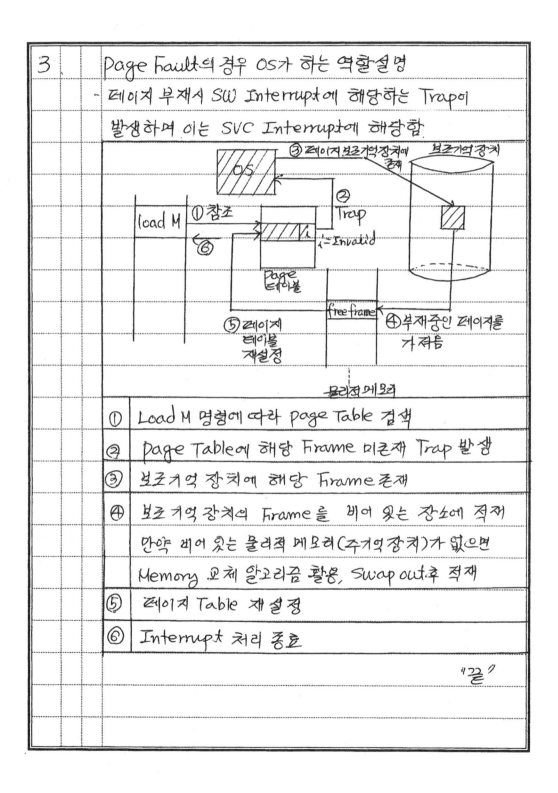

①	Load M 명령에 따라 Page Table 검색
②	Page Table에 해당 Frame 미존재 Trap 발생
③	보조기억 장치에 해당 Frame 존재
④	보조 기억 장치의 Frame을 비어 있는 장소에 적재
	만약 비어 있는 물리적 메모리(주기억장치)가 없으면
	Memory 교체 알고리즘 활용, Swap out 후 적재
⑤	페이지 Table 재설정
⑥	Interrupt 처리 종료

"끝"

의 4가지 유형에 대해 설명하고 비교하시오

문 25)	Process간의 Data 통신, IPC (Inter process Communication)

답)

1. Process간 통신을 위한 IPC의 개요

가. IPC(Inter-process Communication)의 정의
- 프로세스간 정보(Data) 교환을 위하여 프로세스들간 통신수행

나. Process간 통신(협력)이 필요한 이유

정보공유	- Information sharing: 동일정보에 병행 접근수단
계산 가속화	- Task를 SubTask로 나누어 병렬 실행하는 환경
모듈성(Modularity)	- 기능을 process & Thread로 나누어 구성
편의성	- 개별사용자가 동시에 많은 작업처리 환경 제공

2. IPC의 4가지 유형및 활용

구분	설 명	활용(Unix)
Pipe	한쪽 방향 (Read only, write only)으로만 흐름, 동일한 부모를 가지는 process 사이에서만 사용가능	ex) ps-ef | grep processIP ←현재프로세스 List
FIFO	- 모든 프로세스통신가능 (Pipe 관점객) - Pipe와 같이 단방향 통신, - First In First out 방식	mkfifo()함수 이용 FIFO 생성
Message Queue	- 커널 메모리에서 관리, 프로그램 종료시에도 유지, 메시지 전달시 시스템콜필요	kernel 메모리에서 관리됨
Shared Memory	- 커널에의해 생성및 관리 - 세마포어 적용 관리	삭제시 Clean -up 필요.

- N/W 통신을 위해서는 Socket 으로 정보 share함.

3. IPC 유형간의 비교

구분	Pipe/FIFO	메시지 Queue	Shared 메모리
충돌/구현난이도	단방향/쉬움	없음/쉬움	발생/어려움
속도/크기	고속/대량	저속/적은량	저속/적은량
커널간섭	없음	메시지 전달시마다 Kernel 호출	커널호출 (System call)
활용분야	콘솔프로그램	소량의 정보교환	대량/고속의 정보교환

- Shared Memory 기법이 가장 성능우수,
메모리에 있는 접근에 대한 동기화를 처리하기
위하여 계수형(Counter) Semaphore 기법이용

"끝"

문 26)	IPC (Inter Process Communication)		
답)			
1.	Process간 Data통신, IPC의 정의와 필요성		
가.	Inter Process Communication (IPC)의 정의		
	- 프로세스들 사이에 서로 데이터 (필요한 Data)를 주고 받는 행위 또는 그에 대한 방법이나 경로		
나.	IPC의 필요성		

정보공유	동일 정보에 병행적으로 접근할수있는 환경 제공	
계산 가속화	Task를 SubTask로 나누어 병렬로 실행하는 환경제공	
모듈성	Process나 Thread로 나누어 모듈 형태 구성	
편의성	개별 사용자가 동시에 많은 작업처리	

2.	IPC 구현 방법 (공유메모리와 메시지 전달방법)
가.	공유메모리 (Shared Memory) 구현 방법

도식		설명	
프로세스 A 공유 프로세스 B 커널		개념	협력 Process간 공유메모리 이용하여 정보교환
		충돌	발생가능
		구현	구현난해
		속도	고속
		커널 간섭	공유메모리 구축시에만 System Call

		공유 메모리 영역	1. 공유메모리 영역은 공유메모리 세그먼트를 생성하는 process의 주소공간에 위치함 함
			2. 다른 프로세스가 이 세그먼트를 자신의 주소공간에추가
		공유 메모리 사용	- 영역 구축후, 자료의 형식과 위치는 프로세스 소관
			- OS 소관 아님, 즉, kernel (커널) 개입 없음
			- 프로세스들이 동시에 동일한 위치에 쓰지 않도록 해야 할
			- 구현 어려움

4. 메시지 전달 (Message passing) 구현방법

도식	설명	
프로세스A [M] 프로세스B [M] 2 1 커널 [M]	개념	협력 프로세스(process)들 사이에 메시지교환
	충돌	발생하지않음
	구현	구현용이
	속도	저속
	커널 간접	메시지 전달시 마다 System Call

| | | 직접 통신 | 1. 통신연결 (Communication Link)을 선행
2. 각 프로세스들은 수신자 또는 송신자의 이름으로 동시선
ex) Send (P, message) - process p에게 메시지전송
receive (Q, message) - 프로세스 Q로부터 메시지수신 |
| | | 간접 통신 | 1. 송신프로세스는 메시지를 mailbox 또는 port로 송신
ex) Send (A, message) - 메시지를 메일박스 A로 송신 |

간접통신	2. 수신 process가 이를 받아 처리 [수신 ex) receive(A, message) - 메시지를 메일박스 A 로부터

3. IPC의 종류및 활용사례

가. IPC(Inter Process Communication)의 종류및 설명

종류	개념도	설명
Pipe	Process fd[1] fd[0] / Kernel / Pipe Buffer	- 한쪽 방향으로만 통신 가능 - 동시에 읽고/쓰기 불가 - 동일한 부모 자식 프로세스 간의 에만 사용가능
FIFO (Named Pipe)	P2, P3, P4 → FIFO 구조 → P1	- 같은 부모의 자식만 통신할수 있자는 pipe의 단점 해결 - 다른 process와 통신 가능 - 경우에 따라 양방향통신지원 - FIFO(First-In First-Out) 구조
Message Queue	P,A process A / m4 m3 m2 m1 Queue / 메시지 Queue / P,B processB	- Queue에 먼저 들어온 작업이 먼저 서비스 - 메시지 Queue는 서로 다른 process들 간의 자료전달 - 커널에서 관리하므로 프로그램이 종료되어도 계속유지
Shared Memory	malloc() 1 접근불가 malloc() / P,A 접근증가 2 OK P,B / process A 메모리 process B / 물리메모리	- Shared 메모리 영역을 설정하여 프로세스간 정보교환 - 이때 process 정보의 동기화 문제를 해결하기위하여 Semaphore 기법을 이용

나.	IPC 활용사례		

구분	사례	시스템 호출
공유 메모리 시스템	POSIX API	ㅡShmget(); 공유메모리 Segment 생성 ㅡShmat(); 공유영역 접근 프로세스의 주소공간 ㅡshmdt(); 자신의 주소공간으로부터 세그먼트 분리 -Shmctl(); 공유메모리 세그먼트 제거
메시지 전달 시스템	Mash OS	ㅡ메시지는 메일박스에 전송되고 메일박스에서수신 ㅡmsg_send; 메시지를 메일박스에 전송 ㅡmsg-receive(); 메일박스로부터 메시지수신 ㅡmsg-RPC(); 원격프로시저 호출하고 리턴메시지수신
공유메모리 & 메시지 전달시스템	Windows XP	256byte 미만: 메시지 전달 256 byte 이상; 1) 공유메모리영역에 섹션객체 체 생성후 2) 섹션객체의 포인터와 크기정보 전달

4		IPC의 사용상 이점과 공유메모리와 메시지 전달 비교	
	가	IPC 사용상의 이점	

이점	상세 설명
다중프로세스환경에서 프로세스 동기화	동시에 하나의 파일에 여러 사용자가 동시에 쓰기 시도등에 대한 대처
문제 해결	프로세스의 동기화문제를 해결하는데 사용
소규모에서 대규모까지 효율적 처리가능	비교적 작은 데이터일 경우 "메시지 큐" 사용 대용량 Data의 경우는 "공유메모리" 사용

		일관적 인터- 페이스와 사용	각 함수(Function) 마다 강력한 기능 및 유사 동작으로 익히고 활용하는 데 유리
		Program의 코드 간략화	IPC 함수 이용으로 함수의 개수도 줄고, 소스 코드 (Source Code)를 간결하게 만들 수 있음.

4. 공유 메모리와 메세지 전달 방법의 비교

구분	공유 메모리	메세지 전달
개념	협력 프로세스간에 공유메모 리를 이용하여 정보전달	협력 프로세스(Process)사이 에 메세지 전달
충돌/ 난이도	발생가능, 구현 난해	발생하지않음, 구현 용이
커널간섭/ 속도/크기	고속, 많은양 공유메모리 구축시에만 System^{Call}	저속, 적은양 메세지 전달 시마다 System Call

"끝"

Unix 및 Linux 운영체제

유닉스(Unix) 운영체제, Unix 운영체제 부팅(Booting) 과정, 파일 시스템, i-node, Super Block, Unix OS(운영체제)에서 Process 상태 전이도, Unix System Cal, fork()함수, Unix System에서 파일접근제어 방식인 umask, Unix 시스템의 IPC(Inter-Process Communication), Linux 커널, Linux System에서의 프로세스 동기화를 위한 스핀락(Spin-Lock) 등 출제 범위에 포함되어 있어 자주 출제되는 분야로 Unix 운영체제와 Linux 운영체제에 대해 전반적으로 학습할 수 있는 Part입니다.

[관련 토픽-21개]

문 27) 유닉스 (Unix) 운영체제 (operating system)

답)

1. C언어와 Assembly 언어 사용, Unix OS의 개요

가. UNIX (유닉스) 운영체제의 정의

미국 Bell연구소의 CSRG (Computer Science Research Group)에서 Multics OS를 대체하기 위해 개발된 OS로 C언어 출현후 C와 Assembly언어로 개발된 범용의 OS

나. UNIX의 특징

재화식 OS, 다중작업 (Multi-Tasking), 다중사용자 (Multi-user), Multi-Tasking 환경, 계층적 파일시스템 이식성 (Portability)과 확장성, -다양한 S/W 개발 Tool (컴파일러, 디버거 및 문서편집가능, 사용자 및 컴퓨터 간의 동신기) 등

2. UNIX의 개념도와 구성요소의 설명

가. UNIX의 개념도

Users (사용자)			- 사용자
Shell, 명령어들	Compiler나 인터프리터 등	시스템 라이브러리 등	} Shell
Kernel에 대한 시스템 호출 인터페이스			- Interface (shell과 커널)
프로세스 관리	File System, Disk 제어, 디바이스드라이버	CPU스케줄, 링 가상기억 장치	} Kernel
Hardware에 대한 커널 인터페이스			- Interface (Kernel과 Hardware)
I/O Device	HDD, SDD등 보조기억장치	메모리 제어기 등	- Hardware

4	UNIX의 구성요소	
	구분	설 명
	커널 (Ker- nel)	① 운영체제의 핵심, 컴퓨터부텀서 보조거억장치로부터 주거억 장치로 Loading됨(적재). ② System 자원들 (HDD, SSD, MOUSE, Video, Memory등등)을 관리하는 OS의 핵심부분. ③ 항상 주거억장치에 상주하며 프로 세스(Process)관리, 네트워크관리, process간의 통신 등을 관리함 ④ 거억장치 관리(Memory Management) 프로세스 관리(Process 관리), 프로세스간 통신(IPC), 입출력관리(I/O Manage- ment), 파일관리(File Management)등
	쉘 (Shell)	-사용자와 System과의 Interface로서의 역할 -사용자 입력 명령의 해석과 kernel, 유틸리러를 이용한 명령어 해석기(Interpreter)를 실행 -사용자가 프로그램을 할수도 있는 프로그래밍 언어 - C-Shell, Bome-shell, Korn-shell등 자른 명령어체계
	시스템 호출	시스템호출은 크게 입출력시스템, 프로세스간 통신 시스템 호출, process관리 System 호출등으로 분류
	파일 시스템	Tree 형석으로 구성되며 System(시스템)내의 특정 디렉토리, 파일 접근과 관리가 편리
3	UNIX OS에서의 process 종류 및 Linux와 비교	
가	UNIX OS에서의 process의 종류	

Process의 종류	설 명
메모리 관리	Bit, Byte 단위로 저장, Address를 가짐 (사용되고 있는 메모리 현황파악, 메모리 할당(Allocation)및 메모리 반환)
보조기억장치관리	주메모리의 크기및 휘발성 때문에 보조 기억장치 사용(디스크공간관리, 저장공간 할당, 디스크 스케줄링 (Scheduling)
I/O 관리	H/W에 대한 지식 없이 I/O 시스템 이용 (Buffer caching System, 장치구동 Code)
파일관리	파일 생성/삭제/수정, 파일변환&백업지원
보호시스템	Process보호, 파일보호

4 Linux, Unix, Window NT OS간의 비교

구분	Linux	Unix	NT
특징	-적은비용구축가능	-분산된 자원의	-강력한 파일시스템
	-소스코드공개	공유 능력 탁월	-OS와 API 설명
	-완벽한 Unix호환	-다양한 DB 지원	-확한 통제
	-진정한 Multi-Tasking	강력한 TCP/IP Networking	-Window 인터페이스
실행환경	C/s Computing	Host 중심	C/s Computing
주요용도	Internet 서버등	거간 MS 시스템등	파일서버등
OS기반	Kernel	Kernel	Micro kernel
UI	불편	불편	우수(윈도우 UI)

"끝"

문 28) UNIX 운영체제 부팅(Booting) 과정

답)

1. 주기억장치에 OS Loading (적재), UNIX OS 부팅개요

전원 ON

(사용자) → UNIX OS 부팅 (Bootstraping) → 자원제어 / 자원할당 처리 → Computer (CHW, SW, NW, 프로그램등)

사용자대기 상태제공

(Firmware, Software)

-UNIX OS 부팅은 사용자가 OS를 시동(기동) 할때 Bootstrap 하는과정 | Bootstrap | 한번 시작되면 알아서 진행되는 일련 의과정, 즉 BIOS에서 사용자대기상태까지 진행한다는의미

2. UNIX OS 부팅과정및 Booting 과정설명

가. UNIX 운영체제 Booting과정 설명

| power on | → CMOS → POST(power On Self Test)
| Reset | → BIOS(Basic Input / Output System)

ROM-BIOS 에서 결정됨 ①

MBR → Master Boot Record (기본적인 파일시스템 정보)-이너셜(Initial) 프로그램 로더

②

Boot Loader → Boot Loader(OS부팅 program) GRUB(GRand Unified Boot Loader)

③

Kernel → HDD(Hard Disk Drive)에서 커널을 메모리 에적재(Boot Loader), 커널이 OS 구동시작

④

초기 상태 → 사용자 Space, 사용자 사용 대기 Mode, 초기상태

사용자 Space

운영체제 (OS) 동작

4		UNIX 운영체제의 Booting 과정설명	
	구분	단계(실행)	상세 과정
	①	ROM-BIOS	-시스템 H/W 점검, 시스템 H/W 정보 수집
	②	부트로더	-HDD에서 커널을 RAM에 적재, 제어권을 커널에 「이관
	③	커널 로딩	-커널이 RAM(주기억장치)에 적재후 OS구동 -H/W점검완료, 시스템 구동 환경설정등
	④	초기 process 과정	-커널에 의해 init(초기화) 프로세스 생성 「수행 -사용자가 시스템을 사용할수 잇도록 초기화 작업
3		UNIX 부팅과정 핵심, BootLoader 절차설명	
	절차	설명	
	Hardware 초기화	-process 및 Memory 초기화 -H/W(N/W, Device등) 초기화 (사용상태)	
	자동 Boot	-커널등의 프로그램 이미지를 로딩하고 실행시킴 -Auto(자동)부트가 아닌 경우는 사용자 입력대기상태	
	입력 명령 처리	-간단한 수준의 Debugging (디버깅) -IP 주소설정, 자동부팅설정등 H/W환경설정	
	커널로딩, Startup	-HDD에서 저장된 커널&루트 파일시스템을 RAM에로딩 -커널 프로그램의 시작번지로 Jump하여 커널 부팅	
	-Bootloader 종류에는 GRUB가 많이쓰이며, 리눅스의 LILO, 윈도우의 NTLDR (Window NT version)등도 잇음		

"끝"

문 29)	Unix 파일시스템 (File System)		
답)			Te
1.	운영체제에서 저장된 파일의 총체적관리, 파일시스템의 개		
	가.	파일 시스템 (File System)의 개념	
		- OS에서 보조기억장치와 그 안에 저장되는 파일을 관리하는	
		시스템의 통칭, 보조기억장치에 저장된 각파일과 구조	
		- Unix의 모든 파일은 파일명과 하나의 유일한 inode를 가짐	
	나.	Unix 파일 System의 특징	
		- 다중 사용자를 위해 수천개의 파일을 저장	
		- 계층적인 구조로 효과적인 파일처리 & 접근의 편의성 제공	
2.		Unix 파일 시스템의 구성 & 유형	
	가.	Unix File System의 구성과 상세설명	

		구조	구성요소	상세 설 명
		계층적 구조	Boot 블럭	System의 OS(운영체제)를 부트(Boot)하 거나 초기화와 관련되는 Boot Strap코드저장
			Super 블럭	파일시스템의 상태에관한 종합적인정보를 보관하는영역 (타입, 크기, 상태, 메타Data등) →(pointer)
			Bitmap 블럭	i-node와 Data Block의 할당 현황도시
			i-node	파일과 디렉토리에관한 속성정보영역, 파일명을 제외한 파일의 정보
			Data Block	파일 & 디렉토리의 실제 Data를 저장하는영역

4. Unix 파일 시스템의 유형

유형	내용	종류
일반파일	실행가능한프로그램파일, 원시 프로그램파일, 문서파일등 사용자가 정의한 그대로의 파일을 디스크에 내용을 수록	-Text File -Binary File
디렉토리 파일	디렉토리에 포함되어 있는 여러가지 파일들과 디렉토리 정보등을 저장하는 논리적영역	/(루트디렉토리) /Bin(실행파일) /Dev(장치파일)
특수파일	주변장치또는 파이프와 소켓 같은 프로세스간 상호통신, 표준 입출력 시스템호출	문자특수파일 블록특수파일
inode (Index node)	각파일에 대한정보를 기억하는 구조체	-일반파일 inode -특수파일 inode

3. i-node의 개념과 구성요소

가. i-node의 개념도

-Unix에서 i-node는 파일/디렉토리의 정보를 통해 할당

작용, 생성, 링크(Link), 삭제(Delete)의 역할을 수행

4 i-node의 구성요소

분류	내용
i-node	- 한 파일이나 디렉토리의 모든 정보 포함 - 소유자 정보, 접근정보, 파일정보, 링크, 유형
i-node Table	- 한 파일 시스템에서 파일(File)이나 디렉토리(Directory)들의 전체 i-node를 갖고 있는 테이블
i number	- i-node가 i-list에 등록되는 Entry number
Addressing	- 블럭위치 정보를 13개의 필드로 관리 - Direct Data Block 10개 (0~9) - Single indirect Block 1개 (10) - Double indirect Block 1개 (11) - Triple indirect Block 1개 (12)

4 i-node의 디스크 블럭관리

분류	종류	상세 설명
직접 데이터 블럭	-	12개의 포인터 배열을 가지며 Block이 8,192kByte 경우 96KB크기의 파일 생성가능
간접 데이터 Block	Single Indirect Block	- Index Block을 가르킴 - Index Block은 실제 데이터 블럭을 가르키는 포인터(pointer)들로 구성 - pointer는 해당주소를 가르킴

Block = 블럭 = 블록

		간접 (Indirect) Data (데이터) Block	Double Indirect Block	Index Block이 2개의 Layer로 구성
				-1st 인덱스블럭 : 2nd 인덱스블럭을 가르키는 포인터
				-2nd 인덱스 : 실제 Data블럭을 가르키는 포인터
			Triple Indired Block	-인덱스 Block이 3개의 Layer로 구성
				-1st, 2nd 인덱스블럭 : 다른 인덱스 Block가르키는
				-3rd 인덱스블럭 : 실제 데이터블럭을 가르키는 포인

"끝"

문 30) Unix File System 에서의 i-node

답)

1. 데이터 블럭의 메타 (Meta) 데이터 정보관리, i-node [개요]

  가. 데이터 블럭의 위치 지정, i-node의 정의 [정보표현]

   - 각 파일(File)에 대한 정보를 기억하는 120byte 고정크기 구조체

   - Unix 커널에서 각 일을 관리하기 위한 자료구조로서

     각 일이 속한 데이터 (Data) 블럭의 포인터 (pointer)

  나. Unix System 내 i-node의 위치 및 역할

File System →	Boot 블럭	Super 블럭	i-node List	Data 블럭
	↑	↑	↑	↑
	Boot정보	File전체정보	File저장위치등	실Data

    i-node는 각 파일의 위치정보 및 파일(File) 관련

    정보를 저장 (예. 최종사용시간, 수정시간, 생성시간 등등)

2. i-node의 구조와 내용 설명

  가. i-node의 구조

   - i-node는 각 파일의 위치정보 & 파일관련 정보 저장

   - 하나의 i-node는 하나의 파일, 디렉토리, 심볼릭링크,

    블럭장치, 문자처리 & FIFO를 나타냄 (정보입출력)

4. i-node에서 관리하는 자료

구분	주요 사항
소유자 식별자	파일 소유자 계정 정보
그룹소유자 식별자	파일 소유자의 그룹정보
파일접근 허가권한	파일 읽기, 쓰기, 실행권한 정보
파일 실제 Disc 주소	파일의 실 물리 주소
File size (Byte)	파일 크기 (Size)
최초 생성 시기	파일 최초 생성시기
최종 접근 시간	파일 마지막 접근시기
최종 수정 시간	파일 마지막 수정시기
File에 대한 링크수	파일에 대한 링크수
파일 종류	디렉토리인지 파일인지 구분

3. i-node에 저장되는 파일 데이터 블럭구조 (Block 관리방법)

구분	도식	설명
Single Indired Block	Index Block → 실제 Data	Index Block이 실제 데이터를 포인터
Double Indired Block	1'st 2'nd Index블럭/2 Layer → 실제 Data	2'nd Index Block이 실제 데이터를 포인터
Triple Indired Block	1'st 2'nd 3'rd Index블럭/3 Layer → 실제 Data	1'st, 2'nd Index 다른 Index Block를 가르키고 3'nd Index가 실제 Data를 pointer

"끝"

「대해 설명하시오.

문 31)	Unix File system의 개념, 구조, 특징 및 inode에
답)	
1.	Unix File system의 개요
가	Unix File System (UFS)의 정의
-	Unix System에서 사용되는 모든 Memory와 Device들을 파일 형태의 계층화된 구조로 관리하는 체계
나	Unix File System의 필요성

(유지보수 용이) - File system이 계층화된 구조를 가지므로 관리 용이. (개발편리성 제공) - 일반파일, 장치, 디렉토리등이 파일로 처리되므로 동일한 라이브러리 함수를 통해 접근 가능 (Easy 마운트 및 접근) - Disk등 저장장치의 파티션 구성후 임의 접근 쉽게 가능. Flush Memory. CD-ROM등 효율적인 접근수단제공

2.	Unix File System의 특징 및 구조
가	Unix File system의 특징

특징	내용 설명
계층적 구조	Tree 구조, 단일파일구조(Root 디렉토리)에서 뻗어 나감
파일이름	파일이름과 확장자를 구분하지 않음(".."도 파일명)
파일속성	읽기(Read), 쓰기(Write), 실행(Execute)로 구분
파일권한	사용자(User), 그룹(Group), Other 별접근권한지정
로그인 위치	최초 접속시 사용자의 Home 디렉토리로 접근함

나	Unix File System의 구조

File system :

Boot Block	Super Block	inode list	Data Block

부트블럭(Boot Block) - 파일시스템의 시작부로 Unix Kernel Loading(적재)를 위한 부팅정보가 저장되는 장소

Super Block (슈퍼) - 파일시스템 전체에 대한 정보관리

inode List - 각 File의 정보를 저장하고 있는 inode들의 리스트

Data Block - 실제 Data가 저장되는 장소

다. Unix File system의 구성사례

```
                          /(root)
                            |
        ┌──────┬──────┬──────┬ ─ ─ ─ ─ ─ ┐
      /bin    /dev   /usr   /etc ─ ─ ─ ─ ─ /home
```

/bin	기본적인 program저장(Ls와 같은 중요한 명령어 저장)
/dev	System의 Device file(장치파일)이 관리됨
/usr	각종 program 및 공유 Header 및 Library 저장
/etc	System의 각종환경설정 File들이 저장됨
/home	사용자들의 Home Directory 보관

3. I-node의 개념, 구조 및 내용 (UFS의 핵심내용)

가. inode의 개념

- 각 파일에 대한 정보를 가지고 있는 64byte크기 구조체

- inode Table, inode, Index, Data Block으로 구성

4. Inode의 구조

< inode table >   < inode >   < data Block >

(inode table) - File System에서 File이나 Directory에
　　　　대한 inode를 갖고 있는 Table.

(inode) - 파일이나 디렉토리에 대한 정보를 갖고 있는 구조체

(inumber) - inode가 inode table에 등록되는 Index 값

(Data Block) - 실제 Data가 저장되는 공간

나. I-node에 저장되는 정보의 내용

구분	내용
크기 및 시간	파일의 크기, 생성/수정/사용된 시간 정보
식별용 ID	소유자(Owner)의 User ID & Group ID
보호 Bit	파일에 대한 액세스 모드(Access mode)
주소	Data Block들에 대한 주소 저장
링크수, 유형	File이 링크된 수 및 유형 관리(special, Directory, named, ordinary 등)
Index	inode table에 등록된 index

라		Inode의 Data Block 관리방법
		(Single Indired Block) - index Block이 실제 제이터 블럭을 가르킴
	V	(Double Indired Block) - index Block이 2개의 Layer로 구성
		되어 첫번째 index Block은 두번째 index Block을 가리킴.
		즉, 두번째 index Block이 실제 Data Block을 가리키는 구성.
4		Unix File System 관련 실무적인 고려사항
		Inode 구조체에는 File name은 기록되지 않음
	V	ext, ext2 까지는 inode를 사용하나, ext3 부터는
		저널링 (Journaling) 기술을 사용하여 시스템 비정상적인
		종료시 파일복구기능을 강화함.
		〃끝〃

문32) UNIX 커널내에서 파일을 관리하기위한 자료 구조로 inode를 사용한다. inode내에서 데이터블럭을 관리하는 방법에 대하여 설명하시오.

답)

1. Data Block를 위한 Metadata, inode의 개요

　가. | inode의 정의 | 유닉스 Kernel에서 파일을 관리하기위한 자료구조로서 파일이속한 Data Block의 pointer(주소값) (지정)

　나. | 파일시스템 이란 | 운영체제가 파티션이나 Disk에 파일들을 정상적으로 기록하기위해 사용되는 자료구조.

2. inode 구조및 inode내에서 Data Block 관리하는 방법

　가. inode의 구조

```
┌─────────────────┐
│     mode        │─────────→ Data
│    owners       │─────────→ Data       inode는
│   Timestamp     │─────────→ Data       Data Block
│   Block Count   │                      의 시작위치를
│  Direct (직접)  │═══════              알려주는 주소값
│   Blocks        │                      정보들의 Set (집합)
│                 │─────────→ Data
│ Single Indirect │────→ ⋮ Data ───→ Data
│   (간접)        │       Data          Data
│ Double Indired  │────→ ⋮ ───────→ Data
│ Triple Indirect │      pointer        Data
└─────────────────┘                     Data
```

－모드 (Block인지 디렉토리 인지 등) 파일의 Owner, 파일생성, 수정, 접근시간, Block카운트수및 Index 필드로구성 「끝」

4. inode 내에서 Data Block을 관리하는 방법

- Index 필드 13개 (10개의 Direct Index와 3개의 Indirect Index)를 이용하여 해당 Data 블럭을 point하여 Data Block들을 관리함

항목	설명
10개의 Direct Block Index	Indexed Allocation과 같이 저장하고 있는 디스크 블록 주소 저장. 40KB(1024×4KB)지원
Single Indirect Block	4MB : 1024×4KB, 인덱스 한개에 4byte
Double Indirect Block	4GB : 1024×1024×4KB
Triple Indirect Block	4TB

- Index 필드로 보통 13개를 사용하는데 10개의 Direct Block Index와 Indirect Block Index를 이용하여 디스크 블록 주소 4TB까지 지원 (단일블럭이 4KB인 경우)

3. Unix System내 i-node의 위치

Filesystem	Boot 블럭	Super 블럭	i-node List	Data 블럭
	Boot정보	File전체정보	각 파일의 위치정보, 파일관련 정보저장 index에의 한점프	데이터 저장 최소단위 512, 1024, 2048Byte 등

"끝"

문	33)	Unix 운영체제에서 수퍼블록 (Super Block)이 관리
		하는 자료들에 대하여 설명하시오.
답	)	
1.		파일 시스템 정보관리, Super Block의 정의
		- file system을 표현하기위해 다양한 정보(총 i-node
		의수, file system의 크기, Block/단편 크기, Group당
		i-node수, 마지막 Mount한 시간, 마지막 쓰기 시간)
		등, 다양한 정보를 관리하는 Disk상의 Block
2.		Unix file system상의 Block 구성과 관리하는 자료정보
	가	Unix file System상의 Block구성

Boot Block(s) Super Block

| | 4 | Unix file System에서의 자료정보 설명 |

구분	설 명
Boot Blocks	Unix Kernel을 적재시키기위한 프로그램 저장 (Bootstrap)
Super Block	블록크기나 free Block 개수등 파일 System 전체에 관한 내용이 포함된 블럭으로 Backup Super블록도있음

		i-node list	파일에 관한 모든 정보를 저장하고 관리하기위한 객체, 파일이 새로 생성되면 만들어지며 모든파일은 1개의 i-node를 가짐, 파일에 속한 Block위치, 소유자, 접근제어권한, 파일시간정보, 파일유형등을관리	
			Data 블럭	실제 Data가 저장되는 공간

3. Unix file system에서 Super Block의 관리 자료

구분	설 명	비고
Magic number	Super Block임을 확인	S.magic
Version	Version관리, 기능호환성 check	revison 번호
Mount Count	파일시스템이 마운트될때 마다 1씩증가	mount Count
Block Count	Disk Block수	S.block-Count
Block size	Block 크기를 Byte 단위로 표시	1024 byte등
Blocks per Group	-하나의 그룹에 속하는 Block의 개수 -파일시스템을 만들때 정해짐	S.blocks-per Group
Free_Block	파일시스템 내의 free Block 수	S-free-blocks count
Free_inode	파일시스템 내의 프리 inode수	S-free-inodes count
First inode	파일시스템 내의 첫번째 inode의 inode 번호	-
inode per Group	각 Block그룹당들어있는 inode개수	S.inode-per Group
		"끝"

문 34)	Unix OS(운영체제)에서 Process 상태 전이도를 도식하고 설명하시오 (Process 상태 전이도에는 User mode, kernel Mode, ready 상태, Blocked 상태, Suspended Ready, Suspended Blocked 상태, Zombie 상태가 포함되어야 함)		
답)			
1.	Process의 정의 및 상태 설명		
	정 의	Processor에 의해 실행되는 Program 단위로 현재 실행 중이거나 곧 실행 가능한 PCB(Process제어Block)을 가진프로세	
	상 태 설 명	실행(Run)	현재 CPU를 할당받아 수행중인 process 상태
		준비(Ready)	실행준비 완료, CPU가 처리해 주기를 기다림
		재기 (Block.Wait)	입출력 종료와 같은 외부신호를 기다리고 있는 상태
2.	Unix OS(운영체제)에서의 Process 상태 전이도		
	- process가 생성되어 완료되기 까지 존재 가능한 상태		

		동작	동작 설명(도식 설명)
		1	New Process 생성, Process는 존재하지만 Read 상태나 Sleep 상태가 아닌 초기화 상태
		2	Process가 수행중은 아니나 Kernel이 스케줄 하기만 하면 바로 수행될 준비가 된 상태
		3	Process가 Kernel Mode에서 수행중
		4	Process가 사용자(USER) Mode에서 수행중
		5	Process가 수면(Sleeping)상태, 주기억장치내에 존재함
		6	프로세스가 수면 상태에 있고 Swapper가 다른 프로세스를 위해 그 프로세스를 보조기억 장치로 보낸 상태
		7	Kernel이 프로세스를 수행하기위해 스케줄하기 전에 스와퍼(프로세스)가 process를 주기억 장소로 읽어와야 함
		8	process는 exit 시스템호출을 수행 한후 사체(Zombie)상태 Process는 더 이상 존재 하지 않음

Zombie 상태일때 부모 process(parent)가 나중에

수집할 exit 코드나 시간 통계(Timing Statistics) 같은

기록을 남겨 놓음. Zombie 상태는 process의 마지막상태임

"끝"

문 35) UNIX System call 동작 과정을 설명하시오

답)

1. Computer H/W와 사용자 interface, System call의 개요

　가. Unix System call 의 정의
　　- 사용자가 Device Driver등 접근을 위하여 커널의
　　　기능을 사용토록 해주는 Interface 방식.

　나. System call 의 종류

구분	함수
프로세스 관리	fork(), exec(), getpid(), signal()등
파일시스템	open(), read(), write(), close()등
Network 관리	socket(), bind(), connect()등
기타 (자원/실행예)	brk(), timer()

2. Unix System의 구조

　가. 사용자 공간과 kernel 공간의 구조

〈사용자 공간〉	〈커널 공간〉	Hardware
응용 프로그램 → 시스템 Lib-rary	→ 시스템 Call Inter-face → File System → Machine Inter-face	CPU / Printer / Memory / Network / HDD
사용자 Mode	Device Driver	

~사용자는　Kernel 공간과 Device Driver를 통해 H/W 제어

4. Unix System의 구조 설명

구성	설명
Kernel 공간	-System Call I/F와 file 시스템, H/W 제어 -Device Driver는 Character와 Block Driver 　{ Character : Mouse/keyboard 제어 　 Block : HDD, SSD, ODD 제어용으로 사용
사용자공간	응용 program과 System Library로 구성
H/W공간	시스템 구성에 필요한 하드웨어의 구성

3. 시스템 호출 동작과정 및 설명

가. 시스템 호출 동작 과정 (예시 fork()의 경우)

-fork() : process 생성

사용자 Mode
사용자 프로그램
라이브러리 ①

② SW 인터럽트

Kernel Mode
③ 시스템 Call

④ 가상파일시스템(VFS)

〈응용프로그램〉
```
main()
{ ....
  fork();
  ...
}
```

〈fork 라이브러리〉
```
fork()
{ ...
  swi 900 002
  ...
}
```

swi(sw 인터럽트)에 의해 넘겨진 호출 번호를 판독하여 요청응답 fork() → sys-fork()

디바이스도 VFS에 의해 파일 처럼 취득. → virtual File System 함수명 동일

4. System Call 동작과정의 설명

단계	위의 도식에서의 번호순 관계 설명
①	fork함수 사용을 위해 헤더포함 (unistd.h), 라이브러리 링크
②	fork() 호출시 라이브러리의 "swi 900 002" 실행 (SW 인터럽트), 커널 모드 전환후 커널 자원 접근
③	호출 번호 2번에 해당하는 시스템 콜 함수 Sys-fork() 실행
④	가상 파일 시스템을 통해 디바이스로 파일 처럼 사용

- 사용자 모드에서 ① → ② → ③ → ④ 순으로 실행됨.

4. System Call 구현 절차

가. System Call 구현 방법

1) Unix 및 Linux 2.4 이전 Version의 경우 kernel 리빌드를 통하여 System Call 구현 가능.

2) Linux 2.4 이후 버전에서는 "Module" 개념 도입으로 Kernel 리빌드 없이 System Call 구현 가능

나. System Call 구현 절차 (Linux)

라. 커널 리빌드와 모듈 적재의 비교

구분	커널 리빌드	모듈 적재
커널소스 필요유무	커널의 완전한 소스가 필요함	커널소스 필요 (단, 헤더와 라이브러리는 필요)
커널 컴파일	필요	필요 없음
소모시간	오래 걸림	오래 걸리지 않음
하드디스크 용량	소스 및 오브젝트 생성공간 필요	개별 모듈 소스 및 오브젝트공간만 필요

"끝"

문 36) 아래 프로그램에서 fork() 함수를통한 시스템
호출(System call)과정을 사용자모드와   커널모드
로 구분해서 설명하시오.

/* 사용자 프로그램	/* 라이브러리

main( )
{
 `...`
    fork();
}
	fork()
	{
	   swi 90002;
	  `...`
	}

답)

1. System Call (시스템 호출)의 정의
 - 시스템 호출은 응용프로그램에서 OS(운영체제)에게
   어떠한 기능을 수행해 달라고 하는 하나의 행위(Call)
 - OS 커널이 제공하는 서비스에 대해 응용프로그램의
   요청에 따라 커널에 접근하기 위한 인터페이스.

2. System call의 종류

구분	종류
프로세스 제어	fork(), exec(), getpid(), signal()등
파일 시스템	open(), read(), write(), close()등
네트워크 관리	socket(), bind(), connect(), listen()등
메모리 관리	brk(), vm86old(), vm86()등
시스템 정보 (시간)	time(), utime(), times()등
권한설정	fchown(), chmod(), fchmod()등

3. fork() 함수를 사용한 System call 과정설명
(사용자모드와 커널모드구분)

　가. fork() 함수 (주어진문제)사용 System call 예시

| 사용자프로그램 | → | *사용자프로그램* main() { ... fork(); ... } | *라이브러리* fork() { ... swi 9d0d2; ... } |

사용자모드 ①↓

라이브러리

②↓

| Software 인터럽트 | → 시스템 호출번호를 추출하여 사용하 는 함수를 호출할수 있도록 함 |

커널 모드 ③↓

| System Call | → swi에 의하여 넘겨진 호출번호를 판독하여 커널에게 해당사항을 넘겨줌 fork() → Sys_fork() |

④↓

| 가상파일시스템 | → 파일, 디렉토리, 디바이스 등 모든것을 파일로 취급 |

　4. fork() 함수의 System call 수행과정 설명

단계	설　명
① 단계	fork() 시스템 호출 함수를 사용하려면 fork() 함수 정보가 있는 /include/unistd.h 헤더파일 을 include. 링커(Linker)로 라이브러리에서 대응하는 함수와 연결
②	라이브러리 내부의 fork() 함수: "swi 9d0d2"의 미

			②	Software 인터럽트를 통해 사용자모드에서 커널(Kernel)모드로 전환되어 커널 자원을 접근
			③	호출 번호 ②에 해당하는 시스템 호출 함수 Sys-fork() [실행]
			④ 단계	가상 파일 시스템을 통해 커널 자원인 파일, 디렉토리, 디바이스등을 하나의 파일처럼 접근

"끝"

문 37)	Unix System에서 umask의 의미 및 설정방법
답)	
1.	Unix 운영체제의 접근권한 설정, umask의 의미
	- 파일(File)이나 Directory 생성시에 자동으로 부여되는
	기본 접근 권한(permission) 설정 「받음
	- 모든 Unix의 shell에서 start profile은 umask값에 영향을
2.	Umask 정보의 구조및 정보의 의미
가	umask 정보의 구조

UNIX File -유닉스 파일	Unix > LS-l //명령어 Unix > File명 d rwx rwx rwx 사용자 그룹 Others 권한 권한 권한 d: Directory, r=Read, w=Write, x=실행 권한

- 각 파일에 대한 사용자, 그룹별, Others 별로 접근권한을
부여 함, Unix에서는 모든 것을 파일과 Directory로 관리함

4	umask 정보의 의미		
	값	문자	permission (접근권한)
	0	- - -	접근권한 없음
	1	- - x	실행만 가능
	2	- w -	기록만 가능
	3	- wx	기록 + 실행 가능
	4	r - -	재생(Read)만 가능
	5	r - x	재생 + 실행가능

			6	rw -	재생 + 기록 가능
			7	r w x	재생+기록+실행 가능
3		umask 설정 방법및 접근권한 관련 명령들			
	가	umask 설정 방법			

구분	설 명	비고
파일권한	RWX -RWX-RWX (User)·(Group)·(Others)	8진수로 표현
표현방식	(R:읽기, W:쓰기, X:실행)	(111-111-111 ⇒ 777)
umask	3자리로 표현, 각각파일	8진수의 보수로 표현
표현방식	권한과 매칭되어 권한을 제한	umask 000 →권한 777
설정방법	/etc/profile 이나 사용자별 설정 ·Profile 등 환경파일에 등록처리	umask nnn

	4	Unix에서 접근권한 관련 명령들	

명령어	설 명
chown	Directory & 파일의 소유자를 변경
chgrd	Directory & 파일의 그룹을 변경
chmod	Directory & 파일의 접근 권한 변경

"끝"

문 38) Unix System에서 사용되는 umask에 재해 설명하시오.

답)

1. 파일/Directory 접근 권한 설정을 위한 umask의 개요

가. umask(user mask)의 정의

- Unix 또는 Linux에서 파일/디렉토리가 생성될때 요구되는 접근권한을 설정하기 위해 사용되는 시스템 변수

나. umask의 역할

- ☆ (Security 측면) - 파일 또는 디렉토리에 불필요한 권한 부여방지
- (운영 효율성 측면) - 파일/Direcoty에 대한 권한 자동 부여

2. umask의 표현 방식, 설정방법 및 적용사례

가. umask 표현방식 및 설정 방법

구분	설 명	비고
파일권한 표현방식	rwx-rwx-rwx(User-Group-others) (r:읽기, w:기록(쓰기), x:실행)	8진수로 표현 (예 111-111-110:776)
umask 표현방식	3자리로 표현, 각 파일권한과 Mapping되어 권한을 제한	8진수의 보수로 표현 (예 000→777)
umask 숫자별의미	0:모든권한부여(000),1:실행권한 제한, 2:쓰기제한,4:읽기권한제한	0~7까지 범위 각각 and연산으로 표현
설정방법	환경 파일에 등록하여 사용 (etc/profile이나 사용자별 profile)	예, umask nnn
파일권한	실행 권한으로 생성 불가	umask 0→권한 6(110)
디렉토리권한	실행 권한으로 생성 가능	umask 0→권한 7(111)

4.	Umask의 적용사례		
	umask	파일권한	디렉토리 권한
	초기권한	rw- rw- rw-(666)	rwx rwx rwx (777)
	ØØ2	rw-rw-r--(664)	rwx rwx r x (775)
		(666-Ø2)=664	(777-ØØ2)=775

3. 실무자 관점에서 umask 적용

- 기본 umask 설정 (예: ØØ2)관련 내부통제 process수립
- umask 적용시 Application형상관리 Tool (Git, SVN등)
에서 예외적인 권한은 배포시 수정필요.

"끝"

문 39)		Unix 에서 적용되고 있는 파일 접근제어 메커니즘을
		설명하시오
답)		
1.		Tree 형태 파일구성, Unix 파일시스템 개요
	파일 구성	Tree 형태로 구성되어 Root 디렉토리(/)로부터 하위
		노드에 dev, home, bin, usr등 시스템에 필요한 파일구성
2.		Unix 파일의 유형과 파일 접근제어 메커니즘
	가.	Unix 파일의 유형

유형	설 명
정규파일	모든 Unix 파일시스템의 구성요소로 일반적인파일을 명시
심블릭파일	실제 파일에 대한 Soft 링크나 Hard 링크로 구성된 링크파일
장치파일	블록장치나 문자 장치등에 해당하는 장치파일
파이프	Pipe와 지정파이프 (named pipe 또 FIFO)
소켓	프로세스간 통신을 위해 사용하는 특별한규정

	4.	Unix 파일 접근제어 Mechanism
		① 접근권한 유형(설정 명령어 : chown, chgrp)

접근권한	설 명
User	파일을 사용하고 있는 사용자(Owner)
~~Group~~	소유자(user)를 제외하고 파일과 같은 그룹에 속해있는 모든 사용자의 오입
Other	그밖의 사용자

② 파일 접근모드 (설정 명령어 : chmod)

			Owner			Group			other			
			4	2	1	4	2	1	4	2	1	
			r	w	x	r	w	x	r	w	x	

- Read, Write, eXcute로 파일을 읽거나(r), 쓰거나(w), 실행(x) 할수 있는 3가지 모드로 구분함. 즉, 파일이 'rwx' 모드를 지원한다면 그 파일을 읽고, 쓰고, 실행할 수 있다는 의미

3. Unix 파일 접근제어 변경 및 설정 Mechanism

- r, w, x 세가지 권한은 각각 고유한 숫자값을 가지고 있으며, 2진수로 각 사용자유형에 해당하는 비트(Bit)를 변경하여 파일 접근을 제어할수 있음

- r : 4 (2진수로 100), w : 2 (2진수로 10), x : 1 (2진수로 1) 즉, rwx는 r + w + x = 4 + 2 + 1 = 7 (111) 이됨

- 777은 User, group, Others의 퍼미션 (permission)을 모두 rwx-rwx-rwx로 설정한다는 의미

- 예를들어 "#chmod 755 files" 라는 명령은 해당 파일에 대해 rwx-r-x-r-x 접근제어 권한을 설정한다는 의미임

"끝"

문 40)	Unix 시스템의 3가지 핵심 컴포넌트(Component).
답)	
1.	Unix System의 구성 Component의 개요
	다중 응용 프로그램의 시간분할('Time sharing) 실행.
	Layer 단위로 분할되는 컴포넌트 집합으로 정의됨
2.	Unix System의 3가지 핵심 컴포넌트및 설명
가.	유닉스 시스템 3가지 컴포넌트

- 컴퓨터시스템에 대한 직접적인 통제 제어를 위한 커널과 유저프로그램 과의 Interface 중계를 담당할 Shell, 응용 program으로 구성됨

| 나. | Unix 시스템의 핵심 Component 설명 |

컴포넌트	역할 설명
커널 (Kernel)	최초 부팅을 위한 절대주소기반 메모리 적재 & 하드 웨어 디바이스 드라이버등의 구성, H/w통제중계역할
Shell	유저프로그램들이 커널에서 제공하는 System call 을 유저프로그램들이 사용위한 Interface 제공
Application Program	Shell 위에서 다수이용자의 다중응용프로그램들 이 유저입장에서 동시에 실행.

- Shell은 커널과 사용자 program 간의 Interface.
- Shell은 명령어 해석, 커널호출하고 실행결과출력

| 3. | Unix System의 진화 |

```
┌─────────────────────────────────────────────────────────┐
│   ╭──────╮      ╭──────╮     ╭──────╮     ╭──────╮        │
│   │ Time  │  →   │Network│  → │Window│  →  │유저편  │        │
│   │sharing│      │컴포넌트 │     │컴포넌트 │     │의 UI/UX│        │
│   │  OS   │      ╰──────╯     ╰──────╯     │컴포넌트 │        │
│   ╰──────╯                                 ╰──────╯        │
│                                        → 발전               │
└─────────────────────────────────────────────────────────┘
```

- 단순한 Time sharing 실행 OS역할을 위주로 개발되
었던 Unix OS는 이후 Networking 모듈추가를 시작으로
윈도우와 유사한 UI/UX (GUI)컴포넌트를 추가하여
일반 PC에서도 편리하게 사용할수 있는 운영체제가됨

"끝"

문	41)	Unix 파일 시스템의 구조 및 /etc/passwd 파일의 구성에 대하여 설명하시오.
답)		
1.		고가용성 Multi-Tasking OS, Unix System의 필요성

- Unix OS는 기본적으로 C언어 사용, 여러 계층으로의 이식이 용이함

2.		POSIX (Portable OS 亦 X(르판OS) 지원, Unix 파일시스템 구조
	가	Unix 파일 System의 유형

유형	설 명	사례
일반파일	실행파일, 이미지, Text등 옮기 가능한 파일	/etc/passwd
Directory 파일	계층적으로 이루어진 파일 시작점의 포인터	/etc, /var/bin등
특수파일	입출력 장치들의 접근을 위한 파일	pipe, socket등
명명파일	Queue의 입출력을 지원하는 pipe	Named pipe

- Unix 파일 시스템에는 위와 같은 4가지 파일 유형이 존재함

	나	Unix 파일 시스템의 Directory 구조

- /etc, /bin, /usr, /dev, /var/tmp, /lib, /mnt, /home등 존재

| /etc | /bin | /usr | /Dev | /var | /tmp |

- /etc: 환경설정, 보안설정
- /bin: 기본명령, 여진파일
- /usr: 라이브러리, APP.
- /Dev: 장치파일, I/O장치
- /var: 파일로그, 메일
- /tmp: 임시파일, 임시pid

- 이외에 /mnt, /lib, /home, /sbin 등의 주요 디렉토리가 있음

다. Unix 파일 System의 구성요소

구성요소	설명	사례
Boot블록	Unix 커널적재 위한 프로그램 저장	bootfile
Super블록	파일시스템 기술정보 저장	jfs, ext3, JFS, NFS등
I-node	파일&디렉토리 정보를 가지는 구조체	fileType, id, flag
Data블록	실제 Data가 파일 형태로 저장되는 공간	Binary file

- I-node에서 Data블록으로 의 접근 주소를 가지고 있으며
  직접/ 간접/ 이중/ 삼중 등의 pointer로 접근

3. /etc/passwd 파일 구성및 상세 설명

가. /etc/passwd 파일 구성 사례

화면 (파일)	설명
Unix> Cat /etc/passwd ¦ head	Cat 명령
root : x : φ : φ : root : /root/bin/bash	root 토서
daemon : x : 1 : 1 : daemon : /usr/sbin	daemon 토서
bin : x : 2 : 2 : bin : /usr/sbin/nologin	bin 토서
Sys : x : 3 : 3 : Sys : /dev/usr/nologin	sys 토서

- Cat 명령은 두개이상의 각일을 연결 해서 출력할때 사용

4　/etc/passwd 파일 구성 상세설명

사례 - root : x : 0 : 0 : root : /root/bm/bash

구성 : 사용자명 : 비밀번호 : 사용자ID : 그룹ID : 계정이름 등등

필드	구성	사례	설명
1	사용자명	Star	로그인시 사용하는 사용자명
2	비밀번호	x	실제 비밀번호 해시는 Shadow파일에저장
3	사용자ID	100	사용자를 유일하게 정의하는 정수
4	그룹 ID	1000	그룹을 유일하게 정의하는 정수
5	계정이름	stark	사용자명을 설명하는 필드
6	홈디렉토리	/home/star	디렉토리의 위치
7	로그인쉘	/bim/kys	명령 shell

4.　Unix 시스템의 보안을 높이기 위한 방안

가　Unix file system 관점

구분(측면)	방안	설명
무결성	JFS 사용	저널링 file시스템으로 각일손상 최소화
가용성	클러스터링	HA(고가용성)시스템 사용으로 각일이중화
	CDP 등거화	실시간 Data 복제로 가용성 증대
기밀성	Encrypting file system	각일 암호화, 물리적 유출가능성 차단
	권한관리	불필요한 각일권한 제거, 무단접근 차단
	SUID	Set User-ID 각일 최소화, 공격가능성 차단

4. /etc/passwd 관리관점

구분	방안	설명
계정 측면	불필요 계정 정리	사용하지 않는 계정제거, mail 등의 사용자계
	시스템계정 로그인 쉘정리	/sbin/nologin 등의 쉘파일로 연결
강도 측면	비밀번호 정책수립	비밀번호 길이 및 특수문자 사용 강제
	암호화 알고리즘	SHA-2 256이상 해시 알고리즘 사용

- /etc/passwd 파일 변경시 관리자 통보 기능추가로 보자

울은 보안관리가 가능함

"끝"

문 42)		Unix 시스템의 IPC (Inter-Process Communication) 4가지 유형및 활용분야에 대해 설명하시오.	
답)			
1.		process간 협력을 위한 IPC의 이해	
	가.	IPC (Inter-Process Communication)의 정의	
	-	프로세스간 정보(Data) 교환을 위하여 프로세스 통신을 수행	
	나.	process간 협력의 의유	

내용	설 명
정보공유	동일정보(Data)에 병행 접근 수단
계산가속화	Task를 SubTask로 나누어 병렬 실행하는 환경
모듈성	시스템기능을 별도의 프로세스 & Thread로나누어 구성
편의성	개별 사용자가 동시에 많은 작업 처리환경 제공

2.	IPC의 4가지 유형및 활용분야

구분	유형및 활용분야
pipe	한쪽 방향(Read only or Write only)으로만 흐를수 있으며 동일한 부모를 가지는 Process에서만 사용가능 (예) ps -ef ¦ grep process IP ← 현재 프로세스 현황 List
FIFO	pipe가 같은 부모 (PPID)를 가지는 프로세스 사이 에서만 통신 가능한 단점을 극복, 모든 프로세스에서 통신가능 단, pipe와 같이 단방향으로만 (Read Only, Write Only) 흐를수 있음. (예) mkfifo( ) 함수이용 FIFO 생성

			Message Queue	-선입선출이며 프로그램 메모리가 아닌 Kernel 메모리에서 관리하므로 프로그램 종료시에도 유지
				-커널에 의해 관리, 메시지 전달시마다 System call 필요
			Shared Memory	-커널에 의해 공유메모리가 생성 및 관리되므로 운영체제를 리부팅하거나 직접삭제시까지 유지
				-공유메모리를 다른 프로세스가 사용중이면 다른 프로세스는 waiting 하고 있어야함 (Semaphore와같이)

3. IPC간의 비교

구분	Pipe/FIFO	메시지 Queue	공유메모리
충돌/구현난이도	단방향/쉬움	없음/쉬움	발생/어려움
속도/크기	고속/대량	저속/적은량	저속/적은량
커널간섭	없음	메시지 전달시마다 커널호출	커널호출 (System Call)
활용분야	콘솔프로그램	소량의 정보교환	대량/고속의 정보교환

"끝"

문 43)	Linux OS(operating System)		
답)			
1.	Linux operating system의 개요		
	1991년 필란드의 Linux Torvalds 에의해 개발된 운영체제	Source Code 공개 방식을취 함, 누구나 사용 가능한 OS	Server용 뿐만 아니라 개인용 컴퓨터(PC)의 OS 로 사용가능
2.	Linux OS의 구성및 설명		
가.	Linux 운영체제의 구성요소		

Linux operating System은 크게 Kernel, shell, 사용자 프로그램으로 분류될수 있음

나.	Linux OS의 구성요소의 설명	
	구성	설 명
	사용자 program	- 일반적으로 Linux에서 사용하는 program - Network Service / Apache Web 서버 - FTP, SSH, 메일서버, 데몬(Demon) 등 각종 S/W
	Shell	- 커널 과 사용자 program 간의 Interface 역할. - 명령어를 해석하고 그 명령과 관련된 유틸리티나 커널을 호출하고 실행결과를 출력 - 사용자가 프로그램 할수 있는 프로그램 언어 제공 (Shell programming)

		Kernel	-작업 스케줄링, 파일시스템 관리, 자원 제어. 프로세스간 통신 등. System Call 통해 커널 호출 -시스템 부팅시 보조 기억장치에서 Kernel parameter를 가지고 Main Memory에 상주
3.		Linux OS의 Directory 구조 및 파일 시스템의 종류	
	가	Linux OS의 Directory 구조	

Directory	설 명
/(root)	시스템의 근간이 되는 디렉토리, 각각의 존재
/bin	binaries, 리눅스 명령어 보관, 대부분 실행파일
/Dev	Devices, 각종 Device 접근위한 Driver 저장
/etc	각종 환경 설정에 연관된 파일들
/home	디렉토리가 생성되는 위치, 계정 생성시 생김
/lib	프로그램 실행시 필요한 공유 라이브러리들
/mnt	외부 Device Mount하기 위해 제공
/sbin	시스템 관리자를 위한 명령어 저장. 예) ipconfig
/proc	커널과 프로세스 상태를 text로 독서
/sys	시스템이 필요로 하는 파일
/usr /tmp	사용자 프로그램 위치, 임시파일 생성 & 삭제공간

4.	Linux 파일시스템의 종류	
	-ext2(Extended File System), ext3, FAT, FAT32, NTFS(New Technology F/S), UDF 등	

"끝"

문 44)	Linux Kernel
답)	
1.	Open Source 기반의 Linux Kernel의 개요
가.	Linux Kernel의 정의
-	Linux 운영체제에서 응용 프로그램을 재선 하여 H/W를 제어하는 기능 제공, 응용프로그램의 처리요청을 수행
나.	Linux OS에서의 Kernel의 위치

응용 program	User mode(사용자)에서 구동
시스템 Call 인터페이스	응용 program과 Kernel 동작중계
Kernel (커널)	User의 요구사항에 따른 자원관리
H/W (물리영역)	CPU, RAM, HDD, SDD등 자원 제어 부분

2.	Linux Kernel의 구성및 설명
가.	Linux Kernel의 구성요소의 설명

응용 Level	사용자 응용프로그램	UI/UX
	System 라이브러리	(System 자원)
Kernel 레벨	System Call	
	-File System -Device Driver	Process / Memory Thread / Network 관리
	Hardware Interface (Interrupt)	
H/W 레벨	Device	Memory	Cpu / Gpu

4.	Linux Kernel의 세부적인 기능 설명		
	구분	기본기능	기능 설명
	Kernel 프로그래밍	Process 스케줄러	-Multi Task 환경 제공 -스케줄링 (선점/비선점)
		Interrupt처리	H/W, Device Driver 선호처리
		Timer 구동	일정주기마다 Time 관리
		System Call	응용 program과 Kernel 중계
		동기화 수행	Deadlock, Semaphore 관리
	Process관리	Process	fork() 함수로 child 생성
		Signal	비동기식 통신제어 & 관리
		Thread	Multi-Thread관리, 속도 향상
	메모리 관리	물리적 관리	Page/Segment 단위로 관리
		논리적 제어	가상메모리, 내/외부 단편화
	파일 시스템	File System	FAT, NTFS, Ext3/4 대응
		Cache	Locality, Cache Hit/Miss
		가상 파일	분산된 File의 투명성 제공
	Network 제어	Socket 통신	Client - Server 통신 대응
		TCP/IP stack (protocol)	IPv4, IPv6, SSL 대응
3.	Linux Kernel Mode와 사용자 Mode 설명		
가.	Linux Kernel 에서의 program 수행도		
	- 사용자 Mode와 Kernel Mode로 구분해서 동작		

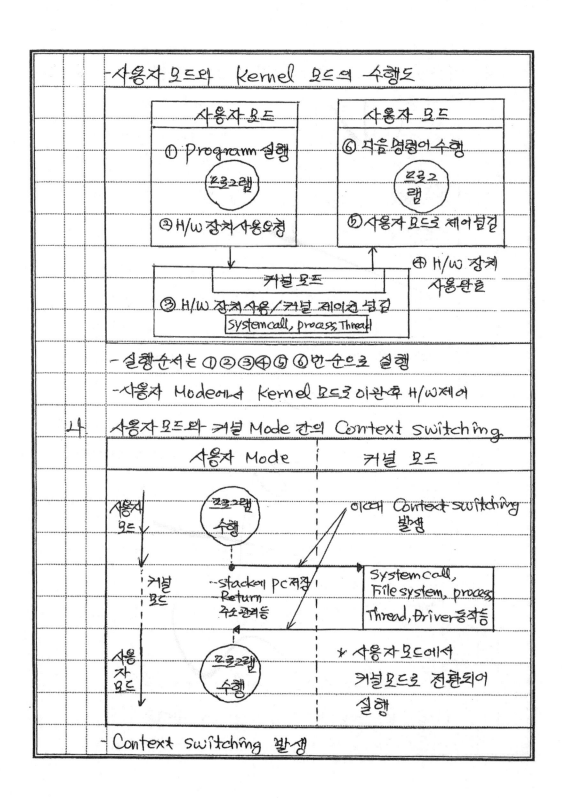

사용자 모드와 Kernel 모드의 수행도

사용자 모드	사용자 모드
① Program 실행	⑥ 다음명령어수행
프로그램	프로그램
② H/W 장치사용요청	⑤ 사용자 모드로 제어넘김

커널모드
③ H/W 장치사용/커널 제어권 넘김
Systemcall, process, Thread

④ H/W 장치 사용완료

- 실행순서는 ①②③④⑤⑥번 순으로 실행
- 사용자 Mode에서 Kernel 모드로 이관후 H/W제어

ㄴ 사용자 모드와 커널 Mode 간의 Context switching

사용자 Mode	커널 모드
프로그램 수행	이때 Context switching 발생
Stack에 PC저장 Return 주소관리등	Systemcall, File system, process, Thread, Driver등작동등
프로그램 수행	★ 사용자모드에서 커널모드로 전환되어 실행

사용자 모드 → 커널 모드 → 사용자 모드

- Context switching 발생

4.	Linux Directory 구조& 설명	
	Directory	Directory 설명
	/(root)	Root Directory, 시스템 관리자
	/Bin	Binaries 약어, 리눅스 명령어 보관
	/dev	시스템 device 파일, ex) HDD/SSD/K/B/마우스
	/etc	각종 환경설정, 시스템 계정, password, 관리, TCP/IP설정, H/W 초기화 등
	/home	Directory 생성위치, 계정 생성
	/lib	실행시의 공유 Lib.의 위치 (Lib. Call)
	/mnt	외부장치의 Mount 시 사용 (SAMBA)
	/sbin	System 관리자를 위한 명령어 저장
	/sys	System이 필요로 하는 파일
	/tmp	임시로 파일을 만들고 삭제하는 공간
	/usr	일반 사용자들을 위한 program들의 위치
	/proc	Kernel 과 process 상태 토서, 가상파일
	/var	System에서 사용되는 동적인 파일 저장

"끝"

문 45)	Linux (리눅스)에서 사용되는 스핀락(Spin Lock)에 대하여 설명하시오.

답)

1. 임계구역 (Critical section) 접근 제어, 스핀락의 개요

가. 스핀락(Spin Lock)의 정의

임계구역에 진입이 불가능할때 진입이 가능할때까지 루프를 돌면서 재시도하는 매커니즘 (Spinning - 빙빙돌고있음)

나. Linux 스핀락(Spin Lock)의 특징

짧은 대기 : Context Switching 미발생, 효율성
SMP 커널객체 : SMP 커널함수, User 영역 사용불가
Busy waiting : 두개이상의 process나 Thread가 서로경쟁

2. Spin Lock 메커니즘 및 Linux에서의 구현예

가. 스핀락 메커니즘 (process 실행예시)

- process-A가 사용하는 스핀락이 해제될때까지 재시도(②)

나. 리눅스에서 Spin-Lock의 구현 예

구분	함수	구현 예
초기화	spin-lock-init()	spinlock_t s1; spinlock-init (&s1)

		임계구역 진입	spin-Lock()	spin-Lock(&S1);
		Lock 해제	spin-unlock()	// critical section 벗어남 spin-unlock(&S1);

- spin-lock-irq()를 통해 인터럽트 비활성화 가능

3. Linux에서의 스핀락과 세마포어(Semaphore) 비교

구분	spin-Lock	Semaphore
실행 영역	Kernel 영역	User 영역
장점	문맥교환이발생→효율성증가	사용자영역에서 사용가능
단점	대기중가서 CPU부하증가	문맥교환 오버헤드 발생
인터럽트 제어	사용가능	사용불가

"끝"

문 46) Journaling File System

답)

1. Journaling File System의 개요

가. JFS (Journaling File System)의 정의
- 시스템 충돌이나 시스템 중단시 하드디스크 (HDD) 무결성을 유지시키기 위해 사용되는 파일 시스템

나. 기존 파일 시스템 (UFS, ext2)의 문제점
- 파일 크기, 파티션 size, 디렉토리의 크기에 제한
- 저장공간의 관리 부적절 │ 성능이유로 객체를 다루기에 부적합

2. JFS의 개요도 및 유형

가. JFS의 개요도

Disk의 데이터 영역에서 일어나는 모든 내용을 로그(log)로 유지하면서 충돌이 발생하면 로그에 있는 메타 데이터로 원본 데이터를 다시 만들어 충돌전 데이터로 복구

나. JFS의 유형

구분	설명	특징
JFS2	-64bit 주소체계 지원 -JFS기반, 확장성&자중 프로세서	Max file system size : 32PB

		JFS2	아키텍처 지원, 순서 저널링기법 사용, B+ Tree 사용, 내부적 저널 커밋 정책없음	Max file Size : 4PB	
		XFS	-64 bit 주소체계 지원, B+ 트리 이용 익스텐트 기반 할당, 지연할당사용, 쓰기 저장 저널링 정책 사용	Max filesystem size : 16,384 PB(16PB)	
		ext3FS	-32비트 주소체계 지원, ext2 파일 시스템에 저널만 추가한 형태 부정형 -쓰기 저장, 순서, 자료의 세가지 저널링	Max file System Size = 16TB	
		Reiser FS	-32 Bit 주소체계 지원, B+ 트리지원 -저널링 기반 설계로 기본적으로 순서모 드로 동작, 온라인 크기 조정 지원	Max file System Size = 16TB, Max file size = 4GB	

3. JFS의 현황 및 전망

가. Flash Memory에 맞게 설계된 JFFS (Journaling Flash file system)등이 있음

나. JFS는 Reiser4 및 ext4fs등의 발전된 형태로 발전하여 H-Tree, T-Tree, 공간(R)-Tree 및 추가적인 기능을 제공하는 방향으로 발전 가능성 높음.

"끝"

시스템 오류 = System Hang up

문47)	Linux, Journaling File System에 대해설명하시오.	
답)		
1.	Linux ext3에 적용, 저널링 File System의 개요	
	가.	JFS(Journaling File System)의 정의
	-	시스템 오류나 시스템 중단시 하드 디스크(HDD)의 무결성을
		유지시키기위해 사용되는 File system.
	나.	Linux File system의 발전과정

2.	Journaling File System의 개요도 및 유형	
	가.	JFS의 개요도

- Hard Disk의 Data 영역 쓰기도중에 비정상동작으로 인한 Data 손상발생시 On Disk Journal 영역의 Metadata로 손상된 Data를 복구할수 있는 File system.
- On Disk Journal 공간 확보 → Metadata를 기록과 동시에저장

	나.	Journal File System의 유형

			구분	설 명
			ext3fs	-Linux 파일시스템 커널2.4부터지원, ext2 + 저널링 -ext3은 기존보다 신뢰성 강화및 속도향상
			JFS2	-JFS에 기반을두고 확장성및 다중 프로세서 아키텍쳐 지원, -B+ tree 사용
			ReiserFS	-B+ 트리 기반, 작은 File 많을시 속도 증가. -디스크 영역의 사용효율성높임 (관련화술임)
3.			JFS의 현황 및 전망	

- Flash Memory에 맞게 설계된 JFFS(Journaling Flash File System)등이 있음.

- JFS는 Reiser4 및 ext4 FS로 발전, H트리및 추가적기능제공

"끝"

스케줄링(Scheduling)

CPU Scheduling, 운영체제에서 Process의 5가지 상태(State), 선점 및 비선점형 스케줄링, 각 스케줄링 방식에 대한 기술과 비교, 우선순위 역전(Priority Inversion) 발생 원인과 방지 방법, Hard Real Time 스케줄링 방식인 RM(Rate Monotonic)과 EDF(Earliest Deadline First), HDD의 Disk 스케줄링 기법, 디스크 스케줄링 알고리즘 등 운영체제에서 사용되는 스케줄링에 대한 이해와 실제 예시를 작성해 봄으로써 실전에서 고득점을 획득할 수 있습니다.

[관련 토픽－30개]

문 48)	CPU Scheduling에 대해 설명하시오.		
답)			
1.	응답시간 최소화, CPU 스케줄링의 개요		
가.	CPU Scheduling의 정의		
	- Process 작업수행을 위해 언제, 어느 Process에게 CPU를 할당할것인지를 결정하는 방법(작업)		
나.	CPU 스케줄링의 목표		

처리능력(Throughput)	(처리 개수/시간당) 극대화
응답시간(Response Time)	최대한 Fast 시간 내에 Response
경과시간(Turnaround Time)	전체 작업수행시간(반환시간) 최소화
대기시간(Waiting Time)	최소한의 대기시간으로 단축
CPU효율 극대화	CPU Usage 100% 가능

2.	CPU Scheduling의 기법(선점과 비선점)		

구분	선점(Preemptive)	비선점(Non-Preemptive)
특징	우선순위가 높은 Process가 진행중인 process 선점	우선순위가 낮은 process도 종료시 까지 선점불가
장점	- 빠른 응답시간 - 높은우선순위 처리에 적합	모든 Process에게 공평 - 작업시간 예측가능
단점	높은 우선순위가 중복되면 문맥교환 발생(Context 스위칭)	짧은 작업시간의 Process가 긴시간을 대기하는 경우
종류	RR, SRT, MLQ(다단계큐) MLFQ(다단계 피드백큐)	FCFS, SJF, HRN, 우선순위, 우선순위역전

		활용	실시간 응답환경, Deadline 응답환경	처리시간 편차가 적은 특정 process 환경

3. 주요 Operating System의 스케줄링 채택 추이

- 초기 Multi-Tasking OS는 비선점 Secheduling 방식 채택

- 현재 대다수의 OS는 MLFQ 방식 채택

"끝"

문49)	CPU scheduler 종류에 대해 설명하시오
답)	
1.	CPU 스케줄링 제어, CPU 스케줄러의 개요
가.	CPU scheduler의 정의
-	CPU 유휴시간이 발생되지 않게 적절한 스케줄링 제어기
나.	CPU 스케줄러의 종류 (단기, 중기, 장기로 분류)

단기스케줄러	실행 준비된 프로세스에 CPU 할당 (준비실행)
중기스케줄러	프로세스 수에 따라 Disk로 보냄 (대기보류)
장기스케줄러	프로세스 선택, 주기억장치 할당 (보류준비)

2.	Process 상태 전이도와 Scheduler의 종류및 역할
가.	Process 상태 전이도와 Scheduler의 Scope

- 생성→준비→실행→종료 단계수행 (대기,보류 미전환경우)

나.	Scheduler의 종류와 역할

분류	Action	설명

				Queue	주기억 장치의 할당대기(보류상태, 디스크에 존재)
			장기 스케줄러 (DISK)	생성	프로세스가 생성되었고 실행 전단계
				보류	Wait 상태 → Disk로 이송된 상태
			중기 스케줄러	대기	실행중 I/O 발생 또는 Timeout→Wait
				보류	Wait 상태 → Disk로 이송된 상태
			단기 스케줄러 (Cpu)	준비	프로세스가 실행을 위해 CPU할당을 받기위해 Wait
				실행	CPU할당을 받고 실행되는 상태
				대기	실행중 I/O 또는 Timeout으로 Wait
				종료	프로세스 수행 종료

''끝''

문 50) 운영체제에서의 process의 5가지 상태 (State)에
대해 설명

답)

1. Operating System에서 process의 5가지 상태 개요

가. OS상에서 process 5가지 상태 정의

하나의 process가 시스템에서 생성, 준비, 실행, 보류(대기),
종료 상태로 변화하는 전체적인 과정(상태)

나. process 5가지 상태의 특징
- OS는 작업스케줄러, 프로세스스케줄러를 이용, process 상태관리
- process 중단과 재시작으로 자동프로그래밍 환경 자원 이용

2. process의 5가지 상태 변화도 및 구성요소

가. process의 5가지 상태 변화도

생성→준비→실행→종료 단계 수행 (대기, 보류 미전환 경우)

나. process의 상태 구성요소

분류	상태	상태 내용
프로세스	생성	Disk에서 생성되었고 준비 전 단계

		준비	프로세스가 프로세서(CPU)를 할당 받으려고 준비
	프로세스	실행	명령어가 실행되는 상태. 프로세스가 CPU 점유
		대기	실행중 I/O발생 & 시그널(Signal)수신
		보류	Wait(대기) 상태에서 Disk로 이송된 상태
	Event	Dispatch	프로세스가 Processor(CPU)를 선택
		Timeout	실행→준비, 프로세서 독점 방지위한 Timeout
		Wakeup	대기→준비. I/O 작업이 완료 되었을때

3. OS에서 process 교환시 process 상태변화 사례

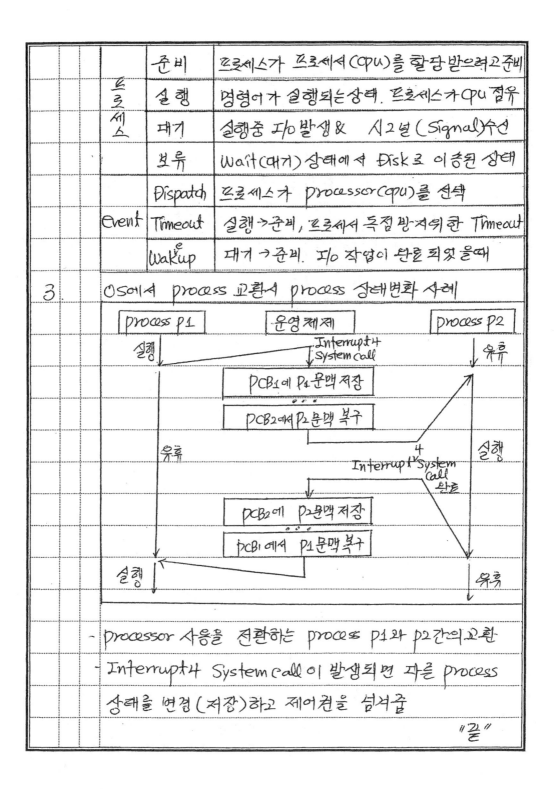

- Processor 사용을 전환하는 process P1 와 P2 간의 교환
- Interrupt와 System call 이 발생되면 자른 process
  상태를 변경 (저장)하고 제어권을 넘겨줌

"끝"

문 51)	CPU 스케줄링에는 선점형과 비선점형으로 분류된다
	각각에 대해 설명하시오.
답)	
1.	선점형과 비선점형(Non Preemptive)의 개요
가.	선점형과 비선점형의 특징

선점형	우선순위가 높은 프로세스가 진행중인 프로세스 선점
비 선점형	우선순위가 낮은 프로세스도 종료시까지 선점당하지않음

나. CPU 스케줄링의 진화

이유기

〈선점형〉진화 / 〈비 선점형〉진화

- 진화는 병렬처리, Multi-Core, Compiler기술 + CPU 처리
속도등 시대적 정보처리능력에 따라 Adapation하게 발전

2. CPU 스케줄링의 선점형과 비선점형의 종류 설명

구분	종류	설명
선점	RR(Round Robin)	시간 할당량(time Quantum)만큼 CPU점유
	SRT (Shortest Remaining Time)	Ready Queue내의 수행 시간이 가장 짧은 process(Job) 먼저 수행
	MLQ 다단계 큐 (Multi Level Queue)	process들을 여러 종류의 그룹으로 분할하여 수행함 (우선순위 가짐)

		선점	다단계피드백큐 MLFQ (Multi Level Feedback Queue)	-Queue 마다 서로 다른 Cpu Time slice (Quantum)를 지님, New 프로세스는 높은 우선순위, 실행시간 길면 점점 낮은 우선순위 (공평성▽)
		비 선 점	FCFS (First Come First Served)	-Convoy effect 발생가능: Burst time이 긴 프로세스가 CPU 독점, 대화식/시분할시스템에 부적합
			SJF (shortest Job First)	-작업시간이 가장 짧은 순서 대로 프로세스를 CPU에 할당 (짧은 Job이 연속일때 기아 현상발생)
			HRN(Highest Response ratio Next)	짧은 작업이나 대기시간이 긴 작업은 우선 순위가 높아짐 (공평성 부여)
			우선순위	우선순위에 따라 먼저 실행, 낮은 우선순위는 무한대기
			우선순위역전	우선순위 방식의 무한대기 제거(상속, 상승방법)

" 끝 "

↳

Starvation

문 52) 선점형 스케줄링 (Preemptive Scheduling)

답)

1. Fast Response, 선점형 스케줄링의 정의

정 의	Cpu 스케줄링 분류
한 프로세스가 Cpu를 점유하고 있을 때 다른 프로세스가 현재 프로세스를 중지 시키고 자신이 Cpu를 차지 할수 있는 스케줄링 기법	

- 스케줄링은 현재 수행중인 프로세스의 중단여부에 따라서 선점형과 비선점형으로 분류 할수 있음

2. 선점형 스케줄링의 특징

유형	도식	설명
Round Robin		시간할당량 (Time Quantum) 만큼 Cpu 점유 가능
SRT (Short Remaining Time)		준비상태 큐에서 수행 시간이 가장 짧은 작업을 먼저 수행 - C가 먼저 수행됨
다단계 큐 (Multi Level Queue)		여러 단계의 그룹으로 분류하여 독자적 할당, 우선순위에 따른 선정

- 다단계 픽드백 큐 (Multi Level Feedback Queue)
: 여러단계의 큐를 운영하고 Time slice 이후 다음 레벨로
이동가능, Aging 기법을 이용하여 기아현상을 예방

3. 선점형 스케줄링의 특징

구분	선 점	비 선 점
	P1 | P2 | P1	P1 | P2
동작	우선순위 P1<P2 일때 P2가 CPU 선점 가능	우선순위 P1<P2 일때 P2는 P1 종료까지 대기
장점	빠른 응답이 가능	응답시간 예상이 가능
단점	오버헤드 발생, 기아현상발생	작업효율성 저하
종류	Round Robin, SRT, MLFQ등	FCFS, SJF, HRN 등
활용	실시간 OS, Deadline 응답환경	단순구조의 멀티태스킹OS

최신 OS에서는 선점형을 기본적으로 사용하며
보다 다양한 알고리즘을 적용함.

"끝"

문 53) 다음 프로세스(process) 상태전이도에 대하여 질문에 답하시오.

가. (a), (b), (c), (d)에 대하여 각각 설명하시오

나. (b), (c)가 일어나는 이유에 대하여 설명하시오

답)

1. 프로세스(process)의 정의와 특징

가 Context switching 자주발생 process의 정의

 - 프로세서에 의해 수행되는 program의 단위로 현재 실행

 중이거나 곧 실행가능한 PCB(process Control Block)를 가진 프로그램

나 process의 특징

PCB보유	
Process (Data, program, Register, stack)	- Computer내에 실행중인 프로그램의 Instance
	- 자원할당, 수집등을 지원하는 최소단위
	- process 정보는 PCB에 저장되고 반환
	- 한 process는 순차적으로 수행(디버깅용이)
	- CPU에 의해 실행, Context 스위칭 발생

2. process의 상태 설명및 상태전이도

가. process의 상태

구분	설 명
실행 (Run)	현재 Processor를 할당받아 수행중인 process상태
준비 (Ready)	실행준비가 되어 프로세서가 처리해 주거를기다
슬립 (Sleep)	입출력 종료와 같은 외부신호를 기다리고있는상태

4 process의 상태 전이도

- Dispatch: 대기 → 실행
- Wak-up : 입출력이 종료 → 준비 상태로 전환 (슬립 → 준비)
- 입출력 (I/O) 발생 (실행 → Sleep)

3 process 상태 정의와 (a), (b), (c), (d)에 대한 설명

가 process 상태 정의

실행	- 프로세스가 CPU를 차지하여 실행중인 상태
(Run)	- 명령어들이 실행(Run)되고 있는 상태

		준비 (Ready)	-프로세스가 CPU를 사용하여 실행할 준비가 된 상태 -프로세스 상태 리스트(process status list)에 들어감 -우선순위에 의해 정렬(sorting)됨
		슬립 (Sleep)	-대기(Wait) 또는 블록킹(Blocking) 상태 -I/O 동작완료 등과 같은 어떤 사건이 발생하기를 Waiting -프로세스 상태 리스트 중 Block list에 들어감

4. (a), (b), (c), (d) 상태전이와 설명

기호	상태 전이	상태전이과정	설 명
(a)	디스패치 (Dispatch)	준비 → 실행	-준비 상태에서 대기하고 있던 프로세스 중 우선순위가 가장 높은 프로세스가 CPU를 할당받아 실행상태로 전이 -스케줄링 알고리즘에 의해 수행됨
(b)	타임아웃 (Time-out)	실행 → 준비	일정한 시간동안 실행후 스케줄러에 의해 PCB에 정보 저장후 프로세서 반납후 다시 준비 상태로 빠짐
(c)	블록킹 (Blocking)	실행 → 슬립	-I/O등의 자원요청후 즉시 할당 받을수 없어 할당 받을 때까지 기다리고 있는 상태. -I/O처리는 CPU가 아니라 I/O 프로세스가 담당 하기 때문
(d)	Wake -up	슬립 → 준비	-필요한 자원이 할당되면 이 프로세스는 다시 준비 상태로 전이 -준비 리스트의 맨 뒤에 붙음 (우선순위 최하위)

- 위 상태 전이는 단기스케줄러 (CPU)에 의한 문맥교환 임

4. Timeout (b) 과 Blocking (c)이 일어나는 이유 설명

상태전이	발생이유	설명
(b) Timeout (실행→ 준비)	타임슬라이스 (Time slice) 만료	- 실행중인 process가 최대실행 허용 시간(Max. allowable time) 초과시 - 멀티프로그래밍 OS에서는 실행시간을 가짐
	선점 (Preemption)	우선순위가 높은 프로세스가 준비 큐에서 기다리고 있을서 준비 상태로 전환 (선점당함)
(c) Blocking (실행→ 슬립)	System Call	운영체제 (OS)가 가지고 있는 System 자원을 호출 (System call)시 슬립상태로 전환
	현재 가용하지 않는 리소스 (자원)접근	파일, 공유영역 & 가상메모리에 접근요청시 해당 자원이 현재 가용하지 않을경우 전이 됨
	I/O작업 시작	프로세스가 I/O작업을 시작하고 완료되기 를 wait서 슬립상태로 전환
	Process간 통신(IPC)	프로세스간 통신(IPC) 수행시 다른 프로세서 데이터나 메시지를 기다리고 있는 상태일경우 슬립으로 전환

"끝"

문54) Round Robin 방식 (process 도착시간 고려)

답)

1. 선점형 스케줄링의 대표기법, Round Robin 방식 개요

   가. 시간 할당량 만큼 CPU 선정 방식인 Round Robin의 정의

   - 선점형 스케줄링 기법으로 각 process 별 시간 할당량 만큼 CPU를 점유하여 수행하는 기법

   나. Round Robin 방식의 스케줄링 원리

process 도착 → Ready Queue | P4 | P3 | P2 | P1 | → CPU → 완료

Time 할당량 만큼 CPU 사용   Time Quantum

2. Round Robin 방식의 수행사례 및 평균대기시간

   가. Round Robin 방식의 수행 과정

process	도착시간	수행
P1	0	4초
P2	1	5
P3	2	3
P4	3	2

Time Quantum = 3

0은 대기시간

<실행순서 : P1 P1 P1 P2 P2 P2 P3 P3 P3 P4 P4 P1 P2 P2 순>

   나. Round Robin의 평균 대기 시간 (도착시간 고려)

3의 Time으로 3개씩 수행 → 그보다 클경우만

P1	$\emptyset + (11-3) = 8$	P2	$2+6=8$
P3	4	P4	6

평균대기시간 $= (8+8+4+6)/4 = 26/4 = 6.5$초

다. Round Robin 평균 반환 시간 (Turnaround time)

P1 (12초), P2 (13), P3 (7), P4 (8)

$(12+13+7+8)/4 = 40/4 = 10$초

3. Round Robin 방식 사용시 고려사항

가. 대화형 시분할 시스템에 적합하나 Overhead 발생고려

나. SRT 방식에 비해 긴 평균대기시간 발생

"끝"

문 55) Fixed Time Slice 알고리즘에 대해 설명하시오

답)

1. Fixed Time (선점) Slice 알고리즘의 대표기법인 Round Robin (라운드 로빈) 기법의 개요

  가. (Round Robin 기법의 정의) - 선점형 스케줄링 (Scheduling) 기법으로 각 process 별 시간 할당량 (Time Quantum) 만큼 CPU를 점유하여 수행하는 기법

  나. Round Robin의 Scheduling의 원리.

작업 Queue / 새로운 작업 → P4 P3 P2 P1 → CPU → 완료된 작업 / 선점
Time Quantum별 Task 처리

  - 새로운 작업이 생성되면 작업큐 (Queue)에 쌓이고 Round Robin 정책에 따라 정해진 Time Quantum 별로 시간을 할당하여 Task들을 처리.

2. Round Robin 방식의 수행사례 및 평균대기시간

  가. 라운드 로빈의 수행과정

Process	수행시간
P1	4
P2	3
P3	2

Time Quantum = 3

		- Time Quantum 별로 수행 : P1→P2→P3→P1 순 수행
	나	Round Robin 방식에서의 평균 대기 시간 산출
		- 평균 대기 시간 = P1(5) + P2(3) + P3(6) / 3 = 4.67초
3.		라운드 로빈 사용시 고려사항
		- 대화형 시분할 시스템에 적합하나 Time overhead
		발생 부분 고려 필요.
		- SRT 기법에 비해건 평균 대기시간 발생.
		"끝"
		SRT : Shortest Remaing Time

a) ? Scheduling이 올그때가
필요한지 묻는 문제 임.

문 56) 아래 주어진 표에서 J₁ J₂ J₃ 순으로 실행시 39초
가 소요되는 원인과 Job 실행을 변경 했을때의 시간을
각각 구하고 적절한 스케줄링시 몇초까지 실행시간을
줄일수 있는지 논리적으로 설명 하시오.

Job	CPU 수행 시간	
J1	5초	
J2	10초	
J3	4초	⟨표⟩

답)

1. CPU의 효율적인 사용, CPU Scheduling의 개요.

   가. CPU Scheduling의 정의
   - 언제, 어느 Job를 CPU에게 할당할 것인지를 결정하는 방법

   나. CPU 스케줄링의 목적 (성능 향상, 고속처리)

대기시간 최소화	실행되기전 까지 대기 시간 최소화
응답시간 최소화	첫 응답까지의 시간 최소화
CPU 이용률 극대화	CPU를 정해진 시간내 100% 가동

2. J₁ J₂ J₃ 순으로 실행시 39초가 소요되는 원인

Job	시간
J1	5초
J2	10초
J3	4초

Job	대기시간	실행
J1	0	5
J2	5	10
J3	15	4

   Total Time = 5+15+19 = 39초

3. Job 실행을 변경했을때 시간을 구하기

- 3개의 Job 임으로 경우의 수는 3! = 3×2×1 = 6가지

경우의수	실행순서	수행시간	결과
1	J1→J2→J3	5→(5+10)→(5+10+4)	39초
2	J1→J3→J2	5→(5+4)→(5+4+10)	33초
3	J2→J1→J3	10→(10+5)→(10+5+4)	44초
4	J2→J3→J1	10→(10+4)→(10+4+5)	43초
5	J3→J1→J2	4→(4+5)→(4+5+10)	32초
6	J3→J2→J1	4→(4+10)→(4+10+5)	37초

← 짧게리 시간

4. 적절한 스케줄링시 몇초까지 실행 단축 가능여부

순서	J1→J2→J3
시간	39초

개선
(시간단축)

순서	J3→J1→J2
시간	32초

→ SJF (Shortest Job First)

─ 7초 Save ─

- Shortest Job First (가장 짧은 Job 먼저 수행)
Scheduling 적용시 7초 단축효과 발생

Job
J1   5
J2   10
J3   4

4   9   19   Time

" 끝 "

First come first served

shortest Job first.

문57)	FCFS와 SJF의 동작원리를 설명하시오
답)	
1.	CPU의 효율적인 사용방법, CPU 스케줄링의 개요
가	CPU 스케줄링 (Scheduling)의 정의
	- 언제, 어느프로세스에게 CPU 자원을 할당할지 결정하는 정책
나.	CPU 스케줄링의 목표 (Goal)

- (처리능력 최대화) ← (대기시간 최소화)
- (반환(경과) 시간 최소화) ← [스케줄링 목표] → (응답시간 최소화)
- → (CPU 이용률 극대화)
- System 성능 향상, 고속 처리

2.	CPU 스케줄링 방식의 종류및 특징		
	구분	선점형 방식	비선점형 방식
	특징	-한 process가 CPU 점유중 우선순위가 높은 다른 프로세스에 의해 CPU 점유 가능	프로세스가 사용중인 CPU 자원을 반환할 때까지 다른 process는 대기상태유지
	장점	-비교적 빠른응답시간제공 -대화식시분할시스템에 적합	-작업완료시간 예측 용이 -일괄처리시스템에 적합
	단점	-빈번한 문맥교환으로 인한 높은 오버헤드 발생 -작업 완료시간예측어려움	짧은 작업시간을 갖는 process가 장시간 대기 하게되는문제 발생 가능

			선점형 방식	비선점형 방식
		알고리즘의 종류	-라운드로빈 (Round Robin) -다단계큐 (Multi-level Queue) -다단계 피드백큐 (Multi-level Feedback Queue) -SRT (Shortest Remaing Time)	-FCFS (First Come First served) -SJF (Shortest Job First) -HRN (Highest Response Ratio Next) -우선순위 (Priority)

3. 비선점 방식인 FCFS와 SJF 기법의 특징 및 동작과정

가. FCFS와 SJF 기법의 특징

구분	FCFS	SJF
개념	-선입 선출 방식 -프로세스가 대기큐에 도착하는 순서에 따라 CPU할당	-최단작업 우선수행 방식 -가장 짧은 작업시간을 갖는 프로세스에게 CPU 우선할당
장점	-가장 간단한 알고리즘 -작업반료시간 예측 용이	-평균대기시간이 최소가 되는 최적의 알고리즘
단점	-Convey Effect 발생 : 작업시간이 긴 프로세스가 CPU독점, 짧은 작업이 긴 시간 대기 발생 가능	-작업시간이 긴 프로세스의 기아현상 발생 가능 ⇒HRN기법에서 문제점보완 -대기큐에 있는 프로세스의 작업시간 파악이 어려움

4. FCFS와 SJF 기법의 동작과정

- 프로세스 상태 (P1, P2, P3는 도착시간이 등일 함)

프로세스	작업 시간	도착 시간	

P1	24	0	※ 대기큐 내
P2	3	0	P1, P2, P3 순으로
P3	6	0	저장됨

- FCFS 기법의 동작원리   이해

(P1, P2, P3도착)

1) P1 프로세스가 먼저 실행됨 (대기큐에 P1,P2,P3순으로 저장됨)

2) P2 프로세스가 P1 프로세스 종료후 실행됨

3) P2 프로세스 작업완료후 P3 프로세스가 실행됨

- SJF 기법의 동작원리   이해

(P1, P2, P3도착)

1) 작업 시간이 가장 짧은 P2 프로세스가 먼저 실행됨

2) P2 프로세스 작업완료후 그다음 작업시간이 짧은 P3 실행

3) P3 프로세스 작업완료후 마지막남은 P1 프로세스 실행

- FCFS와 SJF 기법의 평균 대기 시간

프로세스	FCFS	SJF	
P1	0	9	
P2	24	0	
P3	27	3	
대기시간계산	(0+24+27)/3	(9+0+3)/3	
평균대기시간	17	4	

-결론 : SJF 기법이 FCFS보다 평균대기시간이 짧음.

4. CPU 스케줄링 기법 사용시 고려사항.

- priority Inversion : 임계영역 사용 대기로 우선순위가 바뀌는 현상 발생 ⇒ 상속 (Inheritance)와 높임 (Ceiling) 기법으로 해결 가능

- Deadlock : 비선점형 방식은 교착상태 (Deadlock)의 원인 → 은행가 알고리즘을 사용하여 해결 가능함.

- RTOS : Real time OS에서는 실시간 스케줄링 기법인 EDF (Earliest Deadline First)와 RM (Rate Monotonic) 기법사용.

"끝"

Process	도착시간	실행시간
P1	0	8
P2	1	4
P3	2	6
P4	3	5

문58) 아래 Table 상황에서 SRT(Shortest Remaining Time) 스케줄링 알고리즘을 사용하여 평균 대기시간과 평균 반환 시간을 구하시오.

답)

1. SRT(Shortest Remaining Time) 알고리즘의 개요
   가. 선점형 알고리즘, SRT 스케줄링 의 정의
   - Ready Queue에 있는 process들 중에서 가장 짧은 시간이 소요된다고 판단되는 process를 먼저 수행
   나. SRT 알고리즘의 Scheduling의 원리

   - P1이 CPU 할당 받은후 1초후에 P2가 도착하여 CPU를 선점

2. SRT 알고리즘의 수행 과정 및 평균대기/반환시간
   가. SRT 방식(알고리즘)의 수행 Flow

P	도착	실행시간
P1	0	8
P2	1	4
P3	2	6
P4	3	5

이해한것

나. $\boxed{\text{평균대기시간}} = P1(15) + P2(\emptyset) + P3(8) + P4(2)$

$= (15 + \emptyset + 8 + 2)/4$

$= 6.25$

다. $\boxed{\text{평균반환 시간}} = \dfrac{P1(23) + P2(5-1) + P3(14) + P4(7)}{4}$

$= (23 + 4 + 14 + 7)/4$

$= 48/4$

$= 12$

"끝"

선점형 스케줄링 방식인

문59)	MLQ(Multi-level Queue)와 MLFQ(feebak Q)를 설명하시오
답)	
1.	MLQ와 MLFQ 스케줄링 알고리즘의 개요
가.	다단계 큐와 다단계 피드백 큐의 특징

MLQ	process들을 여러 종류의 그룹으로 분할 수행(우선순위)
MLFQ	MLQ 방식의 기아현상 방지, (프로세스 수행 공평성 부여)

2.	MLQ와 MLFQ 스케줄링의 구동원리
가.	MLQ(Multi-level Queue)의 동작원리

ML

- 상위 우선순위 Job 수행후 하위 우선순위의 큐의 Job 수행

나.	MLFQ(Multi feedback Queue)의 동작원리

level

- 각 Queue는 각각의 CPU 할당시간을 가짐.

→ Round-Robin 방식으로 처리

- Ready Queue는 서로 다른 시간할당량(Time Quantum)가짐
- 어떤 process가 cpu 시간할당만큼 모두 사용하면 낮은
우선순위 Ready Queue로 이동함.

3. MLQ방식에서 기아 현상 발생원인과 MLFQ에서 개선
- MLQ방식에서 기아 현상 발생원인 : 우선순위가 낮은
process는 상위 우선순위 process에 의해 무한 대기
- MLFQ방식에서 개선방안 : 프로세스가 여러 Queue
들 사이를 이동하는 방식으로(Aging 방식) 해결
「끝」

문 60)	CPU 스케줄링 알고리즘에 대하여 설명하시오
	가. SJF(shortest Job First)와 HRN(Highest Response- ration Next)
	나. MLQ(Multi Level Queue)와 MLFQ (ML Feedback Q)

답)

1. CPU 스케줄링 알고리즘의 개요

가. 선점, 비선점 CPU스케줄링의 정의

한정된 CPU의 작업 처리시간을 여러 프로세스 & 여러 Thread가 효율적으로 이용할 수 있도록 분배하는 정책 & 알고리즘

나. CPU스케줄링의 유형

구분	비선점 스케줄링	선점 스케줄링
개념	다른 프로세스가 CPU를 할당받으면 그 프로세스가 작업을 종료/반환 시까지 다른 프로세스는 CPU 불가 점유	우선순위가 높은 프로세스가 현재 프로세스를 중지시키고 CPU 점유 가능
특징	-응답시간 예상이 용이 -Process의 요구를 공정히 처리	-빠른응답 -대화식 시분할 시스템에 적합
종류	-FCFS, SJF, HRN등	-RR, SRT, MLQ, MLFQ등

2. SJF와 HRN 설명

가. SJF(shortest Job First) 스케줄링의 설명

구분	설 명
개념	평균 대기 시간을 최소화하기위해 CPU 점유 시간이

			개념	가장 짧은 프로세스에 CPU를 먼저 할당하는 방식의 CPU 스케줄링 알고리즘
			시간 계산	-반환시간 = 실행완료시간 -대기시간 = 시작시간 - 도착시간
			장점	평균대기시간에 있어서 최적의 알고리즘
			단점	긴 작업의 경우 FIFO 기법보다 더 크고 예측이 더욱 어려움 (Aging으로 해결 가능)
	나			HRN(Highest Response-ration Next) 설명
		구분		설 명
			개념	대기시간이 긴 프로세스, 또는 실행시간이 짧은 프로세스의 우선순위를 높여 프로세스간 자원 점유불평등을 보완하는 비선점 스케줄링 기법
			우선 순위 보정	-우선순위=(대기시간+서비스시간)/(서비스 시간) -대기시간을 서비스 시간에 추가하여 대기시간이 긴 프로세스 & 서비스시간이 짧은 process의 우선순위를 높임
			장점	시분할 시스템에 활용시 유용
			단점	준비상태 Queue에 있는 각 프로세스(process)의 서비스시간을 지속적으로 추적해야 하므로 오버헤드(overhead) 증가
3				MLQ와 MLFQ 설명
	가			MLQ(Multi Level Queue) 설명

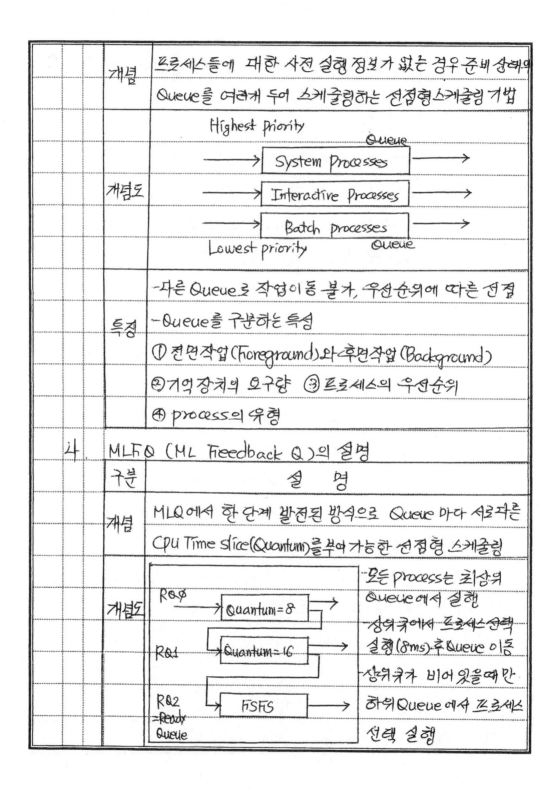

		개념	프로세스들에 대한 사전 실행 정보가 없는 경우 준비 상태의 Queue를 여러개 두어 스케줄링하는 선점형 스케줄링 기법
		개념도	Highest priority → System Processes → Queue → Interactive Processes → → Batch processes → Lowest priority Queue
		특징	-다른 Queue로 작업이동 불가, 우선순위에 따른 선점 -Queue를 구분하는 특성 ① 전면작업 (Foreground)과 후면작업 (Background) ② 기억장치의 요구량 ③ 프로세스의 우선순위 ④ process의 유형

4 MLFQ (ML Feedback Q)의 설명

구분	설 명
개념	MLQ에서 한 단계 발전된 방식으로 Queue 마다 서로다른 CPU Time slice(Quantum)를 부여 가능한 선점형 스케줄링
개념도	RQ0 → Quantum=8 → RQ1 → Quantum=16 → RQ2 → FSFS → =Ready Queue -모든 process는 최상위 Queue에서 실행 -상위큐에서 프로세스선택 실행(8ms)후 Queue 이동 -상위큐가 비어 있을때만 하위 Queue에서 프로세스 선택 실행

			특징	-다른 Queue로 이동가능
				-MLFQ를 결정하는 parameter
				① Queue의 개수
				② 각 Queue를 위한 스케줄링의 알고리즘
				③ 우선순위 Queue로 올려주거나 내리는 방법

4. CPU 스케줄링 Algorithm 선택 기준

기준	설 명
CPU 사용효율	CPU Utilization
	가능한 CPU가 계속 유용한 작업을 수행할수 있는 기준
처리율	Throughput
	단위 시간당 완료되는 process 개수
반환시간	Turnaround Time
	시작한 시간부터 종료될때 까지 걸린시간
대기시간	Waiting Time
	어떤 process가 준비 Queue에서 대기한 총시간
응답시간	Response Time : 어떤 요청에 대하여
	요청부터 첫 반응이 나올때까지의 시간

「끝」

문	61)	SJF (Shortest Job First) 방식에서 기아현상
		(Starvation) 현상을 HRN (Highest Response ration
		Next) 방식으로 해결됨을 증명하시오
답)		
1.		SJF 방식의 기아현상 해결, HRN 방식의 개요
	가.	SJF 기아현상 발생원인과 HRN 방식의 정의

SJF 기아현상	긴 Job 수행시 짧은 Job 연속발생시 긴 Job 무한대기
HRN 방식의 정의	-대기시간을 확인하여 긴 대기시간 Job 우선처리 -처리우선순위=(대기시간+서비스시간)/서비스시간 (실행시간)

| | 나. | HRN 방식 (비선점)의 필요성 |

- (평등성)-긴 작업과 짧은 작업의 CPU선점공평
- (기아현상방지)-SJF 방식의 기아현상 해결

| 2. | | HRN 방식의 실행순서 및 우선순위 계산 |
| | 가. | HRN (Highest Response Ration Next)의 실행순서 |

Process	도착시간	실행시간
P1	∅	8
P2	1	4
P3	2	6
P4	3	5

(간트 차트) Process P4: 9(대기) 5(수행); P3: 5(대기) 10(대기) 5(대기) 6(수행); P2: 6(대기) 7(대기) 4(수행); P1: 8(수행); 시간축 ∅1 2 3 … 8 12 17 시간

| | 나. | 실행에 따른 우선순위 계산 |
| | | Step1) 도착시간에 따라 P1 수행 |

Job = Process

- Step2) P1 실행중 P2, P3, P4 각 1초, 2초, 3초에 도착
- Step3) P1 완료후 P2, P3, P4의 우선순위 계산

분류	대기시간	서비스시간	처리우선순위	계산결과	우선순위
P2	7	4	(7+4)/4	2.75	1
P3	6	6	(6+6)/6	2	-
P4	5	5	(5+5)/5	2	-

- 계산결과 건 대기시간 Job(Process)인 P2가 적음에 수행
- Step4) P2 수행후 P3, P4의 우선순위 계산

분류	대기시간	서비스시간	처리우선순위	계산결과	우선순위
P3	10	6	(10+6)/6	2.7	-
P4	9	5	(9+5)/5	2.8	1

- Process 4가 수행
- Step5) P4 수행후 P3 수행하여 완료함

"끝"

문 62) 스케줄링 기법중 SJF(Shortest Job First), SRT (Shortest Remain Time First)의 개념과 차이점을 기술 하고 아래 그림에서 SJF와 SRT의 평균대기시간을 구하고 SJF와 SRT의 평균대기시간을 비교하시오 (단, 버스트 시간이 동일한 경우는 먼저 도착한 process가 먼저 실행됨)

process	버스트 시간	도착시간
p1	6초	0초
p2	4초	1초
p3	2초	2초
P4	2초	3초

답)

1. Processor/CPU 스케줄링 (Scheduling)의 개요

가. 운영체제(OS)에 의해 수행, Scheduling의 정의
  - Process 작업수행을 위해 CPU가 언제, 어느 process에게 할당할 것인지를 결정하는 작업. (단기/중기/장기 스케줄링)

나. Processor/CPU 스케줄링의 목표

-처리량 극대화	선점/비선점	-대기시간 최소화
-공정한 스케줄링		-CPU 사용 극대화
-응답시간 최소화	스케줄링 목표	-우선순위제 실시
-반환시간 최소화		-프로세스 실행의 무한 연기배제
-반환시간 예측가능		-시스템의 과도한 부하방지
-균형 있는 자원사용	기아현상←Aging 기법으로 개선	-응답시간과 자원 활용 효율성

2.		SJF와 SRT 스케줄링의 개념과 차이점 기술			
	가.	SJF와 SRT Scheduling의 개념			
		구분	개념	문제점	해결
		SJF	Ready Queue 내 Job 수행 시간이 가장 짧은 Process에게 할당	기아 현상	HRN 기법
		SRT	Ready Queue에 있는 process들 중에서 가장 짧은 시간이 소요된다고 판단되는 process를 먼저 할당(수행)	기아 현상 (Starva- tion)	MLFQ (공정성 부여)

- Starvation: Burst 시간이 긴 process가 수행 지연 발생(위의 경우)

	나.	SJF와 SRT 스케줄링의 차이점	
		항목	SJF	SRT
		구분	비선점 (Non-Preemptive)	선점 (Preemptive)
		장점	-FCFS 대비 대기시간 짧음 -작업시간 예측 가능	-빠른 응답 시간 -SJF 대비 대기시간 짧음
		단점	짧은 작업 시간의 process 가 긴 시간을 대기하는경우발생	실행중 작업시간이 더 적은 process가 지속 선점 가능성
		유사 기법	FCFS, HRN, 우선순위 우선순위 역전	RR, MLQ, MLFQ (다단계 Feedback Queue)
		활용	처리시간 편차가 적은 특정 process 환경	-실시간 응답 환경 -Deadline 응답 환경

3.		SJF와 SRT의 평균 대기시간 계산

가. SJF 스케줄링의 평균 대기시간 계산및 수행과정

수행과정	평균대기시간	
① ② ③ ④ P1 | P3 | P4 | P2 0 ← 6 → 6⇄8⇄10←4→14 P1, P3, P4, P2순 ① 맨 처음 도착한 P1 수행 ② P1 수행중에 P2, P3, P4도착 　P1 실행후 가장 짧은 P3수행 （문제 조건에 따라 (도착기준)실행） ③ P3 실행후 P4 수행 ④ 마지막으로 P2수행	결과 : 4.5초	
	process	대기시간
	P1	0
	P2	$10 - 1 = 9$
	P3	$6 - 2 = 4$
	P4	$8 - 3 = 5$
	평균대 기시간	$(0+9+4+5)/4$ $= 4.5$초

나. SRT 스케줄링의 수행과정과 평균대기시간

수행 과정	평균대기시간	
① ② ③ ④ ⑤ ⑥ P1|P2| P3 | P4 | P2 | P1 0 1 2 4 6 9 14 P1→P2→P3→P4→P2→P1순 ① P1실행중 1초에 P1보다 작업시 간이 짧은 P2가 들어옴 ② P2수행 ③ P2 실행중 작업시간 짧은 P3가 2초에 들어옴 P3 2초실행(완료) ④ 작업시간이 짧은 P4실행(완료) ⑤ P2 작업시간 3처리 ⑥ P1 처리	결과 : 3.25초	
	process	대기시간
	P1	$9 - 1 = 8$
	P2	$6 - 2 = 4$
	P3	0 (P3는 2초에 들어오고 　 2초에 바로 시작)
	P4	$4 - 3 = 1$
	평균대 기시간	$(8+4+0+1)/4 =$ 3.25초

4		SJF와 SRT 스케줄링간의 평균대기시간 비교및 현업 정험

| 가 | | SJF와 SRT간의 평균대기시간 비교 |

구분	평균대기시간	결과 도출
SJF	4.5초	-선점기법(SRT)이 비선점(SJF)보다 우수함
SRT	3.25초	-선점이냐 비선점방식이냐에 따라 결과 상이

| 나 | | Scheduling 적용의 현업경험사례 기술 |

적용스케줄링	현업 경험 내용
I/O 처리	Polling 방식에서 Interrupt 방식 적용
Process 우선순위	우선순위 정책 적용, Interrupt 우선순위화
Page Fault 고려	Working Set 확보한 process에게 우선권부여
작업 형태 고려	실시간 사용자에게 Fast Response 적용
자원 선점율 고려	무한대기 상태 방지, 공평성적용(MLFQ)
잔여 실행시간고려	가장 적은 실행시간을 남긴 process우선수행
공평성 적용	HRN/MLFQ 알고리즘 적용

"끝"

문 63)	Round Robin 방식 (process 도착시간 미고려)
답)	

1. 선점형 스케쥴링의 대표기법 라운드로빈의 개요

가. Time Quantum 보유 Round Robin 방식의 정의

선점형 스케쥴링 기법으로 각 process별 시간 할당량 만큼 CPU를 점유하여 수행하는 기법

나. Round Robin 방식의 스케쥴링 원리

Ready Queue

process 도착 → | P4 | P3 | P2 | P1 | ———→ (CPU) ——→ 완료

Time 할당량만큼 CPU사용

2. Round Robin 방식의 수행사례 및 평균대기시간

가. Round Robin 방식의 수행과정

Process	수행시간
P1	4초
P2	5초
P3	3초
P4	2초

Time Quantum = 3초

나. Round Robin의 평균대기시간 산출 (도착시간 미고려)

P1 대기시간	$\emptyset$ + (11-3) = 8초	P2 대기시간	3 + 6 = 9초
P3 대기시간	6초	P4 대기시간	9초

평균대기시간	= (8+9+6+9)초 = 32초/4 = 8초

라. Round Robin 방식의 평균 반환시간 (Turnaround Time)

P1	12초	P2	14초
P3	9초	P4	11초

평균 반환 시간 = (12+14+9+11)/4 = 46/4 = 11.5초

3. Round Robin 방식 적용시 고려사항

가. 대화형 시분할(Time sharing)시스템에는 적합하나 Overhead (오버헤드) 발생고려

나. SRT(Short Remaining Time) 방식에 비해 건 평균 대기 시간이 발생됨.

"끝"

문 64) 우선순위(Priority) 기반 CPU 스케줄링 알고리즘에 대하여 설명하시오

답)

1. 우선순위(Priority) 기반 CPU 스케줄링 알고리즘

가. CPU 스케줄링(Scheduling) 알고리즘의 정의
- 각 프로세스에 우선순위를 할당하여 가장 높은 우선순위의 process에게 CPU를 할당하는 CPU 스케줄링 알고리즘

나. Priority 기반 스케줄링의 두가지 기법

구분	정적(Static) 우선순위	동적(Dynamic) 우선순위
설명	실행중 우선순위 변경 없음	상황변화에 따라 우선순위 변경
장점	구현이 쉽고 오버헤드 적음	시스템 응답속도증가, 효율적
단점	기아현상(Starvation)	구현복잡, Overhead 많음

- 우선순위가 같은 프로세스들은 선입 선처리(FCFS)

2. 우선순위 기반의 CPU 스케줄링의 종류와 Algorithms 동작사례

가. Priority 기반의 CPU 스케줄링의 종류

선점형 우선순위	- 실행중 우선순위가 높으면 CPU를 선점
비선점형 우선순위	- Ready Queue에 새로운 process 삽입

나. 우선순위 기반의 CPU Scheduling 알고리즘의 동작사례

Process	Burst time	우선순위
P1	10	3
P2	1	1
P3	2	3
P4	1	4
P5	5	2

P1, P2, P3, P4, P5 시간 0에서 순차적으로 도착 (시간상 거의 동시도착)

3.	Priority 기반 CPU 스케줄링의 문제점 & 해결방안	
	구분	설 명
	문제점	-무한정지(Indeffinite Blocking) & 기아상태 -낮은 우선순위 process들이 무한히 대기하는 경우발생
	해결방안	-Aging: 우선순위 낮아도 오래 대기시 우선순위높힘 -우선순위와 Round-Robin 혼합하여 적용

"끝"

문 65) 우선순위 스케줄링에서 기아현상 발생 예시와 방지방법에 대해 설명하시오.

답)

1. 우선순위 (Priority) 스케줄링과 기아현상의 정의

우선순위 스케줄링	실행 대기중인 프로세스마다 우선순위를 부여하여 그중 가장 높은 우선순위순으로 프로세스 할당
기아현상 (Starvation)	자기보다 우선순위가 높은 프로세스들이 계속실행 Queue에 실행 대기상태이면 무한정 대기

2. 우선순위 스케줄링에서 기아현상 발생 예시

가. 우선순위 스케줄링의 예시

process	우선순위	실행시간
P1	1	3
P2	4	4
P3	2	2
P4	3	2

나. 기아 현상(Starvation) 발생 예시 설명

위의 경우 우선순위는 P1 → P3 → P4 → P2 순위 이며

만약 P3 실행후 우선순위가 높은 process가 대기 Queue 에 연속으로 진입시 P4, P2가 장시간 서비스되지 못하는

기아현상이 발생됨

3. 기아 현상의 방지 방법

종류	설 명
HRN 기법	-High Response Rate Next -기아현상이 발생하는 SJF나 우선순위 방식을 개선하여 대기시간을 우선순위에 적용한 기법
Aging 기법.	-양보하거나 기다린 시간(Waiting Time)에 비례하여 우선순위를 늘리는 방법
다단계 피드 백 Queue기법	-다단계 Queue 기법 개선, 우선 순위가 낮은 Queue에서 높은 Queue로 이동 가능

- SJF (Shortest Job First)

"끝"

문 66)	우선순위 역전 발생원인에 대해설명 하시오.	
답)		
1.	실시간(Realtime)스케줄링의문제점 우선순위역전의 개요	
가.	우선순위 역전 (Priority Inversion)의 개념	
	- 높은 우선 순위를 가지는 Task가 낮은 우선순위를 가지는 Task의 작업이 끝날때 까지 기다리는 비정상적인 현상	
나.	우선 순위 역전의 발생조건	

조건	설 명
우선 순위	각 task에 고정된 우선순위를 가짐
선점형 스케줄링	한 Task가 실행중인 다른 Task 선점 가능
임계 영역보호	배타적 접근 제어 기법에 의해 임계 영역 보호

2.	우선 순위 역전의 발생원인과 발생과정	
가.	우선순위 역전 (Priority Inversion)의 발생원인	
	- 높은 순위(우선순위)의 Task가 공유자원 접근을 위해 대기 하던중 선점형 스케줄러에 낮은우선순위의 task가 먼저 실행됨	
나.	우선 순위 역전의 발생과정	

Task1 (우선순위=5)
Task2 (우선순위=4)
Task3 (우선순위=3)

도착, R요청, 우선순위 역전, Lock, Unlock, 우선 순위

선점, L

L R, R, R, Lock, ①, ②, Unlock, ③, 간

*R : 공유자원 접근
*L : 로컬 자원 접근

		①	Task3이 공유 자원 점유중 Task1이 실행되어 공유 자원접근 대기
		②	우선 순위가 높은 Task2가 Task3을 선점 하여 실행됨, Task2 는 Local 자원접근으로 계속 실행가능 ⇒ 우선순위역전현상발생
		③	Task2 실행완료후 Task3이 자서 실행 되고 이후 Task1이 실행됨

3. 우선 순위 역전 현상 방지 방법

- Priority Inheritance (상속)과 Priority Ceiling 및
비선점 Scheduling 방법이 잇음.

"끝"

문	67)	우선 순위 역전 방지 방법에 대해 설명하시오.	
답)			
1		실시간 (Real time) 스케줄링의 문제점, 우선순위 역전의 개요	
	가.	우선 순위 역전 (Priority Inversion)의 개념	
	-	높은 우선순위를 가지는 Task가 낮은 우선순위를 가지는	
		Task의 작업이 끝날때까지 기다리는 비 정상적인 현상	
	나	우선 순위 역전의 발생 조건	

조건	설 명
우선 순위	각 Task에 고정된 우선순위를 가짐
선점형 스케줄링	한 Task가 실행중인 다른 Task 선점 가능
임계영역 보호	배타적 접근제어 기법에 의해 임계 영역 보호

2		우선 순위 역전의 발생 원인과 발생 과정	
	가	우선 순위 역전의 발생 원인	
	-	높은 우선 순위의 Task가 공유 자원 접근을 위해 대기하면	
		중 선점형 스케줄러에 낮은 우선순위의 Task가 먼저 실행됨	
	나	우선 순위 역전의 발생 과정	

		① Task3이 공유자원 점유중 Task1이 실행되어 공유 자원 점유대기
		② 우선순위가 높은 Task2가 Task3을 선점하여 실행됨, Task2는 로컬 자원접근으로 계속 실행가능 → 우선순위 역전 현상발생
		③ Task2 실행완료후 Task3이 다시 실행되고 이후 Task1이 실행됨

3. 우선 순위 역전 해결책

가. NPCS (Non-Preemptive Critical Sections) : 비선점방식

- 가장 간단한 방식으로 임계영역을 실행 하고 있는 Task는 선점 제외
- Task우선순위 할당 : 제일 높은 우선순위 임의 배정
- 임계 영역이 긴경우 높은 우선순위의 Task들 서비스 지연 발생

1) 동작원리

Task1 ─── 도착↓ | L | R |───────→ ↑우선 순위

Task2 ─── 도착↓ 높은우선순위 할당 | L |────→ *R=공유자원 접근

Task3 ─── 높은우선순위 할당↓ | L | R |────────→ 시간

*L=로컬 자원접근

- Task3이 공유 자원 점유시 임의의 높은 우선순위 할당 받고 동작
- Task3 작업완료후 남은 task중 우선순위가 높은 Task1이 실행
- Task1 작업 완료후 마지막 남은 Task2가 실행

나. CPPC (Ceiling Priority Protocol)

- 자원을 점유하는 Task는 자원에 할당된 우선순위로 실행

└→ 한계상승

- 공유 자원의 우선순위 높임값 = 공유 자원 접근 가능한 태스크들의 최고우선순위
- Task의 우선 순위가 공유 자원의 우선순위 높임값 보다 낮은 경우만 변경하고 공유자원 반환시 우선순위는 복원됨.
- 공유 자원의 범위에 따라 OCPP(Original CPP)와 ICPP(Immediate CPP)로 구분됨 (ICPP가 구현하기 쉽고 문맥 교환이 적음)

ㅣ) CPP 기법의 동작원리 (ICPP인 경우)

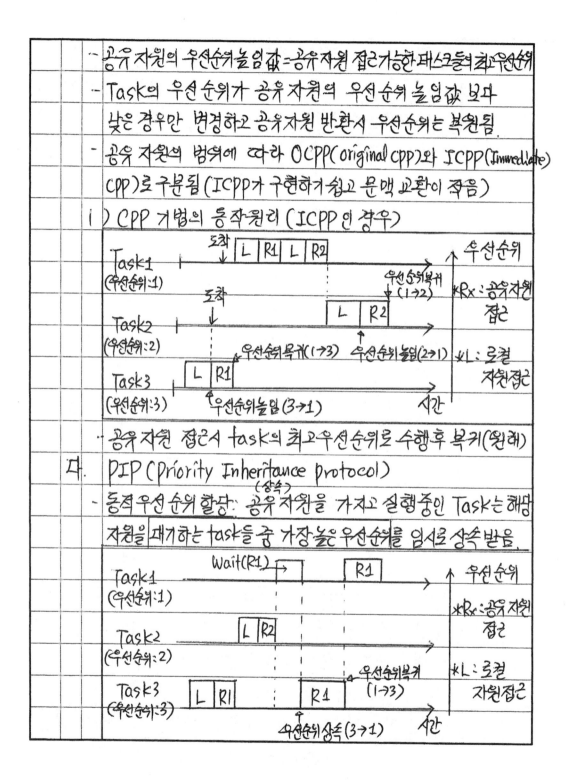

- 공유 자원 접근시 task의 최고우선순위로 수행후 복귀(원래)

다. PIP (Priority Inheritance Protocol)

- 동적 우선 순위 할당(상속): 공유 자원을 가지고 실행중인 Task는 해당 자원을 대기하는 task들 중 가장 높은 우선순위를 임시로 상속 받음.

- 1) Task3이 공유 자원 점유후 높은 우선순위의 Task2가 실행
- 2) Task1이 Task3과 같은 공유 자원 대기로 Task3의 우선
  순위를 Task1의 우선 순위로 상속받음 (3→1), R1이 먼저
  대기 상태로 Task1 보다 먼저 실행
- 3) Task3 우선순위 상속후 실행 되고 Task3 실행

라 | 우선 순위 역전 해결 기법간 비교

구분	NPCS	CPP(비현실적)	PIP
Deadlock	발생안함	발생안함	발생가능
구현편이성	구현용이	구현용이	구현복잡
우선순위 할당	높은 우선순위의 임의 배정	공유자원접근가능 한 Task의 최고값	공유자원 대기중인 Task들의 최고값
우선순위 변경빈도	높음 (공유자원접근시변경)	높음 (공유자원접근시변경)	낮음 (task 대기중에안발생)

4. | 우선 순위 역전 현상 방지를 위한 시스템 설계시 고려 사항
- task간 자원 공유 최소화 : 문제의 근본원인 차단
- 단일 Task 통합 : 공유 자원 접근을 위한 다수의 Task들을
  단일 Task로 통합하여 Sub Task별 공유 자원 할당
- 우선 순위의 동일 : 동일 공유자원 접근을 하는 Task들의
  우선순위를 모두 같게 설정하여 방지. 시도

"끝"

문	68)	우선순위 역전(Priority Inversion)의 발생원인과
		해결방안에 대해 설명하시오.
답)		
1.		우선순위 역전(Priority Inversion) 현상과 중요성
	가	(Priority Inversion의 정의)-높은 우선순위의 Task가 낮은
		우선순위의 Task가 사용중인 임계영역을 Wait하는 경우,
		중간 우선순위의 Task가 끼어들게 되면서, 중간우선순위
		Task보다 실행이 늦춰지는 현상 (우선 순위 역전 발생)
	나	우선 순위 역전 현상의 중요성 : 화성 탐사선, Path Find
		er 호가 화성 착륙후 업무수행중 전체시스템을 초기화시키는
		경우가 발생 (즉 우선 순위 역전 현상에 따른 이상동작)
2.		Priority Inversion 현상의 원인과 설명
	가	Priority Inversion (우선순위역전) 현상의 발생 원인

우선순위 C>B>A인 Task로 가정

	-	우선순위가 높은 Task C보다 우선순위가 낮은 TaskB가 먼저 실행되는 역전현상이 발생됨
4		priority Inversion (우선순위 역전) 발생현상의 설명

동작	설 명
①	Task A가 실행중 임계영역을 사용하고 있고 TaskC가 Semaphore wait를 하게 됨
②	TaskA보다 우선순위가 높은 TaskB의 출현으로 TaskC가 임계영역 Wait 상태에서 TaskB가 먼저 수행됨 (우선순위 역전 현상 발생)
③	Task B 종료후 TaskA가 실행되고 최종 임계영역(Critical Section) 수행완료
④	TaskC는 TaskA 수행완료후 Semaphore unlock 후에야 TaskC가 임계영역 접근이 가능

- TaskC는 B보다 우선순위가 높은데도 불구하고 Task B 보다 나중에 수행되는 priority Inversion 현상이 발생

3		우선순위 역전 방지(해결) 방안 -상속과 한계 상승
	가	우선순위 역전 방지 - priority Inheritance (상속)

〈현재 임계영역 사용 Task가 최고 높은 우선순위를 가짐〉

임계영역	← 대기 Process 중 가장
사용 Task	높은 우선순위를 상속

- 상속(Inheritance) : 대기중인 Process에서 최고우선순위 상속

우선순위 C > B > A인 Task로 가정

TaskA	정상실행	임계영역	완료

TaskC의 우선
순위를 상속

TaskB		정상실행

↓시작

TaskC	정상실행	Lock	임계영역

↑TaskC가 wait   ↑임계영역 수행

· 우선순위가 높은 TaskC 수행후 TaskB수행, 역전현상없음

4 우선순위 역전 방지 - Priority Ceiling (한계상승)

TaskA	정상실행	임계영역

Task의 우선순위
를 최대로높임

TaskB		정상실행

TaskC	정상실행	Lock	임계영역

↑TaskC가 Wait

· 현재 Lock을 가진 TaskA를 가장 높은 우선순위로높임

TaskC의 상속이 아닌 Task중에서 가장 높은 우선순위를가짐

4. 우선순위 역전현상을 방지하기위한 시스템 설계시고려사항

분류	설 명
Task간 자원최소공유	Task간 자원공유 최소화 통한 근본 원인 차단
단일 Task통합	공유자원 접근을 위한 다수의 Task들을 단일 Task로 통합하여 Sub-Task별 공유 자원 할당
우선 순위의 통일	동일 공유 자원 접근을 시도하는 Task들의 우선순위를 모두 같게 설정하여 방지

"끝"

문 69) 라운드로빈(Round Robin)과 EDF(Earliest Deadline First) 스케줄링

답)

1. 응답시간 최소화, CPU스케줄링 개요 및 Round Robin과 EDF 스케줄링의 정의

가.	CPU Scheduling의 정의	process 작업수행을 위해 언제, 어느 process에게 CPU를 할당할지 결정하는 과정

나. Round Robin과 EDF 스케줄링의 정의

Round Robin	선점형 스케줄링 기법으로 각 process별 시간 할당량 만큼 CPU를 점유하여 수행하는 기법
EDF 스케줄링	Earliest Deadline First : 최단마감시간 우선 동적우선순위 : 마감시간이 가장 짧은 Task를 선택수행

2. Time 할당량 만큼 CPU사용, Round Robin 스케줄링 개요

원리	
적용 시스템	대화형 시스템에서 사용되는 선점형 스케줄링으로 CPU 독점 없이 공평하게 이용
장점	- process별 골고루 서비스 가능 (Time 할당량 만큼) - 대화식 시스템에 적합
문제점	Time 할당큰경우 비선점형 FCFS 정도로 성능이 낮아짐 Time 할당작은경우 많은 문맥교환의 수가 작업수행 방해함

3.		EDF 스케줄링의 개요
	정 의	프로세스(Process)의 마감시한이 가까울수록 우선순위를 높게 부여하는 선점 방식의 동적 스케줄링
	개 념 도	Process(Task) (A:1, B:1.5, C:0.5) Deadline 1 2 3 4 5 6 7 8 9 10 11 12 13 14 →시간 A: 0~3~6··· B: 0~4~8··· C: 0~5~10···
	장 점	- 실시간 시스템에 적합, 새로운 process의 동적인 수용가능 - 동적이고 마감시간을 예측하기 어려운 작업에 적합
	단 점	- 새로운 프로세스을 수용할때 해당하는 스케줄을 찾기위해 계산필요

"끝"

문 70)	Hard real time의 RM (Rate Monotonic)과 EDF(Earliest Deadline First) Scheduling에 대해 설명하시오. 아래 두개의 Task로 RM과 EDF 스케줄링 시간을 도식화하시오		
	Task	실행시간	주기(Deadline)
	Task1	0.7초	2초
	Task2	1.5초	3초

답)

1. CPU process 스케줄링, Hard real time의 개요

   가. 원자력, 군사, 자동차 기술에 적용되는 Hard real time정의
   - 정해진 Deadline 시간내에 결과값이 절대적으로 출력이 되어야 함. 그렇지 않을시 치명적인 손실.

   나. Hard real time인 RM과 EDF의 정의

RM	-Rate Monotonic 스케줄링, 주기참조 방식
	-고정우선순위 선점 : 주기가 짧은 Task에게 우선순위높임
EDF	Earliest Deadline First : 최단마감시간우선
	-동적우선순위 : 마감시간이 가장 짧은 task를 선택수행

2. 주어진 Task1/2 에서 RM 스케줄 적용시 동작
   - 고정우선순위 선점 스케줄링, task 간에 선행관계가 없다는 조건을 만족할때 주기가 짧은 task에게 높은우선 순위를 부여하는 방식

가. 두개 Task 동작 과정 (RM 스케줄링)

| T1주기 | 0.7 | 0.7 | 0.7 | 0.7 | 0.7 | 0.7 | . . . |

| T2주기 | 1.5 | 1.5 | 1.5 | 1.5 | . . . |

| T1 | T2 | T1 | T2 | T1 | T2 | T1 | T2 | T1 | T2 | T1 | T2 | . . . |
| 0.7 | 1.3 | 0.7 | 1 | 0.7 | 0.5 | 0.7 | 1.3 | 0.7 0.2 | 1 | 0.7 | 0.5 |

① ②

0 1초 2 3 4 5 6 7 8 9 10 11 12시간

T1 T2
주기 주기

4 RM 스케줄링의 동작설명

| ① | 주기가 짧은 Task1 수행 |
| ② | ②번에서의 주기는 Task2가 짧음, 먼저수행 |

3. 주어진 Task1/2에서 EDF 스케줄링 적용시 동작

- 동적 우선 순위 선점 스케줄링(Scheduling)

- 현재 준비상태에 있는 task들 중에서 마감시간 (Deadline)이 가장 짧은 task를 선택하여 수행하는 기법

가. 두개 Task 동작과정 (EDF 스케줄링)

T1주기	0.1		0.1		0.1		0.1		0.1		0.1

T2주기	1.5		1.5		1.5		1.5

T1	T2	T1	T2	T1		T1	T2	T1	T2	T1
0.1	1.5	0.1	1.5	0.1						

① ②

0 1½ 2 3 4 5 6 7 8 9 10 11 12 시간

↑ ↑
T1주기 T2주기

4	EDF 스케줄링의 동작 설명
	① Deadline이 짧은 T1이 먼저 수행
	② T1이 이미 수행되어 Task2가 수행 (정해진 시간내 수행)

" 끝 "

문 71)	RM(Rate Monotomic) 스케줄링과 EDF(Earliest Deadline First) 스케줄링 알고리즘
답)	
1.	CPU process 스케줄링, Hard Real Time의 개요 _(더정의)_
가	원자력, 군사, 자동차 등의 기술에 적용되는 Hard Real time 정해진 Deadline 시간내에 결과값이 절대적(반드시)으로 출력되어야 함. 그렇지 않을시는 치명적인 손실 초래
나.	Hard real time인 RM과 EDF의 정의

RM	고정우선순위 : 주기가 짧은 Task에게 우선순위 높임
EDF	동적우선순위 : 마감시간이 가장 짧은 Task를 선택 수행

2.	RM과 EDF 스케줄링 알고리즘 수행 예시
가.	정적 알고리즘 방식의 RM 스케줄링

사례	Process1(p1) : 주기(5), 실행시간(2), 마감시간(5)
	Process2(p2) : 주기(10), 실행시간(3.5), 마감시간(10)

사례 구성도	

- RM 스케줄링은 CPU이용률(U) $\leq (N^{2^{\frac{1}{N}}} - 1)$ 조건을 성립할 경우 유효. - 프로세스 수(N) → ∞이면, U = $\log 2$(약 0.693), 즉 CPU이용률이 69.3% 이하일때 보장 _(무한대)_

4. 동적 알고리즘 방식의 EDF 스케줄링

| 사례 | Process1(P1) : 주기(5), 실행시간(2.5), 마감시간(5) |
| | Process2(P2) : 주기(8), 실행시간(3.5), 마감시간(8) |

| 사례 구성도 | |

EDF 스케줄링은 이론상 CPU이용률(U)의 최대 100%까지 보장하지만, 문맥교환(Context Switch)에 따른 의무 요인에 대한 고려가 필요

3. RM 스케줄링과 EDF 스케줄링의 비교

구분	RM	EDF
정책	정적우선순위 알고리즘	동적우선순위 알고리즘
우선순위	(수행)주기가 짧은 프로세스	마감 시간이 짧은 프로세스
오버헤드	스케줄링 오버헤드가 낮음	스케줄링 오버헤드가 높음
CPU 이용률	CPU 이용률이 낮음	CPU 이용률 높음

"끝"

문 72) RM(Rate Monotonic) 스케줄링 알고리즘을 설명하고, 다음 3개의 태스크(Task)를 스케줄링 하시오. (단, 시간: 0~20, 각 태스크들은 매 주기마다 릴리즈 (Release) 된다고 가정한다)

태스크(Task)	실행시간(Execution time)	주기(period)
p1	1	8
p2	2	5
p3	4	10

답)

1. 정적 스케줄링 방식의 RM(Rate Monotonic) 스케줄링 알고리즘(Algorithms) 개요

가. Static Scheduling, RM 스케줄링의 정의
독립적인 개별 프로세스(수행) 주기를 기준으로 주기가 짧을수록 높은 우선순위를 부여하는 정적방식의 스케줄링기법
(CPU를 더 자주사용하는 Task에게 더 높은 우선순위부여)

나. 정적 스케줄링 알고리즘의 필요성

실시간시스템 스케줄링 고려사항
- 마감시간준수
- 우선순위기반
- 선점가능
- 주기적 실행

실시간 스케줄링 알고리즘
승인제어 알고리즘필요

주기기반 정적우선순위 → RM 스케줄링
마감시간기반 동적우선순위 → EDF 스케줄링

- 마감시간 내 프로세스만 처리하는 선점/우선순위 기반 스케줄링으로는 RM과 EDF(Earliest-Deadline-First) 스케줄링이 있음
- 자율주행 자동차, IoT, 스마트팩토리 등 고신뢰 임베디드 시스템 활용증가에 따른 경성(Hard) 실시간 시스템의 중요성이 높아짐

2. RM 스케줄링의 동작방식 설명

구분	설명
스케줄링 알고리즘	- 주기가 짧은 Task가 높은 우선순위 - 우선순위 기반의 선점 스케줄링 수행
동작절차	- 모든 Task의 마감시간은 주기와 동일
스케줄링 충분조건	- CPU이용율이 $U \le N(2^{\frac{1}{N}}-1)$ 조건 성립시 스케줄링 보장 (N=Task 개수) - 2개 Task 경우 83% (= $2(2^{\frac{1}{2}}-1)$) - ∞개의 Task일 경우는 약 69%임 (무한대)
스케줄링 적용사례	- P1 수행시간(t_1)=2, 주기=5 - P2 수행시간(t_2)=4, 주기=10 P1이 P2 대비 우선순위가 높아 시간 5시점

시점에서 P1 이 P2 task를 선점 실행함

3. 주어진 문제에서의 스케줄링 설명

가. RM 스케줄링을 위한 3개 Task 특성 분석

구분	분석 내용(P2→P1→P3순 실행)			
	Task	실행시간	주기	우선순위
Task 구성	P1	1	8	중간
	P2	2	5	높음
	P3	4	10	낮음

스케줄링 시간	시간은 0~20, 각 Task들은 매 주기 마다 릴리즈 된다고 (가정)
CPU 이용율	CPU 이용율(%) = 1/8 + 2/5 + 4/10 = 92.5%
스케줄링 충분조건	-3개 Task 충분조건 : CPU 이용율(U) < 78%(=3($2^{\frac{1}{3}}$-1)) -충분 조건 미 만족이나 스케줄링이 반드시 불가능한 것은 아님

나. 3개 Task 스케줄링 과정 설명

-주어진 시간 (0~20) 범위에서 3개 Task에서 필요한

CPU 실행시간 합이 19이고, RM 스케줄링 결과의 CPU
실행시간도 19로 Task B 두 마감시간내 스케줄링 가능함.

4. RM과 EDF 스케줄링 기법 비교

구분	RM 스케줄링	EDF 스케줄링
정책	정적 우선순위	동적 우선순위
기준	짧은 주기를 갖는 프로세스에서 우선순위	마감시간이 임박한 프로세스에게 우선순위
CPU 이용율	1개:100%, 2개:83%, 무한대:69%	이론상 100% 가능
문맥교환	EDF 대비 많음	RM 대비 적음
장점	스케줄링 예상가능, 단순	주기적 불필요, 효율적
단점	마감시간 보장못함	스케줄링 예상 어려움

RTLinux 에서는 RM/EDF 스케줄링을 모두 지원

"끝"

T 설명하시오.

문 73) HDD (Hard Disk Drive)의 Disk Access time에 대해

답)

1. HDD (Hard Disk Drive)의 개요

가. 정의 - 자성체로 코팅된 원판에 Data를 자화시켜서
기록/탐색하는 대용량 보조기억 장치

나. 용도 - 대용량 Storage, RAID 기억장치.

2. Hard Disk Access time의 구성 (Disk 원판)

☆

Track : 동심원상의 ← ② latency   Seek   → PC
Data 기록위치   ①   제어기   Data Interface

Sector : Track을 ←   Data
분할한 Data Block   Arm ③   USB, SATA,
(512/1024/2048 Bytes) Rotation Head PATA, 전력불G
                              전송

동작 순서	설 명
① Track Access	Actuator가 Arm(팔)과 Disk Head를 이동 시켜서 Data가 위치한 track으로 접근 (Seek)
② Sector Access(latency)	Motor가 원판을 회전시켜서 Data위치(Sector)의 Sector가 Head 밑으로 오게 회전이동 (latency time고려)
③ Transfer(전송)	Head가 읽은 Data를 제어기제어 하에 전송

☆ Total Hard Disk Access time = Seek time ⊕
Rotation delay time (latency time) ⊕ 전송시간

3. Hard Disk와 SSD (Solid State Drive) Access 비교

구분	Access time
HDD	기계적/물리적 동작으로 Random Read 느림

| | | | HDD | -Overlay 가능함으로 순차적 write, 매우빠름
&2. Buffer 내의 Cache 영역 활용하여 Access time줄임 |
| | | | SSD | -기계적동작불필요, Random read 신속
-Write 이전에 삭제동작필요, 순차기록스럼 |

〃끝〃

1. NCQ의 정의와 필요성

재해기술하시오. ☆☆(4)

HDD (Hard Disk Drive)의 Disk 스케줄링 기법 6가지에

문 74) NCQ (Native Command Queuing)에 대해 설명하고

답)

가. NCQ (Native Command Queuing)에 대한 정의

- SATA/USB 장치의 성능 (HDD)을 향상시키기 위해 입출력
(I/O) 요청을 우선 Queue에 보관하여 스케줄링기법 사용하여
Head의 움직임을 최소화 할수 잇도록 명령을 재배열하여 실행.

나. Native Command Queuing의 필요성 → 기대 효과

| PC (Host) | Command → | ⟨I/O 제어기⟩ - 최대Queue : 32개 - 최적경로로 재배열 - 32개 명령어 수용 | 효과 → | Head 움직임 최소화 - 물리적 마모줄임 - MTBF 길어짐 |

- NCQ 기술을 사용하여 Access time도 줄임

2. Disk Scheduling 기법의 종류와 실제 예

가 Disk Scheduling 기법의 종류

종류	설 명
FCFS	First Come First Served, 요청대로 먼저 서비스
SSTF	Shortest Seek time First, 최소탐색 시간우선 처리
SCAN	디스크 끝과 끝으로 이동, 이동중 모든 요청 실행
C-SCAN	SCAN은 양(두)방향, C-SCAN은 한방향으로만 이동
Look/C-Look	SCAN → Look, C-SCAN → C-Look

나 Disk Scheduling의 실제 예)과 이동거리 계산

요구사항	설 명
Queue	실제 32개 Queue 사용가능
이동거리	실제 예와 이동거리 계산하여 최소움직임 확인

| Queue | 150 | 50 | 140 | 40 | 현재위치 60으로 가정 |

LBA
(Logical Block
주소) → 0   40   50   현재위치   140   150 | 이동거리 |

FCFS
66 → 90 → 100 ← 90 → 100 →
이동거리: 90+100+90+100 = 380

SSTF
(거아현상)
← 10 60 / ← 10 / 100 / 10 →
이동거리: 10+10+100+10 = 130

SCAN
(내주) 40 ← 10 ← 10 60 / 140 → 10 →
이동거리: 10+10+40+140+30 = 210

C-SCAN
← 10 10 60 / 40 ← / → (외주) 외주거리
이동거리: 10+10+40+150+10 + 외주거리 = 220 + 외주거리

LOOK
← 10 10 60 / 60 → 10 →
이동거리: 10+10+100+10 = 130

C-LOOK
← 10 10 60 / 110 → ← 10
이동거리: 10+10+110+10 = 140

SCAN과 LOOK의 차이는 내주/외주 Seek 동작없음

SSTF와 LOOK 스케줄링이 위의 예제에서는 이동거리

최소화 스케줄링 방법임. SSTF에서는 거아 현상 발생

"끝"

문 75) 디스크 스케줄링 알고리즘의 동작과정을 스캔(SCAN),

룩(LOCK) 알고리즘 중심으로 설명하고, 다음에 주어진

"디스크 대기큐"내의 순서를 활용하여 스캔 알고리즘의

디스크 헤드(Head)움직임을 설명하시오. (잔, 현재

헤드는 트랙 50에 있으며 트랙 Ø번 방향으로 이동

중이다.)   「66.

디스크 대기큐: (트랙번호) 85, 179, 31, 128, 10, 121, 55

답)

1. 디스크 스케줄링 알고리즘 동작 이해

가. 디스크 (HDD)의 구성요소

측면 (side view)	윗면 (Top view)

- Arm, Head, Spindle, Cylinder, platter, Track, sector구성

  (물리적인 구성)   (논리적인 구성)

나. 디스크 스케줄링의 정의

- 주기억 장치에 부재중인 데이터를 디스크로부터 불러

오는데 소요되는 시간을 최소화 하기 위한 스케줄링 알고리즘

- CPU나 메모리, N/W분야의 속도 향상에 비해 상대적으로 느린 발전속도가 시스템 성능향상의 제약요소로 작용 (기계적 구성요소의 한계, 탐색시간, 전송시간 소요됨)

다. Disk 스케줄링 알고리즘의 목표

구분	설명
Arm 이동 최소화	기계적 메커니즘 이동 시간 최소화
처리능력 극대화	단위시간 당 처리하는 서비스의 양을 최대화
응답시간 단축	작업요청부터 결과 반환까지 소요시간 최소화
응답시간 편차의 최소화	Disk Queue 대기시간, 탐색시간, 회전지연 시간등을 최소화 하여 응답시간 편차 최소화

2. SCAN과 Look 알고리즘 중심의 동작과정 설명

가. Disk Scheduling Algorithms 동작 유형

종류	설명
FCFS	디스크 Queue 도착 순서대로 처리
SSTF	Shortest Seek Time First, 최소 탐색 시간 우선 처리
SCAN	디스크 최 내·외주 이동, 이동중 모든 요청 처리
C-SCAN	SCAN은 양(두) 방향, C-SCAN 한 방향으로만 이동
Look	디스크 최 내·외주 이동 안함, 이동중 모든 요청 처리
C-Look	Look은 양(두) 방향, C-Look은 한 방향으로만 이동
N-step SCAN	SCAN과 유사하나 서비스가 전행되는 도중에 도착되는 요구들에 대해서는 다음 방향전환후에 처리

4. SSTF 기아현상발생 단점 해결, SCAN과 LOOK 비교

구분	SCAN	LOOK
공통점	SSTF 기아현상 발생 단점 보완, 탐색기준에 방향성추가	
개념	진행중인 방향 대한 처리 우선, 한쪽끝도달후 반대 방향처리	진행중인 방향으로 더이상요청이 없으면 그자리에서 방향변경처리
특징	전행방향끝까지이동 (Disk 최외각 주이동)	SCAN 단점보완 (끝까지이동) 하여 진행방향 재상부재시 방향전환
단점	요청없어도 최외각 새주로이동	헤드가지나가버린 쪽의 요청시간증가
보완	C-SCAN (circular-Scan)	C-LOOK (Circular-Look)
알고리즘	Head가 바깥쪽에서 안쪽으로 진행할때만 서비스처리	SCAN과 동일하나 최외각 새주 이동은 없음

3. 주어진 상황에서 SCAN과 LOOK 적용시 헤드움직임

가. SCAN 알고리즘 적용시 Head 이동 거리 & 평균탐색 길이

운영체제(OS)

트랙접근순서	50	31	10	0	55	66	85	121	128	179
Head이동거리	-	19	21	10	55	11	19	36	7	51
전체탐색길이	229	Head이동거리 합								
평균탐색길이	28.6	= 229 / 8								

4. Look 알고리즘 적용시 Head 이동거리 & 평균 탐색길이

Inner Track ← 현재위치

최초진행방향

| 0 | 10 | 31 | 50 | 55 | 66 | 85 | 121 | 128 | 179 |

트랙접근순서	50	31	10	55	66	85	121	128	179
Head이동거리	-	19	21	45	11	18	36	7	51
전체탐색길이	209	Head 이동거리 합							
평균탐색길이	26.1	= 209 / 8							

- Look 알고리즘이 SCAN 보다 평균 탐색 걸이가 작음

5. 주어진 상황에서의 SCAN 알고리즘 Head 움직임

이동순서	31 → 10 → 0 → 55 → 66 → 85 → 121 → 128 → 179

이동거리	SCAN 알고리즘의 목료 Track 8개 평균이동
	거리는 28.6으로 LOOK 26.1에 비해 Disk Head 평균
	이동거리가 더 길어서 성능이 상대적으로 열세임.

4. 디스크 System 성능 제고를 위한 방안

기법	설 명
Hardware 기반	- 디스크의 저장밀도를 높임 (저장공간/밀도향상) ↳단위면적당
	- 디스크 회전속도(RPM) 증가
	- SSD와 같이 사용 (SSD는 Cache 역할)
운영체제 기반	- 같은 데이터 블럭을 디스크에 중복 배치
	- 순차 데이터는 디스크 Track에 섹터순으로 배치
	- 필요시 디스크 데이터 재구성 (재배열)
응용시스템 기반	- Index 사용 (물리위치 계산)
	- 데이터 압축기법 사용
	- 보조기억장치 해싱(Hashing) 기법 사용

"끝"

문 76) 디스크 스케줄링 알고리즘중 최소 탐색 우선 스케줄링 (Shortest Seek-Time First Scheduling)의 문제점을 해결하기 위한 알고리즘을 제시하고, 엘레베이터 알고리즘(Elevator Algorithm)과 에션바흐 기법 (Eshenbach Scheme)을 비교하여 설명하시오.

답)

1. Seek time 최적화, DISC(=Disk) 스케줄링의 개요

   가. 디스크 스케줄링(Scheduling) 알고리즘의 정의
   - 대기하고 있는 디스크 접근 요청(Commands)들을 디스크 위치 기준으로 효율적으로 처리하기 위한 알고리즘
   - Seek(탐색), Rotational Delay(Latency Time)[회전 & 대기 시간), Transfer(전송)의 디스크 접근시간에 따른 탐색시간 최적화(Seek Optimization)가 목적임

   나. 디스크 스케줄링 알고리즘의 유형

   - FCFS : First Come First Served
   - SSTF : Shortest Seek Time First
   - SLTF : Shortest Latency Time First
   - SPTF : Shortest Positioning Time First

		-SATF : Shortest Access Time First

2. 최소탐색 우선 스케줄링(Shortest Seek-Time First Scheduling) 개념과 문제점

가. 최소탐색 우선스케줄링의 개념

분류	설 명
개요	현재 Head에서 가장 가까운 Track에 해당하는 요청을 우선적으로 처리하는 스케줄링 기법
처리 예시	현재 Head : 53, 입력순서 : 98, 183, 37, 122, 14, 124 65, 67 - 총 Head 이동거리 = 236
설명 추가	Head의 현재위치에서 탐색이 가장 짧은 요청의 Track (트랙)으로 이동. (Head 이동거리 최소화)

나. 최소탐색 우선 스케줄링의 문제점

문제점	설명
기아현상	Starvation 현상, 현재 Head에서 먼 거리의

		기아현상	트랙요청의 경우, 탐색시간이 장기화되는 성능저하현상 (발생)
		응답시간 예측난해	"탐색편차" 존재로 스케줄링 예측 저하 현상발생
		검색(탐색) 오버헤드	스케줄링에 따른 현재 헤드위치에서 가장 가까운 트랙위치 검색 시간 소요

- SSTF 알고리즘의 문제점인 Starvation 및 아웃 사이드
(outside = 외부영역의 Track) 트랙에 대한 처리시간
개선 필요. - 대표적인 개선 알고리즘으로는 엘리베이터
알고리즘과 에션바흐 기법이 있음

3. SSTF 문제점 해결위한 엘리베이터 알고리즘과
에션바흐 기법의 설명

가. Elevator Algorithm의 상세 설명

분류	설 명
개요	기본적으로 SSTF와 같은 방법으로 운영되지만, 한쪽 방향으로 진행하고, 한쪽끝에 도착하면 반대 방향으로 진행하는 SCAN기반의 기법
처리 예시	현재 Head: 53, 입력순서: 98, 183, 37, 122, 14, 124, 65, 67

현재 Head: 53, 입력순서: 98, 183, 37, 122, 14, 124, 65, 67

37번트랙서비스후 새로 도착한 20, 22 요청들도 서비스함

반대편요청들은 긴시간 동안생기

총 헤드 이동거리: 236

		장점	탐색시간 개선 : SSTF보다 간단하면서도 탐색시간을 개
			기아현상 개선 : SSTF의 대표적인 문제점 해결
		단점	방향비트 필요 : 이동방향을 관리하기위한 별도 Bit 필수
			복잡한 알고리즘 : 과부하 처리를 위한 매커니즘 요구

- In/out 방향의 처리 균등 문제점 해결 및 회전 지연 시간

  최적화를 위하여 에션바흐기법 사용

4. 에션바흐 기법 상세 설명

분류	설 명
현재 Head : 53, 입력순서 : 98,183, 37, 122,14,124,65,67	

처리예시	(다이어그램) 새로 도착한 요청은 큐에 모아 두었다가 바깥쪽에서 부터 진행Head 진행때 재배열하여 서비스

총 Head 이동거리 : 829

추가설명	현재위치에서 바깥쪽에서 안쪽으로 이동
	- Head는 C-SCAN으로 처리하고, 회전지연시간 단축 을 위한 재배열 처리 존재
	- 진행중 서비스는 재배열후 처리 실시

		개요	탐색시간은 물론 회전 지연시간 최적화를 목적으로 Head는 C-SCAN과 같이 처리하며 요청과 관계없이 트랙 한 바퀴 회전할 동안 재배열하여 처리하는 기법
		장점	- 회전지연시간 최적화 : 대화식 프로세스에서 성능 향상됨 - 균등한 처리 : C-SCAN 기반에 따른 안~바깥쪽 균등처리
		단점	- 재배열 처리 필요 : 에선 바흐 스케줄링위한 별도 재배열필요 - 불필요이동 : 안/바깥쪽 처리 블럭 미 근제 시도 이동

- 불필요한 이동 제거를 목적으로 C-LOOK 등의 스케줄링 존재

"끝"

문 77) 디스크 스케줄링 기법중 SLTF(Shortest Latency Time First), SPTF(Shortest Positioning Time First), SATF(Shortest Access Time First) 기법에 대해 설명하시오.

답)

1. 응답시간 최소화, Disk 스케줄링의 개요

    가. Disk I/O 시간 최소화, Disk Scheduling의 정의

    원하는 Data를 탐색(Seek), 회전(Latency), 위치 (Positioning), 전송 (Transfer)등 Disk I/O시간 최소화

    나. 디스크 스케줄링의 일반적인 목표.

    ① 디스크 Access time 최소화 ② Throughput 극대화

    ③ 응답시간 (Response time) 최소화 ④ 응답편차 최소화

2. Disk Access의 요소와 SLTF 스케줄링

    가. Disk Access의 요소

① Seek : 해당 Track 으로 이동

② Latency time : 해당 Track내에 원하는 Sector 까지의 거리 (시간)

③ 전송 Time : 해당 Sector 데이터 전송

4. SLTF(Shortest Latency Time First) 스케줄링

- 최단 지연 시간 우선 처리 스케줄링

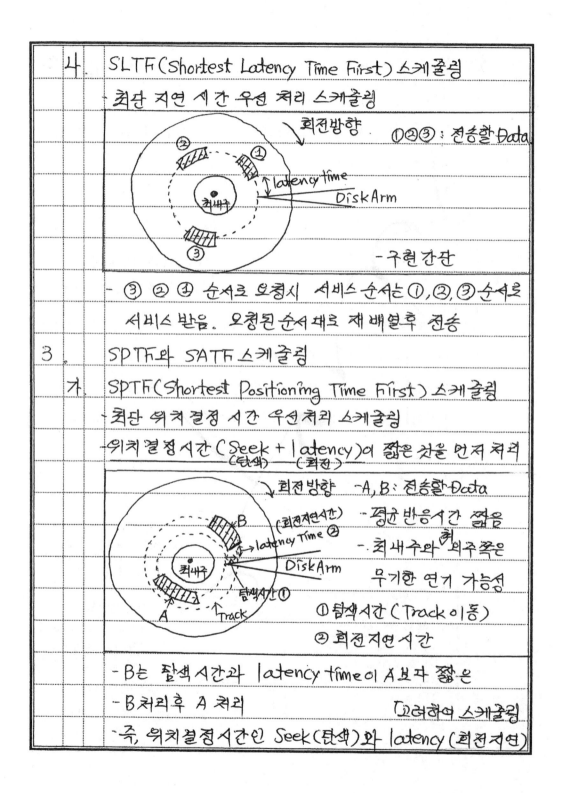

회전방향   ①②③ : 전송할 Data

latency time
DiskArm

최내주

- 구현 간단
③

- ③ ② ① 순서로 요청시 서비스 순서는 ①, ②, ③ 순서로 서비스 받음. 요청된 순서대로 재배열후 전송

3. SPTF와 SATF 스케줄링

가. SPTF(Shortest Positioning Time First) 스케줄링

- 최단 위치결정 시간 우선처리 스케줄링

- 위치결정시간(Seek + latency)이 짧은 것을 먼저 처리
    (탐색)   (회전)

회전방향 -A, B : 전송할 Data

B (회전지연시간) - 평균 반응시간 짧음
latency Time ② - 최내주와 최외주쪽은
최내주   무기한 연기 가능성
DiskArm
탐색시간①   ①탐색시간 (Track 이동)
A   Track   ②회전지연시간

- B는 탐색시간과 latency time이 A보다 짧음

- B 처리후 A 처리   고려하여 스케줄링

- 즉, 위치결정시간인 Seek(탐색)와 latency(회전지연)

4. SATF(Shortest Access Time First) 스케줄링

- 최단 접근 시간 우선처리 스케줄링

- 접근시간(탐색+회전+전송)이 짧은 것을 먼저 처리

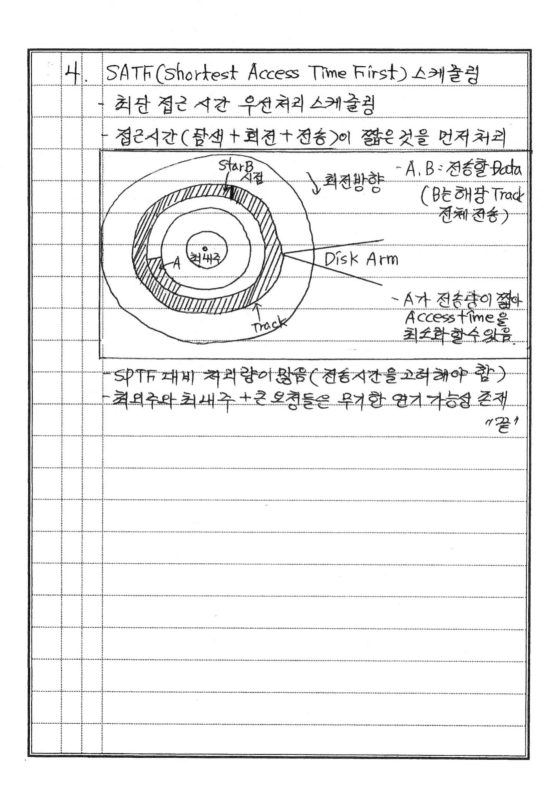

- SPTF 대비 처리량이 많음(전송시간을 고려해야 함)
- 최외주와 최내주 + 큰 요청들은 무기한 연기 가능성 존재

"끝"

PART 4

프로세스 동기화(Process Synchronization)와 문맥 교환(Context Switching)

세마포어(Semaphore), 모니터(Monitor), 계수형 세마포어(Semaphore), 뮤텍스 (MUTEX), Semaphore를 이용한 리소스 공유 방법과 태스크 간 동기화 방법, 동기화 기법인 스핀락(Read/Write Spin Lock), 은행가 알고리즘(Banker's Algorithm), 교착상태(Dead Lock), Live Lock, 상호 배제(Mutual Exclusion), 자원할당그래프, 경쟁조건(Race Condition), 문맥 교환(Context Switching), 운영체제 내부 모듈 중 Dispatcher의 주요 기능과 동작, 마이크로 커널(Kernel)의 동작 등이 항상 출제되는 분야로 개념과 어떻게 활용되는지에 대해 정확히 답안에 기술할 수 있어야 합니다. 매우 중요한 토픽들입니다.

[관련 토픽-23개]

문 78) 세마포어 (Semaphore) 연산에 대하여 기술하시오.

답)   ☆(2)

1. process 동기화의 방안, Semaphore 의 개요

가. 세마포어 (Semaphore)의 정의

- 두개의 P연산과 V연산으로 CPU의 병렬 처리시 process 들 간의 실행 시간 순서를 결정하는 연산 방식

나. 세마포어 (Semaphore)를 이용한 상호 배제 기법.

☆
(2)

processA	repeat P (active)		repeat P (active)	processB
	임계영역 (Critical Section)			
	V (active) until (false)		V (active) until (false)	

- Active가 Φ 이면 임계영역을 실행중인 process 가 있음을 의미
- Active가 1 이면 임계영역을 실행중인 process가 없음을 의미.

2. Semaphore 의 P/V 연산 과 Semaphore 유형

가.
Semaphore
P/V연산

☆☆☆
(3)

이해

Process A P1 → 산정 ①
P연산수행
S = S - 1
S = 0
②
V연산수행   완료
S = S + 1; S = 1

임계영역
(Critical Section)

Process B P2
③ ProcessA가 산정중 대기
while s=0 do wait
process B 사용가능 { s = 0
④ → S = S + 1; 수행 (P연산)
V연산 수행
S = S + 1; S = 1

- 두개의 press 실행순서
① p1 P연산 ② p1 V연산 ③ P2 P연산 ④ P2 V연산

4   Semaphore의 유형

| Binary 세마포어 (이진) | Semaphore 변수가 0 또는 1 값 | 상호배제, 쓰레스동기화 |
| Counting (계수형) 세마포어 | Semaphore 변수가 0 이상의 모든 정수 값을 가질 수 있는 경우 (진입 개수 정의) | - 생산자와 소비자 문제해결 |

3.   동기화 기법인 뮤텍스와 차이점.

- 이진 Semaphore의 경우 뮤텍스와 마찬가지로 한 프로세스 에서 Thread간 동기화 가능.

- Counting Semaphore의 경우 process간 동기화 가능해 뮤텍스는 한 Thread 에서만 동작 가능함.

"끝"

문 79) 세마포어(Semaphore)와 모니터(Monitor)의 상호관계를 설명하
시오.

답)

1. 동시성 제어에 대한 S/W적 해결책, 세마포어와 모니터의 개요

   가. Semaphore와 Monitor의 정의

Semaphore	세마포어 변수(S) 및 두개의 연산(P, V)으로 임계 영역에 접근하는 잠금장치에 대한 이론적 기반
모니터의 정의	Concurrent-Pascal, Module 2/3, JAVA 등 프로그래밍언어 수준에서 상호배제기능을 제공하는 SW모듈

   나. 동시성 지원을 위한 세마포어와 모니터의 역할

동시성 지원	소통(Communication)	자료의공유(공유변수, 메시지전달)
	조정(Coordination)	실행단급조절(Lock, 세마포어, 모니터)
	원자성(Atomicity)	간섭없는 트랜잭션(실행)

2. 세마포어와 모니터의 개념적 상호관계및 상세 상호관계

   가. Semaphore와 Monitor의 개념적 상호관계

   세마포어는 모니터에게 이론적 기반을 제공하고 모니터는 세마
   포어의 타이밍 문제점을 보완하여 동시성 제어를 위한 상호작용함

4. 세마포어와 모니터의 상세 상호관계

구분	세마포어	모니터
주체	OS, 개발자 주체의 동시성지원	프로그래밍언어 수준의 동시성지원
상호	-모니터에게 이론적 기반 제공	-세마포어의 관점인 타이밍오류 해결
적용	-모니터에게 효과적인 기법제공	-세마포어의 관점인 개발편의성 보완
특징	S의 타입에 따라 Binary/ Counting 세마포어로 구분	-한 시점에 하나의 프로세스만 모니터 재부에서 수행 -세마포어와 계산능력은 동일
동기화 구현 사례	Semaphore S; P(S); // 감사역할 S-- 임계구역() V(S); // 증가역할, S++	Monitor monitor-name { // 지역 변수선언 public entry p1(…) { } public entry p2(…) { } } ↗ .Net의 모니터 등
언어 사례	P, V 연산으로 구현	JAVA의 Synchronized object,
공통점	동시성지원을 위한 조정(Coordination) 기능을 수행	

3. 세마포어와 모니터를 활용한 동시성 지원 방안 및 전망

가. 세마포어는 상호배제/동기화를 프로그래머가 담당하여 고급프로그래머의 주의 깊은 개발이 요구됨

나. 모니터는 객체 단위의 설계가 이루어지기 때문에 설계 단계에서선 상세설계가 고려되어야 함

다. 동시성은 필수불가결한 프로그래밍 언어의 요소이지만 프로그래밍이 수월하지 않아 언어수준의 High Level 자원이 지속적으로 지원될 가능성이 높음.   "끝"

문 80) 계수형 세마포어(Counting Semaphore)에 재하여 설명하시오

답)

1. Multi-process 환경에서의 리소스(자원) pool 이용

계수형 세마포어(Counting Semaphore)의 정의

계수형 세마포어 정의	멀티프로세스 환경에서 공유 자원에 대한 접근을 제한하는 방법으로서 $\emptyset$과 1의 값을 가지는 이진형 세마포어와는 달리, 풀(pool)에 있는 자원의 수와 같은 값으로 초기화 되는 동기화 기법

2. 계수형 Semaphore의 동작매커니즘 및 사례

가. 계수형 세마포어의 동작 구성도 (5개 공유자원의 예시)

각 Task들이 Semaphore를 사용후 반납 (공유 자원 사용시)

4. 구성도에 따른 동작 매커니즘

구분	설 명
초기화	Semaphore는 Pool에 있는 자원의 수와 같은 값으로 초기화. 이때 각각의 Semaphore 변수 "S"값을 초기화 할
P호출	P호출이 발생할 때 마다 세마포어를 1씩 감소, pool의 자원이 추가적으로 할당되어 Thread에서 사용됨을 의미

process = Thread들로 구성됨
          여러개의

			V 호출	V호출은 세마포어를 1씩 증가시켜 Thread가 자원을 po에 돌려주고, 이 자원을 다른 Thread에게 할당 할수 있음을 뜻		
			Waiting (대기)	세마포어가 0까지 줄어들었을때 스레드가 p를 호출하면 스레드는 V를 통해 자원을 po에로 반납할때까지 대기		

세마포어는 초기에 Busy-Waiting 방식으로 구현되었으나
최근에는 Sleep Queue 방식을 주로 사용

3. 병행 프로세스 동기화 기법간 비교

항목	이진형 세마포어	계수형 세마포어	뮤텍스(Mutex)
내부값(status)	2 (0, 1)	N (자원수 만큼)	2
ISR(인터럽트 서비스루틴)	사용가능	사용가능	미사용
Owner	No	No	Yes
우선순위 상속	No	No	Yes
초기화	Semaphore 변수 "S" 값을 1로 초기화	Counter >= 0	항상하지않음
Queue 구성	FIFO & 우선순위	FIFO & 우선순위	우선순위

"끝"

문 81)	뮤텍스(MUTEX)		
답)			
1.	동시성 제어기법, 뮤텍스(MUTEX)의 개요		
가.	MUTual EXclusion(상호배제), 뮤텍스의 정의		
	임계영역을 가진 Thread들의 동기화를 보장하기위해		
	Locking /Unlocking을 사용하여 동시성을 제어 하는 기법		
나.	MUTEX의 요구조건		
	상호배제	두 프로세스(Thread)는 동시에 공유 자원 미사용	
	진행	공유자원 사용 프로세스만 다른 프로세스차단 가능	
	대기	Wait (Locking), Signal (Unlocking) 사용	
2.	MUTEX의 동작원리와 구현기술		
가.	뮤텍스의 동작원리		

개념도	Code 구현

Critical Section
 	
Thread 1 ←Wait / release→ Shared Resource ←Wait / Release→ Thread 2
 	
임계영역
	do {
	
	Wait (mutex)
	// Locking
	Critical Section
	// 임계영역
	Signal (mutex)
	// Unlocking
	remainder section
	
	} while (TRUE)

공유 자원 접근시 진입시는 Locking, 나들시는 Unlocking

나.	뮤텍스의 구현기술		
	구분	구현기술	설 명

		HW 방식	TAS명령어 (Test and Set)	H/W적으로 Register 내용검사하고 변경	
		SW 방식	Decker 알고리즘	- Busy wait 알고리즘사용, 2개 프로세스를 위한 상호배제의 최초 S/W 해결법	
			Peterson 알고리즘	Boolen flag와 Int turn의 공유변수를 가짐	
			Lamport's Bakery 알고리즘	- 분산처리환경에서 유용한 상호배제 처리 - 수행순서를 위한 번호부여	

- 동시성을 제어하는 상호배제 기법에는 Semaphore와 모니터가 있음

3. MUTEX와 세마포어의 비교

구분	MUTEX	세마포어
동작원리	자원을 한프로세스만 할당가능	사용자원을 Count하여 모든 자원 사용 가능 (Count 세마포어)
연산 기법	Locking, Unlocking 수행	- P(S), V(S) 연산 수행 - 모든 자원 사용시 Count = 0
특징	한 시점에 한개의 프로세스실행	- Bmary/Counting 세마포어

구현방식	do{
	
	Wait(mutex) / Locking
	
	임계구역
	
	Signal(mutex) // Unlocking
	
	}while(True)
		Semaphore S; //S=1 초기값
		
		P(S); //wait함수, S값 감소
		
		임계구역
		
		V(S); //Signal함수, S값 증가
		
		//S=0이면 모든 자원 사용중

- 모니터는 JAVA등 고수준의 프로그래밍에서 지원하며

Semaphore의 Timing 문제를 해결

"끝"

문 82)	Semaphore, MUTEX
답)	
1.	병행처리를 위한 process 동기화기법, 세마포어/뮤텍스정의

	동기화 기법	- OS의 자원을 경쟁적으로 사용하는 다중프로세스 에서 Action을 조정하거나 & 동기화시키는 기술 (다익스트라가 제안)
	뮤텍스	- Critical Section을 가진 Thread들의 Running Time이 서로 겹치지 않게 단독으로 실행되게 하는 기술 (Locking과 Unlocking 사용) 즉, MUTEX(뮤텍스)객체 를 두 Thread가 동시에 사용할수 없자는 의미
	Semaphore	두개의 연산인 P연산와 V연산으로 CPU의 병렬처리시 Process 간의 실행시간순서를 결정하는연산방

2.	Counting Semaphore와 MUTEX(Mutual Exclusion)
가.	Counting Semaphore의 예제

구분	설명
원리	 Release (Count = Count + 1) (양도) 암도 (Count = 1) 초기값 > ∅ → Available Un-available 초기값 ∅ 획득 (Count = ∅) Acquire (획득) (Count = Count - 1)
	확장설이 n칸 (접근할수 잇는 최대 허용처 만큼 동시에 사용자 접근을 할수 잇게함, 세마포어 카운터가 ∅이면 새거

		목적	Dead Lock을 피하기 위한 기술중의 하나
		특징	- 공유(Shared) 리소스에 접근 할수 있는 최대 허용량 만큼 동시에 사용자 접근을 할수 있게 하는 기술 - 동기화 대상이 여러개일 경우에 사용
4.		MUTEX의 예시 (MUTEX Semaphore)	
		구분	설 명
		원리	
		목적	화장실에 들어가기 위한 열쇠를 한사람이 가지고 있자면 그사람만 들어갈수 있음, 대기열(Queue)에 Wait, →일종의 세마포어 Critical Section을 가진 Thread 들이 running time에 서로 겹치지 않게 각각 단독으로 실행하게 하는 기술
		특징	한번에 하나의 Thread 만 실행되도록 하는 재입장할 수 있는 코드 섹션 직렬화된 접근이 가능하게 할때 사용
3		Semaphore 기법, 작동원리, 유형	
	가.	Semaphore를 이용한 상호배제 기법	
		- Active가 1이면 임계영역을 실행중인 process가 없음을 의미	
		- Active가 0이면 임계영역을 실행중인 process가 있음을 의미	

repeat	repeat
P(Active)	P(Active)
Critical Section (임계 영역)	
V(Active)	V(Active)
until (false)	until (false)

4. Semaphore의 동작원리

- 세마포어 변수 (S)는 정수값을 가지며 P와 V에 의해서만
  접근 (Access) 되는 정수형 공용변수 　　　　 「초기화」
- Semaphore (S)에 하나의 대기큐(Queue) Qs를 할당하고
- P(S)연산 (Wait()) : while S=∅ do wait // 대기
  S = S-1; // 독점
- V(S)연산 (Signal()) : S=S+1; // 해제

다. Semaphore의 유형

유형	목적	내용
Binary 세마포어	상호배제, 프로세스 동기화	Semaphore 변수 : ∅ & 1 (or)
Count Semaphore	초기에 동시에 진행가능 한 프로세스수 정의 가능	∅, 1, 2, 3 ……

4. 상호배제 매커니즘간의 비교

구분	Critical Section	MUTEX	Semaphore
동기화객체	유저모드	커널모드	커널모드
특징	쓰레드동기화, 고속	프로세스/쓰레드 모두사용가능, 저속	

구분	Critical Section	MUTEX	Semaphore
Wait	Enter 임계영역	Wait	P연산
Signal	Leave 임계영역	Mutex	V연산

|| 끝 //

문 83) 모니터 (Monitor) 프로세스 동기화

답)

1. 프로세스 (process) 동기화 위한 모니터의 개요

  가. 상호배제 기능 제공. Monitor의 정의

   JAVA등 프로그래밍언어 수준에서 세마포어 처럼 상호
   배제기능을 제공하고 세마포어의 타이밍 오류 해결및
   개발 편의성을 보완한 동시성 제어 기법

  나. Semaphore와 Monitor간의 관계도식

  어셈블리언어 (Assembly) / 프로세스 동기화 기법 / JAVA등
  세마포어 — 개발 편의성 제공, 추상화, 타이밍오류 해결 — 모니터

2. 모니터 (Monitor) 프로세스 동기화 기법의 구성도및 구성요소

  가. Monitor 프로세스 동기화 기법의 구성도 (JAVA 함수예서)

  모니터 / Synchronized 함수 / Wait 함수 / 〈Block〉 Thread
  Thread (n)(n-1)...(2) / 공유 자원 / (1)...(n)
  배타동기 Queue / notify( ) notifyAll( ) / 조건동기 Queue
  배타동기 / 임계구역 / 조건동기
  ↓Exit (종료)

  - Monitor는 임계구역 및 2개의 Queue (배타&조건)로 구성
  - Thread 한개만 공유 자원 접근 함수에 접근 가능

4. Monitor process 동기화 기법의 구성요소

구분	상세구분	설 명
구성 요소	임계영역	쓰레드가 접근하는 공유자원이 존재
	배타동기큐	하나의 Thread만 공유자원 접근 제어
	조건동기큐	Block되면서 새 Thread가 진입가능 허용
함수 (JAVA)	Synchronized	배타동기를 선언하는 함수
	wait	조건동기큐에 Block 시키는 함수
	notify, notifyAll	Block 상태 Thread들을 임계구역 접근허용

5. Monitor와 Semaphore의 비교

구분	Monitor	Semaphore
주체	프로그래밍언어 수준 동시성	OS, 개발자 주체 동시성 [자원]
상호 작용	개발 편의성 (추상화) 보완	요소 이론적 기반 제공
특징	하나의 쓰레드만 모니터 사용 [액세스]	S값에 따라 이전/계수 세마포어로 구분

동기화 구현 사례	//JAVA의 예시
	Class A {
	  private int value;
	  Synchronized void f( ) {
	   :
	   : // Thread간 상호배타 선언
	  }
		Semaphore s; s=1
		P(s);// s--, s=∅
		임계구역 (s);
		V(s); // s++, s=1
		// 다른 process 사용함

언어 사례	JAVA의 Synchronized object, .net의 모니터	P, V 연산으로 구현
공통점	동시성 자원을 위한 조정 (Coordinator) 기능 수행	

"끝"

문 84)	세마포어 (Semaphore)를 이용한 리소스 공유 방법과
	태스크간 동기화 방법에 대하여 설명하시오.
답)	
1.	process 동기화 방안: Semaphore의 개요
가.	세마포어 (Semaphore)의 정의
	두개의 P연산과 V연산으로 CPU 병렬처리시 process
	들 간의 실행 시간순서를 결정하는 연산방식
나.	Semaphore의 P/V 연산

```
              ┌─────────────────┐
              │   Process A     │
              └─────────────────┘
                      │
                      ▼
         ┌──────────────────┐
         │    P 연산        │   S=1 초기값        // P연산 수행시
         └──────────────────┘        선점          다른 process는
  시   //wait    S=S-1                              wait
  간            S=∅                    ┌─────┐
                                       │임계영역│
                                       └─────┘
         ┌──────────────────┐            완료
         │    V 연산        │
         └──────────────────┘                     // V연산 수행후
         ↑signal   S=S+1                           다른 process
                  S=1                              사용가능(임계영역)
```

	P연산은 임계구역 들어가기 전에 수행되고
	V연산은 임계구역에서 나올때 수행
	S는 변수값으로 임계영역을 사용중인지 판단 하는 Flag임
2.	Semaphore를 이용한 리소스 공유방법

가. 계수형 (Counting) Semaphore를 이용한 리소스 공유방법

- 다수의 공유자원을 Counting Semaphore와 MUTEX로 실행

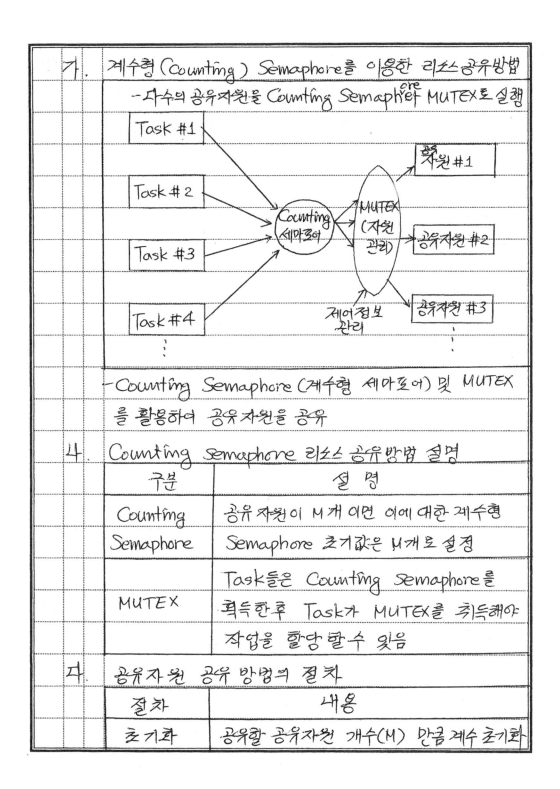

- Counting Semaphore (계수형 세마포어) 및 MUTEX를 활용하여 공유 자원을 공유

나. Counting semaphore 리소스 공유방법 설명

구분	설명
Counting Semaphore	공유 자원이 M개 이면 이에 대한 계수형 Semaphore 초기값은 M개로 설정
MUTEX	Task들은 Counting semaphore를 획득한 후 Task가 MUTEX를 획득해야 작업을 할당할 수 있음

다. 공유자원 공유 방법의 절차

절차	내용
초기화	공유할 공유자원 개수(M) 만큼 계수 초기화

		Start Task	수행할 Task들이 공유자원 공유 및 작업수행
		대기	공유자원에 접근하기위해 다른 Task가 끝나기를 대기
		Released by Task	작업이 끝난 Task는 Release 되며 다른 Task가 접근 가능한 상태

3. Semaphore를 이용한 Task간 동기화 방법

가. Binary Semaphore를 이용한 Task간 동기화 방법

- Binary Semaphore를 활용하여 Task 동기화 수행
- 2개의 Task 동기화를 0, 1 이진 바이너리를 통한 세마포어 동기

나. Task간 동기화 방법 절차

절차	내용
초기화	S=1 로 값을 초기화
Start Task	Task#1 수행 (다음에 Task#2 수행예정)
대기	Task#1 작업이 끝날때 까지 대기 (S=0 이면 대기)
값 변경	S=0 → S=1 로 변경 (V연산)
Task2 수행	Task#2 수행
End	Task1/2 수행완료

4.   Semaphore와 MUTEX의 비교

구분	Semaphore	MUTEX
동작원리	사용자원을 Count하여 모든 자원 사용가능 (Count세마포어)	자원을 한프로세스만 할당가능
연산	P(S), V(S) 연산수행	Locking, Unlocking
기법	모든 자원 사용시 Count=∅	수행
특징	Binary/Counting 세마포어	한시점에 한개의 프로세스실행

구현
방식
	Semaphore S; //S=1초기화
	P(S); //wait함수, S값 감소
	임계구역
	V(S); //signal함수, S값 증가
	//S=∅이면 모든 자원 사용중
		do {
		wait (mutex) //Locking
		임계구역
		signal(mutex)//Unlocking
		} while (True)

- 모니터는 JAVA등 고수준의 programming 에서 지원하며

Semaphore의 Timing 문제를 해결

"끝"

문 85) 동기화 기법인 스핀락(Read/Write Spin Lock)의 개념을 기술하고 스핀락을 활용하는 방법을 사례를 들어 설명하시오.

답)

1. 동기화 기법인 스핀락(Read/Write Spin Lock) 개요

가. 스핀락(Read/Write Spin Lock)의 정의
 - Multi-processing 환경에서 동작하는 Locking 메커니즘
 - Process가 사용하려는 Lock을 다른 프로세스가 이미 사용하고 있을때 대기큐로 들어가지 않고 명령어루프를 실행하며 락 구위를 (계속 spin 상태)

나. 동기화 기법(Synchronization Method)의 필요성

멀티 프로세스 수행문제	고려사항 (개선)	문제 해결/개선 방안
- 공유(Read/Write)	- 관일/다중화 - 프로세스/ Thread동기 → - 교착상태 - 기아관리, 컨텍스트스위칭	- Critical Section
- 경합(Race Condition)		- Semaphore
- Data 일관성문제		- 스핀락(spin-Lock)

 다중 process/Thread를 수행하는 System을 운용하는 환경에서 H/W적인 환경과 교착상태, 기아문제, 문맥교환, 운용 s/w의 특성등의 구현환경을 고려하여 적절한 동기화 기법이 제공되는 커널(Kernel) 설계와 OS 채택이 필요함

2. Spin-Lock의 주요특징과 동작원리

가. Spin-Lock의 주요특징

		특징	설명
		SMP 시스템에 유용	SMP 시스템을 위한 락으로 단일 프로세서에서는 미사용
		Busy waiting	바쁜 대기의 한 종류의 동기화 기법임
		Spinning	공유 자원에 대하여 두개이상의 프로세스나 Thread가 그 이용권한을 획득하고자 하는 과정에서 일어나는 현상
		짧은 크리티컬 섹션에 유용	문맥교환(Context Switching)에 소모되는 비용을 줄이는 대신 Loop를 돌면서 진입 가능여부를 체크하여 재시도 ⌐기아 현상 오랜시간 크리티컬 섹션사용시 비효율적(무한재기로 인한

4 스핀락(Spin-Lock)의 동작원리

Flow (흐름도)	설명 (Linux 예시)
① (Start) ② [스핀락 주소를 인자(SPL)로 받음] 캐리(Carry) Flag ③ [SPL Bit를 캐리 Flag로부서 "1"로 설정] No ←─ ⑤ ◇ 캐리 Flag 검사수행 Ø? ◇ Yes ④ [스핀락이 잠기지 않은 상태(정상수행)] [스핀락이 잠긴 상태 (Loop)] ⑥ (End)	① -Spin-Lock()을 이용 Spin-Lock ② 획득, 이때 스핀락 주소를 인자 (SPL)로 받고 캐리(Carry) Flag를 1로 설정함 (③) ④스핀락(Spin-Lock)이 잠긴 상태로 루프를 계속 돌아 Carry (캐리) Flag가 Ø이 될때 까지 Spin(Loop) 함 ⑤ Spin-Lock이 정상수행 ⑥ Spin-Unlock()을 이용 스핀락 을 해제함, 스핀락이 너무오래 수행시는 다른 Thread가 미실행상 태로 비효율적인 결과 초래됨

3. 스핀락(Read/Write Spin Lock)을 활용하는 방법 사례&설명

가. 스핀락(Read/Write Spin Lock) 활용방법 사례

예시 Code	설명
DEFINE_RWLOCK(mr_lock);	// Define RW Lock(lock)

// Read Lock
Read_Lock(&mr_lock);
 /*task*/
Read_unlock(&mr_lock);
	읽기 스핀락(Read spin-lock)
	-Read 스핀락의 임계영역에
	대한 읽기 전용으로 Lock을
	수행(쓰기금지)

// Write lock Write-lock(&mr_lock); /*task*/ Write-lock(&mr_lock);	- 쓰기 스핀락(Write spin-lock) -동시에 다수의 읽기와 최대 한 하나의 write에 대한 Lock수행

4. Spin(Read/Write) Lock의 활용방법 세부설명

① Read 작업시 Write Lock, Write만 작업시 Read Lock

② Read 작업은 여러 Read 동작이 동시에 Lock 가능

③ Write Lock은 하나의 Lock만 사용가능

④ Read Lock을 Write Lock으로 전환 할수없음(Dead -lock)

⑤ 인터럽트 핸들러에서도 사용가능

⑥ 인터럽트 핸들러에서 쓰기작업의 경우는 write-lock-irqsave() 함수로 Interrupt를 비활성화 한후 사용가능

⑦ Write 보다 Read의 우선순위가 높아서 모든 Read가 Lock을 풀어야 Write Lock을 걸수있음

4. spinlock의 주요 함수 (Linux / spinlock.h 파일)

스핀락 함수들	설명
spin_Lock()	지정한 Lock 시도
spin_lock_irq()	현재 프로세서의 인터럽트 비활성화, Lock 검
spin_lock_irqSave()	현재 상태 저장, 비활성화시킨 다음 Lock 검
spin_unlock()	지정한 Lock를 품
spin_Unlock_irq()	락을 풀고, 현재 프로세서의 인터럽트 활성화
spin_unlock_irqStore()	락을 풀고, 현재 프로세서의 인터럽트를 이전 상태로 복원
spin_lock_init()	지정한 spinlock_t 포인터를 초기화
spin_trylock()	지정한 락을 거는 작업을 시도 실패하면 Ø이 아닌 [값을 반환]
spin_is_locked()	지정한 락이 현재 사용중이면 Ø이 아닌값, 그렇지않으면 [Ø 반환]

"끝"

문 86) 운영체제의 크리티컬 섹션 구현 방법 2가지

답)

1. Operating system 에서의 크리티컬 섹션의 개요

  가. 크리티컬 섹션(Critical Section)의 정의

  병렬컴퓨팅에서 둘 이상의 process(프로세스)가 동시에 접근해서는 안되는 공유자원에 접근하는 Code의 일부

  나. Critical Section 구현을 위한 조건

상호배제	process 임계구역 사용시 다른 process 사용불가
진행	진입구역에 있는 프로세스끼리만 경쟁후 사용
한정된 대기	진입구역에 있는 프로세스가 크리티컬 섹션 진입시, 유한대기

  ※위 3가지조건 만족필요, Hardware 및 Software적 방법 있음

2. 운영체제의 크리티컬 섹션 구현을 위한 2가지 방법

  가. 하드웨어(Hardware)적 구현방법

방안	구현 방법		설명
SWAP ( )	```repeat key:=True repeat swap(lock, key); until key=false, 임계구역 lock:=false; 잔류구역 until false;```	```swap(a, b) var temp begin temp=a; a=b; b=temp end;```	2개의 변수 교환을 Hardware적으로 원자적 실행 보장
Test & Set ( )	```repeat while Test-and-Set(lock) do no-op; 임계구역 lock=false; 잔류구역 until false;```	```Test-and-set (target) begin Test-and-set= target; target=true; end;```	단일 변수 변경및 검사를 원자적으로 보장

- 해당 함수 실행에 대한 다른 프로세스의 인터럽트가 발생하지 않도록 H/W적으로 보장.

4. 소프트웨어 (Software)적 구현 방법

방안	구현방법	설명

세마포어 (Semaphore)	Semaphore S; //S=1 초기값
	P(S); // 검사역할
	S--; // S=∅;
	임계구역( )
	V(S)
	S++; // 탈출역할
		- 세마포어 변수(S)
		및 두 가지 연산(P,V)
		으로 구현, - 모니터이론
		적 기반 제공

모니터 (Monitor)	Monitor monitor-name
	{ //지역변수선언
	public entry p1(…){ }
	public entry p2(…){ }
	}
		- 프로그래밍언어
		수준지원
		- 세마포어 단점(오류,
		난해성) 보완

- SW적 구현 방법에는 제커알고리즘, 피터슨알고리즘, 램포트 (빵집알고리즘) 알고리즘 등이 존재함

"끝"

문 87)	은행가 알고리즘
답)	
1.	교착상태 회피 알고리즘, 은행가 알고리즘의 개요
가.	정의 -System의 안정성 (Safety)를 작악하여 교착 상태를 회피할수 있는 자원 할당 알고리즘
나.	필요성 -교착 상태를 예방하거나 향후 처리서 시스템의 효율 저하가 있을수 있음으로 이를 회피 가능알고리즘 필요
다.	Deadlock (교착상태)의 개념도

자원A가 Process A에 할당된 상태   프로세스B가 자원A 를 요구

```
        ┌──────────────┐      ┌──────────┐
        │              │      │  자원 A  │ ←──────────┐
        ↓              └──────┤          │            │
   ┌──────────┐               └──────────┘      ┌──────────┐
   │ Process A│                                 │ Process B│
   └──────────┘               ┌──────────┐      └──────────┘
        └──────────────→      │  자원 B  │            ↑
                              └──────────┘            │
```

프로세스A가   자원 B가 프로세스B에
자원B를 요구   할당된 상태

2.	은행가 알고리즘 개념 & 적용예
가.	은행가 알고리즘의 개념

동작원리	-System의 안정성 (Safety)을 작악하여 교착상태 (Deadlock)를 회피하는 알고리즘
Unsafe / Dead Lock (선용 불량) / 자원할당 / Safe (선용안정)	-System을 불안정 (Unsafe) 상태에 빠지게 만드는 요청은 거절
	-전제)각 자원의 최대 개수를 알고있어야 함

4. Banker's Algorithm의 적용예

1) 조건 : PØ, P1, P2 3개의 process

12개 자기 테이프 // Backup용

〈현상황〉

process	최대 수요(요구)	현재수요 (사용)
PØ	1Ø	5
P1	4	2
P2	9	2

- 현재 자기 Tape 총수요 : 9개
- Available 개수 : 3개
〈전제조건 : 수행할 process는 미리
최대 개수를 알고 있어야함〉

2) Dead Lock 회피를 위한 Safety 적용

프로세스	최대수요	현재수요	잔여	상태
PØ	1Ø	5	5	Un-Safe
P1	4	2	2	Safe
P2	9	2	7	Un-Safe

Available = 3

P1 수행 →

프로세스	최대수요	현재수요	잔여	상태
PØ	1Ø	5	5	Safe
P1	4	Ø	Ø	완료
P2	9	2	7	Un-Safe

Available = 5

P1이 Safe 상태임

P	최대	현재	잔여	상태
PØ	1Ø	Ø	Ø	완료
P1	4	Ø	Ø	완료
P2	9	2	7	Safe

PØ 수행 →
PØ가 Safe 상태

Available = 1Ø

P	최대	현재	잔여	상태
PØ	1Ø	Ø	Ø	완료
P1	4	Ø	Ø	완료
P2	9	Ø	Ø	완료

P2 수행 →
P2가 Safe 상태

Available = 12

· Safety 변환 : P1 → PØ → P2 순으로
PØ, P1, P2 전부 Safety 충족

3. DeadLock의 발생원인 - 아래 4가지 모두 만족시 교착상태임

가. 교착상태 발생원인

원인	세부 내용
상호배제 (Mutual Exclusion)	Process들이 자원을 배타적으로 점유하여 다른 Process가 그 자원을 사용하지 못함
점유와대기 (Block & wait)	Process가 어떤 자원을 할당받아 점유하고 있으면서 다른 자원을 요구하는 상태
비선점 (Non-Preemption)	Process 할당자원은 끝날때까지 강제로 빼앗을수 없으며, 점유 Process 자신만이 해제가능
환형대기 (Circular wait)	Process간 자원요구가 하나의 원형을 구성 (개념도 - 환형대기)

나. Deadlock 해결방법

종류	세부 내용
예방 (Prevention)	상호배제 조건의 부정(Semaphore 사용) 점유&대기 / 비선점 조건의 부정, 환형대기 부정 (유형별 할당순서 부여)
교착상태 회피 (Avoidance)	- 자원 할당 상태를 안정 (Safety), 불안정 (Unsafety) 상태로 구분, 안전 상태만 자원 할당 - 은행가 알고리즘이 가장 유명
발견 (Detection)	- 시스템 자원 할당 그래프를 사용하여 교착상태 발견 - Graph 소거법, Detection 알고리즘 이용
회복 (Recovery)	- 교착 Process 강제종료 (Kill-9 : Unix process exit) - 순차적 Process 종료

4.		은행가 알고리즘의 고려사항
	-	은행가 알고리즘 수행시 최대자원 요구량을 미리 알아야 함.
	-	대부분의 시스템에 있어서 전제 조건 만족이 제한됨.
	-	처리 자료 구조가 많아 운영 체제 시스템 사용에 비효율적임.
	-	실질적 교착상태를 회피하기 위해 여러 방식을 혼용하여
		자원 할당 문제를 해결
		"끝"

문 88) 교착상태(Dead Lock)의 개념과 교착상태를 회피하기 위한 은행가 알고리즘(Banker's Algorithm)의 개념과 자료구조를 설명하시오.

답)

1. 무한 자원 대기, Dead Lock의 개요.

가. 무한대기 상태, 교착상태의 정의
- Multi-Processing 환경에서 다수의 process가 특정 자원의 할당을 무한정 기다리고 있는 상태

나. Dead Lock의 개념도및 설명

개념도	설명
점유 ← 자원A ← 요청 프로세스 A ↑점유 ↓자원 프로세스 B ① 요청 → 자원B → 점유	① 프로세스A는 자원A 점유중, 자원 B 요청 ② 프로세스B는 자원B 점유중, 자원 A 요청 - Process A와 B는 서로의 자원을 Waiting 하면서 Dead Lock에 빠짐

다. Dead Lock 발생요인과 해결방안

발생요인	상호배제	자원의 상호 배타적 점유 가능
	점유와 대기	자원을 점유하고 다른 자원의 할당 대기
	비선점	타 프로세스에 의해 강제 선점불가
	환형대기	프로세스간 환형(Circular) 대기상태
해결방안	예방	상호배제, 점유와 대기, 비선점, 환형대기조건부정
	회피	안전한 상태만 유지 (은행가 알고리즘)
	발견	Dead Lock 상태 검사(자원 할당 그래프등)

		복구(회복)	Deadlock 회복위한 순차적 프로세스 제거

2. Banker's Algorithm의 개요

가. Deadlock 회피 알고리즘, 은행가 알고리즘의 정의

자원의 상태를 감시하고 process는 사전에 자신의
작업에 필요한 자원수를 제시하는 교착상태 회피 알고리즘

나. Banker's 알고리즘의 동작 개념도

① 준비   ① 자원 상황과 최대 사용량들을 미래 파악

② 자원할당요청   ② 프로세스의 자원 할당요구

③ 안정 상태   No   ③ 안정알고리즘에 의한 상태 점검

     ④ 안정상태이면 자원할당

④ 자원할당   할당거부   ⑤ 불안정 상태이면 재개

⑤ 재개

- Banker's Algorithm은 시스템의 안정성(Safety)을
파악하여 Deadlock을 회피하는 알고리즘

3. 은행가 알고리즘의 자료구조 및 처리 프로세스(process)

가. 은행가 알고리즘의 자료구조 (n×m → 프로세스수 / 자원수 을 가지는 행렬)

자료명	설 명	수 식
Available (사용가능)	사용가능한 자원의 수	Available[j] = K 자원종류 Rj 중 K개 사용가능

Max (최대자원)	프로세스별 최대 자원의 요구	$Max[i,j]=k$ P_i는 자원종류 R_j중 최대 k개 요청
Allocation (할당)	현재 프로세스별 할당되어있는 자원수	$Allocation[i,j]=k$ P_i는 현재 자원종류 R_j를 k개 할당 받고있음
Need (잔여)	프로세스별 남아 있는 자원수	$Need[i,j]=(Max-Allocation)$ P_i가 작업종료를위해 필요한 자원유형 R_j의수
Request (요청)	프로세스가 요청한 자원수	$Request[i,j]=k$ P_i는 자원종류 R_j를 k개 더 요구함

4. 은행가 알고리즘의 처리 프로세스 (수행절차)

순서	수식	설명
①	$Request_i > Need_i$ (요청) > (잔여)	process가 자신의 최대 요구량 이상 요구하여 오류
②	$Request_i > Available$	process는 대기 상태
③	$Request_i < Available$	자원할당
	$Available \leftarrow Available-Req_i$	- 사용가능자원수 변경
	$Allocation_i \leftarrow Allocation_i+Req_i$	- 할당자원수 증가
	$Need_i \leftarrow Need_i-Request_i$	- 잔여 자원수 감소
④	안정상태이면 $Request_i$을 할당하고 그렇지 않으면 process를 대기상태로 전환	

4. 은행가 알고리즘 적용시 고려사항
- 쉽게 구현할 수 있지만 추가 비용이 크므로 비용고려

- 최대 자원 요구량을 미리 알아야 함
- 할당할 자원량이 일정량 존재해야 함
- 실질적으로 교착상태(Dead Lock)를 회피하기 위해 여러
  방식을 혼용하여 자원 할당 문제를 해결.

"끝"

문	89)	교착상태(Deadlock)의 발생원인과 해결방안에 대해
		설명하시오
답)		
1.		다중프로세싱 환경에서의 무한자원대기. Deadlock의 개요.
	가.	무한 대기 상태, 교착상태(DeadLock)의 정의
		- Multi Processing 환경에서 각수의 process가 특정
		자원의 할당을 무한정 기다리고 있는 상태.
	나.	교착상태(DeadLock)관리의 필요성
		-불 필요한 CPU및 Memory등 기타 자원 낭비 방지
		- System 성능 저하에 따른 업무손실 사전에 방지
		- Process의 투명한 실행에 따른 사용자 불안 해소
2.		교착상태(DeadLock)의 개념도및 발생원인
	가.	DeadLock의 개념도

점유 ──→ 자원 A ←── 요청

프로세스 A ─공유자원 프로세스 B

오청 ──→ 자원 B ←── 점유
─공유자원

- 프로세스(process) A는 자원 A를 점유하면서 자원 B요청
- 프로세스 B는 자원 B를 점유하면서 자원 A를 오청
- 프로세스 A와 B는 서로의 자원을 Waiting 하면서

교착 상태 (Dead Lock)에 빠짐.

4. 교착 상태 (Dead Lock)의 발생원인

발생원인	상세 내용
상호배제	-Mutual Exclusion -프로세스들이 자원을 배타적으로 점유하여 다른 프로세스(process)가 그 자원을 사용하지못함.
점유와대기	-Block and wait -Process가 어떤 자원을 할당받아 점유하고 있으면서 다른 자원을 요구 함
비선점	-Non-preemption -process (프로세스)에 할당된 자원은 사용이 끝날때까지 강제로 획득할수 없으며 점유하고 있는 process 자신만이 해제 가능
환형대기	-Circular wait -프로세스간 자원요가 하나의 원형을 구성

-교착상태는 한 시스템에서 위의 4가지 조건이 동시에 성립될 때 발생(한가지라도 미만족시 발생하지 않음)

3. 교착상태 (Dead Lock)의 해결 방안 -예방, 회피, 발견복구

7. 교착 상태의 예방 (prevention)

구분	설명	관점
상호배제조건부정	공유할수 없는 자원사용시 성립	

		점유와 대기 조건의 부정	프로세스가 자원요청시 다른 자원들에 점유하지 않을것을 보장함	자원낭비, 비용증가 -자원공유불가능 -기아현상 발생
		비선점 조건의 부정	어떤 자원을 가진 프로세스가 점유상 할당요구가 받아지지않을경우 자원반납	-비용증가 -기아현상
		환형대기 조건의 부정	모든 프로세스에게 각 자원의 유형별 유형별로 할당순서를 부여하는방법	새로운 자원추가 시 재구성필요

4. 교착상태 (Deadlock)의 회피 (Avoidance)

- 은행가 알고리즘 (Banker's Algorithms)를 통해

안전 (Safe) 하다고 판단되는 process 에게 자원 할당

- 자원 할당 그래프를 바탕으로 일정 기간내 안정적으로

종료 가능한 process 에 자원 할당. (만족안될시 Reject)

다. 교착 상태 (Deadlock)의 발견 (Detection)

- System 상태를 감시하는 알고리즘을 통하여 교착상태

(Deadlock)를 검사하는 알고리즘

특정 경우 발생 → 알고리즘의 구동 → 교착상 태의 발견 → 회복

-Cpu 사용률 80% 이상시 3분 한번 검사

-Wait for graph
-Graph Reduction
-Cycle Detection
-Monitoring

어떤 자원과 process가 DeadLock 상태인지 판단

- Realtime이나 특정 시간 간격으로 지속 Monitoring

라. 교착 상태의 회복 (Recovery)

- DeadLock이 없을때 까지 process를 순차적으로 Kill
- 운영자가 수동으로 교착상태 process를 Kill

4. 교착상태(DeadLock)와 무한대기(기아현상)과의 비교

구분	DeadLock	무한대기(Starvation)
정의	다수의 프로세스가 아무 일도 못하고 특정 자원을 가리키며 무한 대기	특정 프로세스가 자원을 할당 받기위해 무한정 대기상태(기아현상 발생)
발생 원인	상호배제, 점유와대기, 비선점, 환형대기	자원의 편중된 분배 정책으로 인해 발생
해결 방안	예방, 회피, 발견, 회복	Aging 기법(프로세스 우선순위 Queue 이동)

"끝"

- notepad 실행

c)Taskkill /IM notepad ← notepad process kill.

문 90) DeadLock과 Livelock

답)

1. DeadLock과 Livelock의 정의

| Dead lock | 둘이상의 process가 자원을 점유한 상태에서 상호간의 자원을 요청하는 무한대기상태 |
| Live lock | 둘이상의 프로세스가 상대 프로세스의 자원요구에 서로 양보하며 무한 대기하는 상태 |

- Deadlock은 process가 대기상태인데, Livelock은 프로세스가 계속 활성화된 상태에서 잠금상태에 빠짐 (Cpu사용율 높다)

2. DeadLock과 Livelock의 발생원인과 설명

가. DeadLock의 발생원인과 설명

개념도	설명
	- process A는 자원 A 점유, 자원B요청 - process B는 자원B 점유, 자원A요청 - 프로세스 A와 B는 서로의 자원을 대기하면서 교착상태(Deadlock)에 빠짐

나. LiveLock의 발생원인과 설명

개념도	설명
	①상황에서 서로 양보 ②상황이 되고 또 서로 양보 하려다 보서 ③이되고 이런 상황이 계속 반복되어 A와B는 서로 지나 가지 못하는 상태

3. DeadLock과 LiveLock의 비교

구분	Deadlock	Livelock
실행흐름	실행흐름이 막힘	실행흐름이 막힌 것은 아님
자원소모	자원소모가 없는 상태 (대기)	자원낭비하는 무한 반복상태
발생원인	자원 점유, 상호자원요구	상호 자원 양보
발생조건	상호배제, 점유와대기, 비선점, 환형대기	선점 (Lock/Blocking), 약속으로 재량
해결방안	예방, 회피, 탐지, 복구	Try&Backoff, process kill

Deadlock은 프로세스 집합내에 프로세스들이 요구하는

자원을 할당 받지못해서 Block된 상태로 계속 대기하는

반면, Live Lock은 자원을 할당 받기위해 상태를 계속 바꾸지만

더이상 진행되지 못함

"끝"

문 91) 분산처리 시스템에서 Mutual Exclusion을 구현하기 위한 Time Ring 알고리즘과 Time ordering 알고리즘의 동작을 설명하시오.

답)

1. 분산처리시스템 (Distributed Processing 시스템)의 정의 ┌화목적

가. 분산처리시스템의 정의
컴퓨터 N/W를 이용하여 지역적으로 분산된 여러 대의 Computer에 여러 작업들을 지리적, 기능적으로 분산시킨후 해당되는 곳에서 데이터를 생성및 처리할수 있도록 한 System

나. 분산처리 System의 목적

목적	내용	활용분야
자원 공유	각 시스템이 통신망을통해 연결,유용한 자원을 공유하여 사용할수 있음	-Cloud 컴퓨팅
연산속도 향상	하나의 일(Job)을 여러 시스템에분산 시켜 처리함으로써 연산속도가 향상	-인공지능 분야 -Big Data 분야
신뢰도 향상	하나의 System에 오류 발생하더라도 다른시스템은 지속 처리가능,신뢰도 향상	-IoT -Blockchain
컴퓨터 통신	지리적으로 분산되어 있을지라도 통신(N/w)망을 통해 정보교환	-분산DB구성 -LAN/WAN등

동시에 여러 작업을 수행함으로써 성능 향상, 데이터도 여러곳에 분산 배치되어 있어 신뢰도 향상, N/w을 추가 함으로써 Easy 시스템 확장 가능한 장점 있음.

2. 상호배제와 분산처리환경에서의 상호배제 알고리즘

가. 분산처리환경에서의 상호배제(Mutual Exclusion)

구분	설명
병행 프로세스	분산처리 시스템 환경은 병행/Multi 프로세스를 기반으로 처리되는 기술로 필수요소로는 임계구역, 상호배제 기법, 동기화기법 등으로 제어기능 역할을 기반할 수 있음
상호 배제	Mutual Exclusion - 특정 process가 공유 자원을 사용하고 있을 경우 다른 process가 해당 공유자원을 사용하지 못하게 제어하는 기법을 의미함
상호 배제 구현 방법	여러 process가 동시에 공유 자원을 사용할때 각 process가 번갈아 가며 공유 자원을 사용하도록 하는 것, 상호배제 알고리즘으로 Token 기반의 Time Ring 알고리즘과 경쟁 기반(process)의 Time Ordering 알고리즘 존재

나. 분산 환경에서 노드(Node)간 상호 배제 알고리즘

```
                    ┌─Token 기반 : Time Ring,
        상호배제 ───┤              Time stamp 등
        알고리즘     │
                    └─경쟁기반 : Time Ordering
                                  Voting 등
```

- 분산처리 시스템에서 특정 노드(Node)가 사용중인

자원을 다른 노드에서 사용하지 못하게 하는 상호
배제 (Mutual Exclusion) 알고리즘

3. Time Ring과 Time Ordering 알고리즘 동작방식과 비교

가. Time Ring과 Time Ordering 의 동작 방식

구분	Time Ring	Time ordering
처리 흐름	node1 / 순서넘김 (Token) / 다음 node로이관	실행 Time Stamp을 각 Node에 전송
동작 방식	- 순차적으로 자원사용 - 각노드는 다음노드 알고 있음	- 각 Node에 Timestamp 전송 - 적은 Timestamp 노드가 우선실행

- Time Ring은 순차적 실행이라면 Time ordering
  알고리즘은 Timestamp에 따른 Random 실행임

4. Time Ring과 Time ordering 알고리즘 비교

구분	Time Ring	Time ordering
동작 원리	각 Node 순차실행, 이때 Token을 넘겨 받음	각 Node는 Timestamp 값에 따라 우선순위 높음
상호배제	보장됨	보장됨
Dead Lock (교착상태) 발생 여부	Token (조정자역할)이 공정하게 순차적 실행으로 Deadlock 미발생	Time stamp 값에 따라 Deadlock 발생 가능 (큰 Timestamp의 Node 무한대기)

| | | 성능 | 순차처리로 성능저하 | 즉시 자원접근가능, 성능우수 |
| | | 접근방식 | 중앙 집중형 접근 | 완전분산형 접근 |

4. 분산처리시스템에서의 Data 공유 방안

분산처리시스템 내의 다수의 process들이 공유 자원을
사용하기위해 경쟁하는 경우, 데이터의 일관성을 보장하기
못하기 때문에 상호배제 조건이 설정되어야 함. 즉, 여러
process 중에 하나의 process 만이 공유 자원을 사용
할수 있어야 함

"끝"

문92)	운영체제(OS)에서의 상호배제 (Mutual Exclusion) 개념을 설명하고 이를 구현하는 방법을 하드웨어(Hardware)적 해결방안 및 소프트웨어적 해결방안으로 구분하여 설명하시오		
답)			
1.	병행 process의 동시성 제어위한 상호배제의 개념		
	가.	상호배제(Mutual Exclusion)의 정의	
		-특정한 비공유 자원을 한 순간에 한개의 process만 사용할수있도록, 즉 하나의 프로세스가 공유데이터를 Access하는 동안 다른 process들이 그 데이터를 Access 할수없도록 하는 「메커니즘」	
	나.	상호배제의 해결책을 구현하기위한 요구조건	

요구조건	설 명
상호배제 조건	두개 이상의 프로세스(process)들이 동시에 임계영역에 잇어서는 안됨
진행 조건	임계영역 밖에 잇는 프로세스가 다른 process의 임계영역 진입을 막아서는 안됨
한계대기 조건	어떤 프로세스도 임계영역으로 들어가는 것이 무한정 연기되어서는 안됨
상대속도 조건	프로세스(process)들의 상대적인 속도에 대해서는 어떠한 가정도 하지 않음

2.	상호배제의 구현방법 (Hardware & Software)		
	가.	하드웨어 (Hardware)적 해결방안	

해결방안	설 명
인터럽트 사용금지	-공유변수가 변경되는 동안 인터럽트 발생을 허용하지않음 -단일프로세서에서 가능, 멀티프로세서에는 적용할 수 없음

Test and Set	```
	Function Test-and-Set (var target: boolean)
	begin
	    Test-and-Set:= Target;
	      Target := true;
	end:
	``
	H/W에서 한 word의 내용을 검사하고 변경하는 명령어 [제공]

Swap	```
	Procedure Swap(var a, b: boolean);
	 Var temp; boolean;
	 begin
	    temp := a; // temp 변수를 사용하여
	    a := b; // a, b의 값을 상호
	    b := temp; // 교환함. (SWAP)
	 end;
	``
	-H/W에서 두 워드간의 내용을 원자적으로 교환하는 명령어 제공, 예) ARM의 SWAP 명령어 등

4. Software적 해결 방안

해결방안	설 명
데커(Dekker) 알고리즘	-두개의 프로세스(process)를 위한 상호배제의 최초로 S/W적으로 해결함

			- 두 개의 Boolean Flag와 Int turn의 공유변수를 가짐
		피터슨 (Peterson) 알고리즘	- 두 개의 Boolean Flag와 Int turn의 공유변수를 가짐 임계영역에 진입하려면 먼저 자영하나를 True로 하여 의사표시 이후에 임계영역에 진입
		램포트 (Lamport) 베이커리 알고리즘	분산 처리 환경에서 유용한 상호배제 알고리즘 으로 수행순서를 위한 번호를 부여 받고 낮은 번호 가 먼저 온 process이므로 먼저 수행되는 알고리즘
		세마포어 (Sema-Phones)	- 운영체계 & 프로그램 작성에서 상호배제를 지 원하는 메커니즘. - 세마포어 변수(S) 및 두 개의 연산(P, V)으로 임계영역에 접근하는 잠금장치에 [대한 이론적 기반

3. 상호배제기법의 최근 동향

가. 운영체제(OS)에서의 상호배제 기법의 구현 어려움과
   오류추적의 용이함을 위해 모니터 등의 언어 Level에서의
   상호배제 기법이 적용되어 병행 프로세스를 제어함

나. 분산처리시스템에서의 상호배제 구현 알고리즘으로
   중앙집중형의 Time Ring과 완전분산형의 Time
   Ordering 알고리즘이 사용됨

다. 상호배제 알고리즘의 연구방향은 모바일 컴퓨팅과
   이동 Computing 환경을 중심으로 활발히 진행중임

「끝」

을

문93)	병렬 컴퓨터에서 프로세서동기화와 상호 배타방식 설명하시오
답)	
1.	병렬 컴퓨터에서 프로세서간의 정상적인 수행흐름을 위한
	동기화와 상호 배타의 개요
가.	프로세서 동기화 (processor Synchronization)의 정의
	- 시스템의 상태 또는 공유 Data의 전송시간에 따라
	processor들간의 동작시간을 일치시키는 것

> → 동기화 방식 = 상호 배타 방식

나.	상호 배타 방식 (Mutual Exclusion)의 정의
	- 한번에 한 processor만 임계 영역 (Critical Section)
	을 수행 하도록 허용함으로써 구현
다.	프로세서 동기화 및 상호 배타 방식의 종류

방식의 종류	설 명
Bus-Locking 방식	버스 전체에 Lock을 걸어서 구현 하는 방식 (비효율적 제어 방식)
Spin-Lock 방식	회전하는 형태로 Lock을 check하여 구현
세마포어	P, V 연산을 갖는 세마포어 구조 이용
Barrier 동기화	진행중인 Barrier를 만나면 모든 프로세서가 동기를 맞출때 까지 Wait
Full/Empty Flag 이용	1 또는 0의 flag을 이용하는 방식
fetch-and ADD 명령을 이용한 방식	다단계 상호연결망을 이용한 공유 -기억 장치 시스템의 방식

2. 프로세서 동기화 및 상호 배타 방식의 구현

가. Bus-Locking 방식

구분	설명
특징	프로세서가 버스에 접속된 공유자원을 Access 하는 동안에는 버스를 독점 함으로써 다른 프로세서들이 사용하지 못하게 하는 방식
H/W 구현 방식	기억장치 - Bus Locking 방식을 이용한 경우의 시스템 구조
S/W 구현 방식	1) 구현방법 : Bus Locking (버스잠금)을 위한 특수명령어 및 H/W 사용 (예:8086계열 LOCK명령) 2) 상호 배타 프로그램 LOCK (BUS) 임계영역(Critical Section)의 실행 UNLOCK (BUS)
동작 순서	1) 버스요구 (Bus Request)의 발생 2) 버스중재에 의한 버스 사용 허가 (BUS Grant) 획득 3) 버스 잠금 (Bus Locking)

		장점	구조가 간단, 버스 경합이 없기 때문에 임계 영역 실행시간이 짧음
		단점	한 processor가 임계 영역을 실행하는 동안에는 버스상의 다른 공유 자원을 사용하려는 모든 프로세서들이 기다려야 하므로 시스템 성능이 저하

사. Spin-Lock 방식

구분	설 명
특징	Lock 변수의 상태를 검사하여 허가된 경우에만 임계영역을 실행하도록 하는 방식 → 한번에 한 프로세서만 공유자원 사용
H/W 구현 방식	P1 P2 · · · Pn 모든 프로세서들이 버스 사용 가능 →버스 교통량이 많아짐 S 임계영역 기억장치 - Spin-Lock에 의한 시스템 동작
S/W 구현 방식	1) 구현 방식 - 공유 변수 S를 Lock 변수로 사용 - 공유 자원을 사용하려는 processor는 Lock 변수 S를 검사하여 공유변수 S=∅이면 임계영역 실행시작 공유변수 S!=∅(∅이 아니면)이면, S에 대한 반복검사(Spin-Lock) 수행

			S/W 구현 방식	2) 상호배타 program (공유 변수 S의 초깃값은) DO { Test & set (S) } while (S != 0) $\boxed{임계영역\ 실행}$ S = 0 ;
			문제점, 원인, 해결책.	1) 문제점 : 두개 이상의 프로세서들이 동시에 S에 대한 검사를 수행하는 경우에 먼저 S를 읽은 프로세서가 S를 1로 Set 하기 전에 다른 프로세서가 S를 읽어간다면, 두 프로세서들이 모두 임계 영역에 들어가게 됨 (상호배타가 지켜지지 못하는 현상이 발생됨) 2) 원인 : S에 대한 test와 set이 원자적 (Atomically)으로 수행되지 못하기 때문에 발생 3) 해결책 : S에 대한 읽기 - 수정 - 쓰기 (Read - Modify - Write)를 원자 연산 (Atomic operation)으로 수행 ex) M 68030의 $\overset{(Test\ and\ set)}{TAS}$ reg, mem 명령어 : - 기억 장치 mem 번지의 데이터를 읽어서 레지스터에 저장하고, 그 값에 따라 플래그를 Set 한 후에 mem 번지에 1을 저장 (위의 모든 동작이 수행되는 동안 기억 장치는 Locking됨)

			장점	어떤 프로세서가 공유 자원을 사용하는 동안에도 다른 프로세서들이 버스를 통한 동작을 계속
			단점	1) 반복 검사를 수행하는 프로세서들에 의해 버스 통신량(Traffic)이 늘어져 시스템 성능이 저하 2) Test&Set 함수 혹은 TAS 명령의 반복실행에 따른 S/W Overhead 때문에 실행시간증가

자. Semaphore 방식

			구분	설 명
			특징	-P연산 및 V연산을 이용하는 상호 배타 방식 1) P연산: S←S-1 하고 만약 결과값이 ∅보다 작으면, 프로세서는 대기상태에 들어감 2) V연산: S←S+1 수행, 만약 결과값이 ∅보다 작거나 같으면 대기중인 프로세서를 Wakeup 시켜 실행하도록 함
			S/W 구현 방식	-임계영역 실행시간이 긴 경우에 적합 (짧은 경우에는 Spin-Lock 방식이 더 적합) -P&V연산을 이용한 상호 배타 프로그램 P(S) 임계영역실행 V(S)
			장점	반복검사가 없으므로 버스교통량감축, 버스 잠금이 없으므로 다른 공유 자원 사용이 가능
			단점	Wakeup 신호발생을 위한 H/W 경로, S/W Overhead 큼

라	배리어 (Barrier) 동기화 방식	
	구분	설명
	특징	배리어(Barrier: 장벽): 동기식 병렬 알고리즘을 처리하는 과정에서, 계산에 참여한 모든 프로세서들이 다음 동작의 시작시간을 일치시키기 위하여 거쳐려야 하는 사건(event) 예) 모든 프로세서들의 한 주기 계산 종료
	S/W 구현 방식	-배리어 동기화: 배리어를 이용하여 프로세서들의 시간을 일치시키는 동작 -배리어 동기화 방식을 이용한 반복계산프로그램 공변수 bar1: 동기화 변수, p: 계산에 참여한 processor들의 수 계산 수행 BARRIER (bar1, p); 계산 수행 BARRIER (bar1, P); 계산수행

마.	full / empty flag를 이용한 동기화 방식	
	구분	설명
	특징	공급자-소비자 관계 (producer~consumer Relationship): 데이터 의존성이 존재하는 경우에 데이터를 교환하는 두 프로세서들간의 관계

		H/W 구현 방식	1) 공급자 : 공유변수를 보내주는 프로세서
			프로세서1 〈기억장치〉 프로세서2
			〈공급자〉 쓰기 읽기 〈소비자〉
			⑤
			공유 변수
			2) 소비자 : 공유변수를 받아서 사용하는 프로세서
		동작 설명	- 공유변수의 도착시간과 사용시간의 차이에 따른 상황
			1) processor2 가 공유변수를 사용한 시점 보다
			먼저 그 변수가 도착하는 경우 - 즉시 공유변수 사용
			2) processor2 가 공유변수를 원하는 시점거서
			그 변수가 전송되지 않는 경우 - 대기(wait)
			- 공유 변수의 도착 (혹은 새로운 값으로 갱신)
			을 하는 방법 (Full/Empty flag 사용)
			확인
			1) flag = 0 : Data 도착 (혹은 갱신) 되지 않음
			2) flag = 1 : Data 도착 (혹은 갱신) 되었음
3			MIMD형 병렬 컴퓨터에서의 고려 사항

고려사항들	설명
프로세서들간의 Data교환	Data Dependency (연관성)에 따른 공유 변수들 (Shared Variables)의 상호교환
시스템 공유 자원의 상호 배타적 사용	공유 자원들 (Shared resources)에 대한 중복 사용 방지

			프로그램 실행 시작시간의 동기화	계산과정에서 각 계산 주기 마다 processor들 간에 처리 시작시간 일치 (동기식 병렬 알고리즘)
			병렬처리를 위한 오버헤드발생	추가되는 기능들을 위한 H/W, 프로그램 Code 및 처리 시간

〃끝〃

문94) 자원 할당 그래프 (Resource Allocation Graph)

답)

1. 교착상태(DeadLock) 탐지위한 RAG의 개요.

　가. 자원 할당 그래프(Resource Allocation Graph)의 정의

　　교착상태를 쉽게 탐지하기위해 유도된 방향으로 도시된

　　방향성 그래프를 이용, 자원 할당 상황과 요구사항을

　　표현하는 기법 (Vertex-꼭지점, Edge-간선)

　나. 교착 상태 해결위한 탐지 기법

2. 자원 할당 그래프 표현 방법(용어)

　가. Vertex(꼭지점) 집합

유형	표현	설명
프로세스 (Process)	○	- 프로세스(Process)들을 나타내는 정점 - 원으로 도시. 원 내에 해당 프로세스 표기
자원	▦	- 자원을 나타내는 정점 - 사각형 표현, 자원의 개수를 점으로 표현

　나. Edge(간선) 집합

유형	표현	설 명
요청선	(Pᵢ) → ▦ Rⱼ	- 프로세스에서 자원으로의 연결선 - 프로세스가 (자원형태의) 한 자원을 요청함
할당선	(Pᵢ) ← ▦ Rⱼ	- 자원에서 프로세스로의 연결선 담음 - 프로세스가 (자원형태의) 자원을 점유하고 있음

3. 자원 할당 그래프 표현 및 교착상태 확인 사례

가. 자원 할당 그래프의 표현사례

자원 할당 그래프	자원 상태 조건	
	집합 상태	- 프로세스 P={p1, p2, p3} - 자원 R={R1, R2, R3} - 간선 E={(p1,R1), (p2,R3), (p3,R2), (R1,p2), (R2,p1), (R2,p2), (R3,p3)}
	단위 자원수	- R1과 R3:1개, R2는 2개
	프로 세스 상태	- P1: R2소유, R1대기 - P2: R1,R2소유, R3대기 - P3: R3소유, R2대기

①②의 Case가 있음

4. 자원할당 그래프를 이용한 교착상태 확인 사례

① 자원할당그래프에서 환형대기 (circular wait)를 나타
내는 사이클이 있으면 교착상태가 존재할수 있음. 이를 활용
하여 교착상태 파악 가능

② Cycle(사이클)이 존재하면, 자원유형에 하나의 사례(Instance)만 있으면 교착상태, 자원유형에 여러 사례(Instance)가 있으면 교착상태 가능성(즉, 아닐수도 있음)

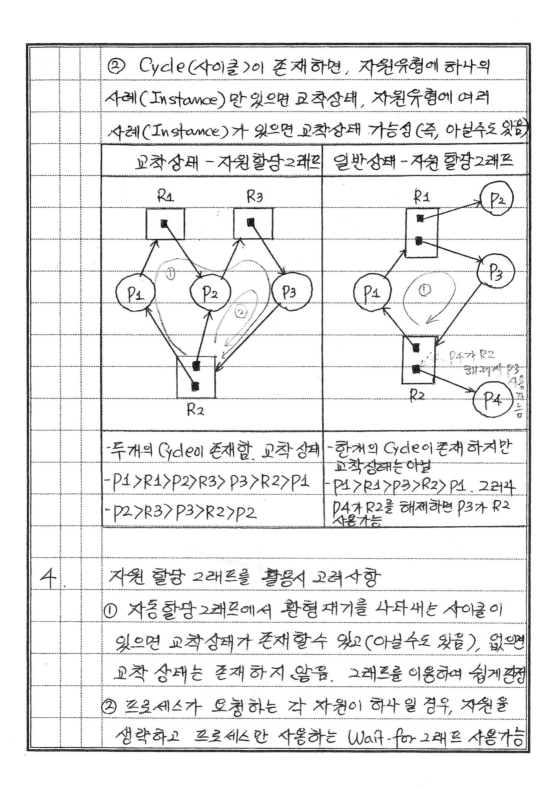

교착상태 - 자원할당그래프	일반상태 - 자원할당그래프
-두개의 Cycle이 존재할. 교착상태 -P1>R1>P2>R3>P3>R2>P1 -P2>R3>P3>R2>P2	-한개의 Cycle이 존재하지만 교착상태는 아님 -P1>R1>P3>R2>P1. 그러나 P4가 R2를 해제하면 P3가 R2 사용가능

4. 자원 할당 그래프를 활용시 고려사항

① 자원할당그래프에서 환형대기를 나타내는 사이클이 있으면 교착상태가 존재할수 있고(아닐수도 있음), 없으면 교착상태는 존재하지 않음. 그래프를 이용하여 쉽게 판정

② 프로세스가 요청하는 각 자원이 하나일 경우, 자원을 생략하고 프로세스만 사용하는 Wait-for 그래프 사용가능

자원할당그래프	대기그래프 (Wait-for Graph)
P = process R : 자원 	

- Wait-for-graph는 자원 형태 노드를 제거함

- 위의 Wait-for-Graph에서 process 실행순서는

P3 → P4 → P1 → P2 → P5로 실행 (고착상태 예방 가능)

| | 자원할당그래프로
고착상태 존재여부를
미리 탐지하여
process 실행순서를
결정할수 있음.

〃끝〃 |

문 95) 다음 자원할당 2래프에서 Wait-for 2래프 형태로 변환하고 교착상태 탐지후 예방방법에 대해 설명 하시오

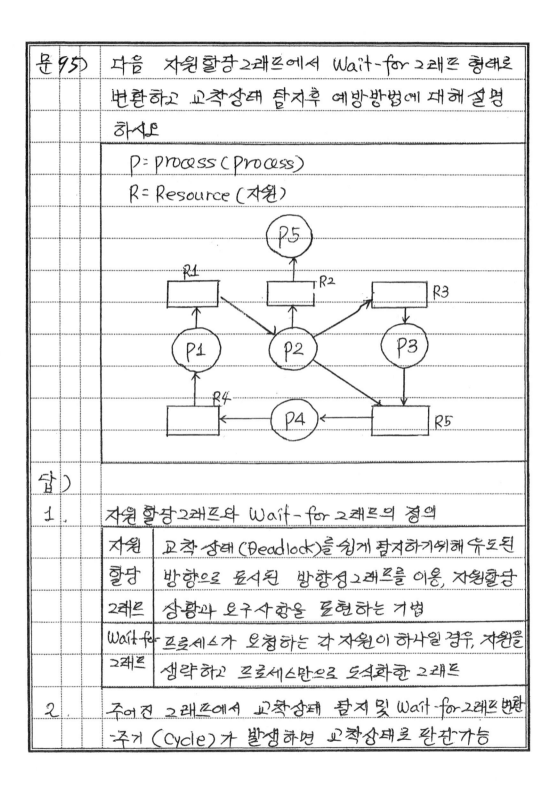

P = Process (Process)

R = Resource (자원)

답)

1. 자원할당 2래프와 Wait-for 2래프의 정의

자원 할당 2래프	교착상태 (Deadlock)을 쉽게 탐지하기위해 유도된 방향으로 묘사된 방향성 2래프를 이용, 자원할당 상황와 오구사항을 표현하는 기법
Wait for 2래프	프로세스가 오청하는 각 자원이 하사일 경우, 자원을 생략하고 프로세스만으로 도식화한 2래프

2. 주어진 2래프에서 교착상태 탐지 및 Wait-for 2래프 변환

-주기 (Cycle)가 발생하면 교착상태로 판단가능

자원할당2래프	Wait-for-2래프

교착상태 (Deadlock)	- 두개의 주기(cycle)이 존재함, 교착상태
	- P1 > R1 > P2 > R5 > P4 > R4 > P1
탐지	- P1 > R1 > P2 > R3 > P3 > R5 > P4 > R4 > P1

3. 교착상태 탐지후 예방방법

실행순서	예방방법
	- 자원할당2래프에서 교착 상태 존재여부 확인후 Wait-for-2래프로 변환 process 실행순서를 교착 상태가 발생되지 않게
P3>P4>P1>P2>P5순 실행	순서적으로 실행

"끝"

문 96)	경쟁조건 (Race Condition)
답)	
1.	여러개의 Process간 경쟁, Race Condition의 개요
가.	공유자원 동시접근, 경쟁조건의 정의
	Multi-processing 시스템 환경에서 특정 자원에 대하여
	여러 process가 동시에 자원을 획득하려고 경쟁하는 상황
나.	경쟁조건(Race Condition)의 발생원인

무결성 / Integrity 보장 / 순차 실행 / 동시성 제어 / Lock → Disable / 공유 자원 / Unlock → Enable / 다른 Process 사용가능

공유자원 사용 시(자원 Locking)다른 process 사용하기위해 Wait (경쟁)

2.	단일처리기 시스템와 다중처리기 시스템에서의 경쟁조건
가.	단일 처리기 시스템에서의 경쟁 조건

구성	

CPU / process A / process B / process C / process D / Lock   wait   wait / 자원 N

설명	① 특정 process가 Lock하고 Sleep이나 I/O wait 등으로 빠지는 <u>자원 N을</u> 경우에 다른 process들이 무한대기에 빠질 가능성이 존재함 ② 대기중인 process 중에서 Wait등을 통해 다음에 자원을 Lock할수 있는 기회가 생김 (경쟁이 발생함)

4.	다중처리기 System에서의 경쟁조건	
	구성	
	설명	특정 CPU에서 실행되는 process D가 특정 자원 N을 Lock하면, 실행되는 CPU에 관계없이 다른 process들은 Wait 해야함. 즉, 여러 process간 경쟁 발생
3.	단일처리기/다중처리기에서 경쟁조건 해결방안	
	단일 처리기 시스템	- Semaphore 사용 : S변수, P/V 연산 - 상호배제(Mutal Exclusion) 최소화 - 임계영역(공유자원) Access후 록점시간 최소화
	다중 처리기 시스템	- Count Semaphore 사용. - 단일처리기 시스템에서의 경쟁조건 해결방안 사용 - Spin Lock timeout을 통해 문제(경쟁조건) 해결

"끝"

문97) Context switching에 대해 설명하시오.

답)

1. process 실행 상태 변화, Context switching 개요

   가. 문맥교환 (Context switching)의 정의
   - 한 process에서 다른 프로세스로 cpu가 새롭게 할당되는 교환과정을 문맥교환이라고 함.

   나. 문맥교환이 발생하는 경우

사용자공간	⟶	운영체제공간
프로세스준비	⟶	프로세스실행
프로세스실행	⟶	프로세스준비/대기/종료

   이전정보저장 , PCB, TCB, stack에 저장

2. Context switching 과정

   가. 사용자와 Operating system 관점의 Context 스위칭과정

사용자 공간	운영체제 공간

   Pi 실행

   인터럽트또는 시스템 Call에 의해

   → 운영체제 모드로전환

   ① Pi의 상태를 PCB에 저장
   ② Pj를 다음에 실행할 프로세스로선택
   ③ PCBj로 부터 Pj상태나 특징을 CPU에게 재저장

   사용자 모드로 전환

   Pj실행

- Pi 실행시 운영 체제에 의해 Pj가 실행되는 상황

4. Task 수행관점에서의 Context Switching 과정

TASK1 (수행중)		TASK2 (Ready 상태)
stack		stack

우선순위	Task1 영역 → Task2 영역	우선순위
상태		상태
주소	④	주소
레지스터		레지스터

Task1 정보 ① ② ③ Task2 정보

고속 SRAM 저장장치 또는 Register 사용

Context Switching 시 정보저장

CPU 레지스터 (PCB, TCB)

- Task1이 수행중이고 Task2는 Ready 상태

문맥교환순서	1) Task1 수행중, 스케줄러에 의해 Task2가 수행
	2) Task2가 수행 되면서 첫번째 문맥교환 ①,③
	3) Task1의 Context를 stack에 저장
	4) Task2의 Context를 CPU 레지스터로 복사
	5) Task2 동작 완료
	6) Task1이 다시 동작 (Running) 이동
	7) Task2 사용 CPU 레지스터 값을 Task2 stack에
	8) Task1 stack 정보를 CPU 레지스터로 복사

└ flow 종은

3. Context switching의 오버헤드와 해결방안

　가. Context switching의 overhead

　　- 문맥교환시 1~1000μs 초 정도의 Overhead 발생

　　(기억장치속도, CPU 처리속도, Register수에 따라다름)

〈실행 Routine〉	〈overhead 작업〉
현 process	- 실제동작 수행시 필요한 Action들
↓ 인터럽트및 System Call	
인터럽트 처리루틴	레지스터 등에 현재 상태를 PCB에 저장
↓	
프로세스 스케줄러	다음에 실행할 프로세스를 준비 Queue에서 선택
↓	
Dispatch	
↓	다음에 실행할프로세스의 PCB 정보를 CPU Register복구
명령, Routine수행	
↓	
다음 프로세스	CPU는 복구된 Register 값을 가지고 수행

　　- Interrupt나 System Call에 의한 Overhead

　나. Context Switching Overhead 해결방안

　　- 고속 CPU Register를 사용하여 time 최소화

　　- Process 동작 보다는 Thread 동작으로 전환

〃끝〃

문 98) 운영체제에서 문맥(Context)의 내용, 문맥교환(Context switch)의 과정 및 문맥교환이 발생하는 조건을 설명하시오.

답)

1. process 자원과 제어 흐름의 집합, 문맥(Context)의정의

여러 process가 함께 수행되는 시분할 시스템 환경에서 특정 process의 처리를위해 할당된 자원이 일시적으로 반환되어 다른 선점 프로세스를 처리하고 재 할당되는과정

2. OS에서의 문맥의 내용과 설명

가. Context (문맥)의 내용

분류		
System 문맥	file, file구조, Task 큐, 메모리, 세그먼트 구조등 (file)	
Memory 문맥	Heap, stack, data, text등 (Memory)	
H/W 문맥	Stack pointer, flag, index pointer, program pointer 등 (Register)	

Context는 System/Memory/Hardware 문맥으로 분류됨

나. Context 의 분류

분류	내용
System 문맥	커널에 할당된 자료구조 (task구조, 파일 형태, Segment/ page Table, 파일구조) 등

구분	설 명	
메모리 문맥	Memory Context -Text, Data, Stack, Heap영역, Swap공간	
Hardware 문맥	Hardware Context -문맥교환시, 현재 실행위치에 대한 정보를 유지	

라. Context의 내용 - 시스템 문맥 기준 (include/unix(Linux)/sched.h)

- Linux의 sched.h (Header 파일) 기준

구분	설 명	
Task	-Task를 인식하기위한 변수	TID
	pid: Task ID, tgid: task가속해 있는 Thread Group	
	사용자 접근제어 필드	uid, euid (유효사용자), suid등
	그룹접근제어 필드	gid, egid, sgid 등
state	process나 Thread의 생성부터 소멸까지 상태	
	Create (생성), Ready(준비), Execute(실행)	
	Wait (대기), pending (보류), 종료등	
Task 관계	-Task(process, Thread)는 생성되면서 관계생성	
	parent	현재 부모 Task의 구조체
	children/sibling	자식과 형제 Process 정보등
스케줄링 정보	Task에게 비동기적인 Event 발생 알림 메커니즘 -Signal, Blocked, pending등	
메모리	text, data, stack, heap공간등에 저장	
Thread	현재 수행 state, TSS(Task State Segment	
시간	태스크 start 시간, CPU 사용시간, 대기시간등	

3. Context switching의 과정과 설명

가. Context switching의 과정 도식

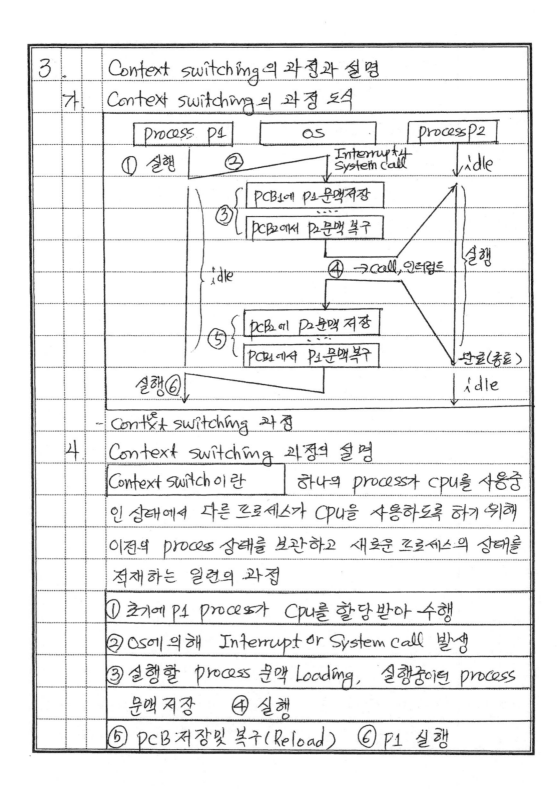

| Process P1 | OS | process P2 |

① 실행 ② Interrupt나 System call ↓idle

③ { PCB1에 P1 문맥저장 / PCB2에서 P2 문맥 복구 }

④ →call, 인터럽트 실행

idle

⑤ { PCB2에 P2 문맥 저장 / PCB1에서 P1 문맥복구 }

종료(종료)

실행⑥ ↓idle

- Context switching 과정

4. Context switching 과정의 설명

Context switch 이란 하나의 process가 cpu를 사용중 인 상태에서 다른 프로세스가 cpu를 사용하도록 하기 위해 이전의 process 상태를 보관하고 새로운 프로세스의 상태를 적재하는 일련의 과정

① 초기에 P1 process가 cpu를 할당받아 수행

② OS에 의해 Interrupt or System call 발생

③ 실행할 process 문맥 Loading, 실행중이던 process 문맥저장 ④ 실행

⑤ PCB 저장및 복구(Reload) ⑥ P1 실행

4. Context switching이 발생하는 조건

가. Context switching 발생조건 - process 상태 전이도

Ready → Running, Running → Ready, Running → Waiting

전환시에 문맥 교환 발생

나. Context switching이 발생하는 조건 설명

발생 조건	설 명	상태전이과정
Dispatch (스케줄러)	Ready Queue의 첫번째 process (가장 높은 우선순위)는 CPU를 할당 받고 실행 상태로 전이	Ready → Running
time out	-process가 CPU 사용 가능한 할당 시간 초과. -시간이 초과되면 PCB저장 CPU 양도 후 준비 상태로 전이	Running → Ready
I/O 작업	-실행(Running) 중인 프로세스가 I/O로 인해 I/O 전용 프로세스에게 CPU 양도 후 대기 상태로 전이 -I/O 처리는 CPU가 아니라 I/O전용 프로세스가 담당 하기 때문에 발생	Running → Waiting

| | | System Call | 실행될 준비가 되어 있지 않은 서비스를 호출할 경우 대기상태로 전이 | Running →Waiting |

- 문맥교환시, 문맥 교환에 의한 Overhead 발생
- Overhead를 해결하기 위해 다중 programming 의 정도를 낮추어 문맥 교환 발생 최소화 및 Thread 이용한 문맥 교환을 수행하여 Data 전환 최소화 필요

"끝"

문 99) 운영체제 내부 모듈 중 Dispatcher의 주요기능과
동작과정을 도식화하여 설명하시오.

답)

1. 프로세스 전환(Process Switch), Dispatcher의 개요

　가. OS의 내부 Module, Dispatcher의 정의

　　- 가장 적절한 Process에게 실행권한을 주기위해
현재 동작하고 있는 프로세스의 실행 권한을 중단하고
새로운 Process에게 CPU 실행권한을 전환하는 OS모듈

　나. Process 동작상에서 Dispatcher의 동작위치

　　- Ready (준비) 상태에서 실행 상태로 전환되는 과정을
Dispatcher(프로세스 전환) 라고 함.

2. Dispatcher의 주요기능

기능	설명
CPU 할당	- 지정된 Process에 실행권한을 부여, CPU 할당 - 어느 Process에 실행 권한을 줄 것인지는 판단하지

		스케줄러	-실행 가능 프로세스 전체를 감시(Monitoring)해서
		에 의한	어느 프로세스에게 실행 권한을 줄 것인지
		호출	판단하는 것은 process scheduler임.
		(선점)	-스케줄러에 의해 호출되고 실행 중인 프로세스의
			실행권한을 빼앗아 옴, 선점(preempt)함
		프로세스관	-실행중인 프로세스의 공간을 전환하는 기능
		의 전환처리	-Linux의 경우, switch_mm 함수로 정의함
		레지스터	-프로세스 전환시 각종 레지스터를 저장, 전환함
		전환처리	-Linux의 경우, switch_to 함수로 정의함
		레지스터	-process 전환시 범용레지스터값, Stack pointe
		백업	프로그램 Counter 등은 Backup(stack)에 저장

3. Dispatcher의 동작과정

가. Dispatcher(프로세스 전환) 전 각 process 구성도

설명 ① 어떤 CPU 상에서 동작하고 있는 process A를
process B로 바꾸는 처리를 Dispatcher가 프로세스전환
을 시도할 경우 프로세스 A는 process A를 위해
준비된 process 공간위에서 움직(동작)함

② process A에 의해 실행중인 프로그램의 변수값은 메모리 &
레지스터 상에 존재하고 실행중인 명령들은 PC 레지스터에 보관

4. Context Switching 시의 Dispatcher의 동작

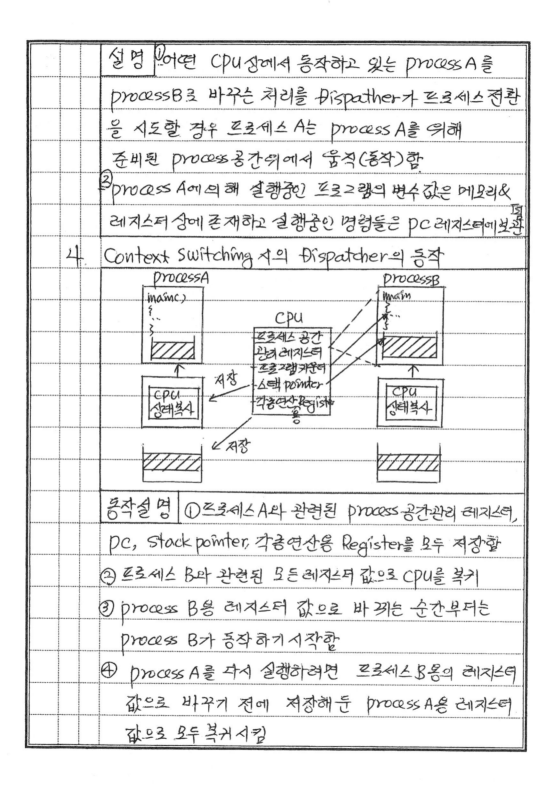

동작설명 ① 프로세스 A와 관련된 process 공간관리 레지스터,
PC, Stack pointer, 각종연산용 Register를 모두 저장함

② 프로세스 B와 관련된 모든 레지스터 값으로 CPU를 복귀

③ process B용 레지스터 값으로 바꾸는 순간부터는
process B가 동작하기 시작함

④ process A를 다시 실행하려면 프로세스 B용의 레지스터
값으로 바꾸기 전에 저장해둔 process A용 레지스터
값으로 모두 복귀시킴

4. Dispatcher와 Schedular의 차이

구분	Schedular	Dispatcher
정의	실행될 최적의 프로세스선택 및 CPU실행권한을주는모듈	실행될 프로세스로의 전환을 실행하는 실행모듈
주요기능	프로세스 관리 기능	프로세스 전환기능
환경	Multi task 환경	Multitask 환경
실행권한 판단	지정된 process(프로세스)에 실행권한 부여	어느 프로세스에 실행 권한을 줄 것인지 판단하지 않음
정책	실행할 process의 선택우선 순위의 기준이 되는 스케줄링정책	Schedular에 의한 전환실행

"끝"

문 100) 다음은 마이크로 커널(Kernel)의 일부분이다. 알고 리즘의 의미와 Context_Switch( ) 내부 메커니즘을 설명하시오

```
void Scheduler(void)
{
    t1_pri = Current task (RUNNING state)'s priority;
    t2_pri = highest priority in the Ready list;
    if (t1_pri < t2_pri)
        Call Context_switch();
    else
    ;  /* do nothing */
}
```

답)

1. process의 실행상태 변화, Context_Switching의 개요

가. Multi-tasking환경 문맥교환, Context_Switching 정의
한 process에서 다른 프로세스로 CPU가 새롭게 할당되는 교환과정, 현재 process를 나중에 실행하기 위하여 Task 상태를 저장하고있는 과정

나. Context Switching의 특징

특징	설명
Dispatching	Ready 상태에서 가장높은 우선순위 process CPU
Time Quantum	특정 process에게 할당되는 시간 단위
Preemption	선점형, Time Quantum, 우선순위에 따라 CPU획득

2. process 상태전이및 주어진 알고리즘의 의미

가. process 상태전이와 설명

상태전이도		
설명	생성	process가 생성되고 Ready Queue 진입과정
	준비	실행위해 CPU 할당을 받기위해 Wait
	실행	CPU 할당받고 실행되는 단계
	종료	process 수행 종료(사용자 실행화면 종료)
	대기	실행중 I/O 입출력 또는 Signal 수신

-생성→준비→실행→종료 전체수행 (대기, 보류 미전환 경우)

나. 주어진 알고리즘의 의미 설명

동작 Flow	설 명
	① process 동작위한 스케줄러 실행 ② Task1 우선순위는 실행상태의 우선순위 ③ Task2 우선순위는 Ready Queue 중에서 최상위 우선순위 ④ Task간 우선순위 비교 ⑤ Context_switch() 수행 ⑥ 종료

3. Task 수행관점에서의 Context switch과정및 실행순서

가. Task 수행관점에서의 Context switch 내부 메커니즘

| Task1 (수행중) | Task2 |

Task1영역 Task2영역
Task1에서 Task2로 전환

Task1 stack		Task2 stack (Ready 상태)
우선순위	④ ②	우선순위
현재 상태		현재상태
PC, SP	① ③	PC, SP
CPU 레지스터등		CPU레지스터등

| 우선순위 |
| 현재상태 |
| PC, SP |
| CPU 레지스터등 |

고속 SRAM 저장장치, 또는 Register 사용

} Context switch시 정보 저장

CPU 레지스터 (PCB, TCB)

· Task1이 수행중이고 Task2는 Ready 상태로

Ready list (Queue)에서 최상위 우선순위임

나. Context switching 실행순서

구분	설 명
상태	Task1이 수행중, Task2는 재개 (Ready) 상태
비고 (우선 순위)	Task1이 실행상태에서 Timeout으로 Ready로 전환 Task2가 우선 순위가 더 높아 실행 상태로 전환
①②	Task2가 실행되면서 첫번째 문맥교환
①	CPU 사용 정보를 Task1 Stack에 저장
②	①수행후 Task2 정보를 CPU 사용 정보에 저장

		Task2 실행	Task2 동작완료
		Task1 실행	Task1이 재시동작 (Running 상태 전환) 준비
		③	Task2가 사용 CPU 정보를 Task2 stack에 저장
		④	Task1 실행위해 Task1 stack 정보를 CPU 사용 정보에 저장 (두번째 문맥교환)

4. Context switch의 최적화

- 다중 프로그래밍: Context switching에 의한 오버헤드 (Overhead) 수준 고려 필요

- Thread 사용: Thread 사용통한 Context switching의 경감 부하

- 우선순위 역전: Kernel 구현시 Interrupt에 의한 우선순위 역전에 대한 대책으로 priority Inheritance(상속) 등의 처리

"끝"

MEMO

Memory 제어 기술

메모리 계층구조(Memory Hierarchy), 캐시 메모리 설계(Cache Memory Design), Cache Miss, Cache 일관성(Coherency) 문제 원인 및 해결책, 메모리 할당 기법, Working Set과 Page Fault Frequency 비교, 시간 지역성(Temporal Locality)과 공간 지역성(Spatial Locality), Thrashing의 발생 원인 및 해결, 가상메모리(Virtual Memory)의 사용 이유, 가상메모리의 Paging 및 Segmentation 기법, 운영체제에서 페이지 교체 알고리즘, 메모리 누수(Memory Leak), 메모리 인터리빙(Memory Interleaving), Caching, Buffering, Spooling 등에 대해 답안화할 수 있도록 하였습니다.

[관련 토픽-32개]

문 101)	메모리 계층구조 (Memory Hierarchy)
답)	
1.	메모리 특성에 따른 전략적 활용, 메모리 계층구조의 개요
가.	Memory Hierarchy의 개념 : 고가의 고속 메모리와 저가의 저속 메모리를 계층적으로 배치하여 낮은 가격에 컴퓨터 성능을 최적화 시키는 Computer Architecture

메모리의 성능과 비용, 용량간의 Trade-off를 고려하여 Locality를 활용한 메모리의 전략적 계층구조

나. 메모리 계층 구조의 필요성과 효과

필요성	기억장치들은 속도, 용량, 가격 다양 → 효율적 활용필요
효과	기억장치 시스템들의 가격대비 성능 (Performance/Cost Radio)을 향상시킴 (저비용 고효율 추구)

2. 메모리 계층 구조 설계방안과 구성

가. 메모리 계층구조 (Memory Hierarchy)의 설계방안

메모리 계층 구조 설계

비용, 용량, 성능 최적화

속도차이 개선	시스템 성능 향상	비용문제 최적화
CPU와 디스크 사이에 다양한 계층의 기억장치들 배치	접근속도가 느린 장치로의 접근 빈도수를 줄여 시스템 성능을 향상	- 액세스 속도와 비트당 가격 반비례 - CPU 근처로 갈수록 메모리 비용 증가

메모리 계층구조 설계시 비용대비 성능의 Trade-off를 고려하여 설계

4.   메모리 계층 구성

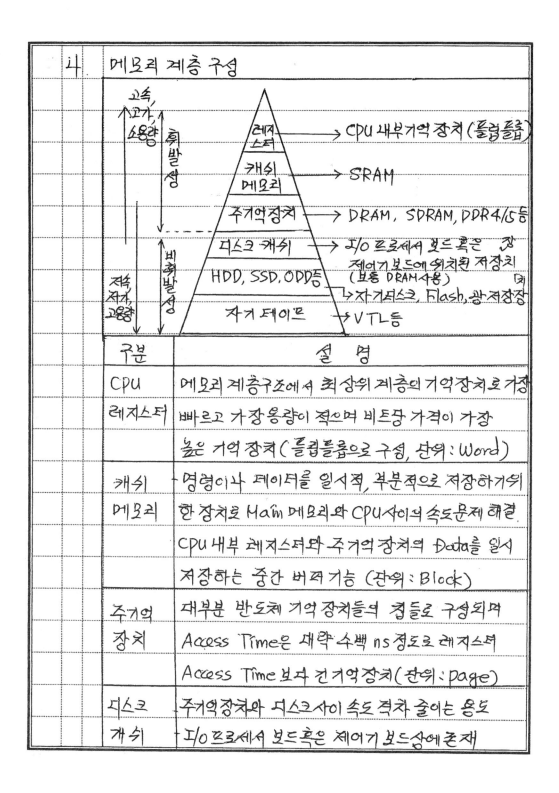

구분	설명
CPU 레지스터	메모리 계층구조에서 최상위 계층의 기억장치로 가장 빠르고 가장용량이 적으며 비트당 가격이 가장 높은 기억장치 (플립플롭으로 구성, 단위 : Word)
캐쉬 메모리	명령이나 데이터를 일시적, 부분적으로 저장하기위한 장치로 Main 메모리와 CPU사이의 속도문제 해결 CPU 내부 레지스터와 주기억장치의 Data를 일시 저장하는 중간 버퍼기능 (단위 : Block)
주기억 장치	대부분 반도체 기억장치들의 칩들로 구성되며 Access Time은 대략 수백 ns 정도로 레지스터 Access Time 보다 긴 기억장치 (단위 : page)
디스크 캐쉬	주기억장치와 디스크사이 속도 격차 줄이는 용도 I/O 프로세서 보드혹은 제어기 보드상에 존재

| | | 디스크 | 대용량 정보를 영구적으로 저장하기 위한 저장 장치로 CPU가 직접 접속할수 없고 각 저장장치의 입출력 프로세서를 통해서만 데이터 저장및 검색 & 기록 & Format 가능 (단위 : Segment) |
| | | 잘기테이 | 자기테이프(Tape) 형태의 기억장치 |

3. 메모리 계층에서 Cache Miss 원인및 성능 향상기법

가. 메모리 계층에서 Cache Miss 원인

Cache Miss	상황	설명
강제 미스 (Compulsory Miss)	최초접근	- Block에 대한 최초 접근시 캐쉬내용이 없어 강제미스, - pre-Fetch고려 필요.
용량미스 (Capacity Miss)	캐쉬 용량 부족	캐쉬가 프로그램의 실행시간 동안 모든 블럭을 갖을수 없다면 Capacity Miss가 발생 (한번인출된 블럭이 교체된후 다시인출 필요)
충돌 미스 (Conflict Miss)	Set수 부족	블럭배치 방식이 완전연관 방식이 아닌 경우 (Conflict Miss)가 발생 (충돌된 Block들이 같은 집합에 사상되면 이 블럭은 교체한후 다시 인출되기 때문)
일관성 미스 (Coherence Miss)	Cache flush	멀티 프로세스에서 여러 캐쉬의 내용에 대한 일관성을 유지하기 위하여 캐쉬 플러쉬에 의해 발생되는 Miss

- 강제 Miss, 용량/충돌/ 일관성 Miss로 분류됨

4. 메모리 계층별 성능 향상기법

- Cache 메모리, 주기억 장치, 가상메모리등

구분	성능향상기법	상세 기술
Cache Memory	Cache 교체알고리즘개선	LRU, Pre-Fetch
	시스템고려한 매핑방식선택	Direct, Associative, Set-Associative
	용량증설, 블럭크기최적화	일반적으로 증설
	효율성증재, 주소변환시간단축	Pipeline Cache, Hashing
Main Memory	접근 빈도 최소화	Multi-Level Cache
	자체성능 향상	메모리인터리빙, Page모드 RAM
	메모리 대역폭 확장	DDR 3/4, DDR5
Disk (대상 메모리)	디스크 스케줄링	SCAN, C-SCAN, LOOK 등
	스레싱 방지	WSM, PFF 등
	주소변환, 접근시간단축	TLB, 전용레지스터 사용 등
	효율적 페이지 교체알고리즘	LRU, SCR

"끝"

문102) 메모리 관리 정책 (Memory Management policy)

답)

1. System 성능향상, 메모리 관리 정책의 개요

   가. 메모리(Memory)의 효율적 사용, 메모리 관리 정책의 정의

메인메모리	다중 program 시스템에서는 운영체제
운영체제 ①	에 의해 동적으로 메모리(Memory)의 사용
실행중인 프로그램 ②	자 영역을 여러 프로세스가 상주할수 있도록

   주기억장치 = ① + ② 세분화하여 관리하는 방법

   나. 메모리 (주기억장치)의 위치

   고속,고가,소용량 ←   대용량,저가,저속 →   (외부기억 장치)

2. 메모리 관리 정책의 유형

   가. 메모리 관리 정책의 구성도

4. 메모리 관리 정책 (4가지)

구분	내용
반입정책	보조기억장치에서 주기억장치 적재시기, 요구/예측반입
배치정책	프로그램 블럭을 주기억 장치 어디에 적재, Best/First/Worst 5개
할당정책	페이지(고정,내부단편화), 세그먼트(가변,외부단편화)
교체정책	교체 대상을 주기억 장치에서 선택, FIFO, LRU, LRU등

3. 반입정책과 배치정책의 설명

가. 반입정책 (Fetch policy)

유형	내용
요구 반입 (Demand)	- 페이지 요구가 있을때 페이지를 메모리에 교체 - 요구(Demand) page 기법을 사용하면 초기 디스크 오버헤드(overHead) 감소, 시작 적재 지연을 줄이는 효과 - 단점: 초기 Access시 조금지연, 메모리관리 HW/SW복잡 - 페이지 부재율(page Fault)을 낮게 유지하여 교체 회수를 줄이는 것이 성능의 핵심 - 교체알고리즘적용
예측 반입 (prefetch)	프로세스(process)에 의해 요구될 페이지를 미리 예측하여 주기억 장치에 가져오는 기법

나. 배치정책 (placement policy)

예시 : 메모리공간 ①②③④⑤⑥⑦⑧⑨⑩⑪⑫

⑩ 사용중 ○ Empty(빈) 공간 (사용가능 메모리)

⑩ ⑩ 2개 page & Segment 배치 예정

		배치	
	First Fit	설명	가장 처음에 삽는 공간에 할당하는 방법
		장점	효율성이 높음
		단점	Flagmentation 발생
		배치	
	Best Fit	설명	스캔을 하여 최적의 공간에 할당하는 기법
		장점	최적의 공간에 할당
		단점	Scanning 시간소요
		배치	
	Worst Fit	설명	가장 맞지 않는 공간에 할당하는 기법
		장점	없음
		단점	상비 영역이 발생

4. 할당정책과 교체정책

가. 할당정책 (Allocation policy)

유형	내용
연속 할당	-직접 배치, 중첩(Overlay) 배치
	-단일사용자 연속 메모리 할당 : MS-DOS OS, 단순/낭비
	-고정분할 사중으로 그래밍 : 고정크기, 정적, 내부단편화
	-가변분할 사중으로 그래밍 : 필요한만큼 할당, 외부단편화
	-외부 단편화 해결을 위해 통합, 압축, 버디시스템(연적이동분 할당과 인접버디 합치는 작업을 반복)도입 → 병용

분산 메모리 할당	-페이징 기법 : 동일크기의 프레임 분할
	-세그먼트 기법 : 사용자 관점의 동적(가변) 분할
	-Paged Segmentation: 세그먼트 내부에 페이지들을 구

사. 교체 정책 (Replacement policy)

유형	내용
FIFO	적재된 순서대로 블럭을 삭제, 구현용이하나 효율성 낮음
OPT	-교체 알고리즘의 방향성을 제시하는 이론적 알고리즘
	-가장오래 사용되지 않을 것으로 예상되는 블럭교체
LRU	-사용되지 않은 채로 가장오랫동안 적재되어 있던 블럭교체
	-Cache 교체 알고리즘 중 가장 효과적인 방식
부가된 참조비트	재화식 System에서 첫응답 까지의 시간
SCR	이차기회, 단위시간당 CPU 작업을 수행하는 총시간비율
LFU	적재이후 참조횟수가 가장적은 블럭교체, 구현복잡
MFU	(비용높고 성능 낮음) 페이지 버퍼링 (성능은 좋아 오버헤드)

"끝"

문/03) Cache memory에 대해 설명하시오.

답)

1. CPU와 주기억장치의 속도차 극복을 위한 캐쉬 메모리의 개요

가. 캐쉬 메모리 (Cache memory)의 정의

- CPU와 주기억장치의 속도 차이로 인한 성능 저하를 줄이기 위해 CPU와 주기억장치에 설치된 고속 반도체기억소자

나. 캐쉬 메모리의 특징

특징		
고속 반도체칩	→	주기억 장치보다 Access 속도가 높은칩 사용
저 용량	→	가격 및 공간 제한으로 용량 작음
지역성원리	→	시간적/공간적 지역성원리 활용
캐쉬일관성	→	Multi-Core 환경에서 캐쉬 일관성 유지

2. 캐쉬 메모리의 위치 및 동작원리

가. Cache Memory의 메모리 계층구조상의 위치

- Cache는 CPU와 Main Memory 중간에서 지역성 활용

나. 캐쉬 메모리의 동작원리 (Cache hit/Miss)

Cache hit	CPU가 원하는 Data가 Cache에 있는 상태

| Cache Miss | CPU가 원하는 Data가 Cache에 없는 상태 (주기억장치에서 읽어음) |

- 적중률 (Hit ratio) : H = (Cache hit / 전체 접근횟수)

3. Cache memory의 유형 및 Mapping 기법

- 캐쉬 메모리 유형 : L1 / L2 / L3 Cache 가 존재
- Mapping 기법 : 직접 사상 (Direct Mapping), 완전 연관 사상 (fully-associative 매핑), 세트-연관 사상으로 분류됨

"끝"

문104)	캐시메모리 설계 (Cache Memory Design)
답)	
1.	Cache Hit Ratio 최대화, Cache Memory 설계의 정의
	- CPU 요청 Data(데이터)를 Cache Memory에서 고속
	전송하기위해 Cache 관리 정책을 적용하여 설계

	Cache 관리정책	
Fetch, 쓰기, Mapping, 교체알고리즘	→ 설계반영	Cache Hit Ratio 증가 응답속도 향상

2	Cache Memory 설계목표
가.	Cache 메모리 성능 지표

성능지표	개념도	설명
Cache Hit	CPU → 캐시 메모리	Cache에 CPU요청 데이터 존재
Cache Miss	CPU → 캐시 메모리 주기억 장치	Cache에 CPU요청데이터 미존재
Hit Ratio	Hit Ratio가 높을수록 평균 메모리 접근시간 감소	

나.	Cache 메모리의 설계목표

설계목표	설명	적용방안
Hit Ratio 최대화	1차캐시	접근속도 단축초점, Direct Mapping
Miss Penalty 최소화	2차캐시	교체속도 단축초점, Set Association Mapping
Hit Time 감소	전체	- Direct Mapping, 캐시 용량축소
	Cache	캐시 미스 penalty와 Trade-off

- Cache 무결성에 영향을 미치는 캐시 일관성위 자기법 적용
- 설계목표간 Trade-off가 있으므로 시스템 특성분석 필요

3.　Cache Memory 설계요소

설계요소	관련기술	설 명
캐쉬 메모리 크기	용량,	용량이크면 메인메모리에서 가져올수있는 블럭증가
	속도,	용량이크면 주소 계산에 많은시간소요, 비용증가
	비용	적중율을 높이며 접근시간 높아지는것을 방지
인출 방식	요구인출	CPU요구, Miss시 메모리에서 가져옴
	선인출	인접블럭 한꺼번에 인출 (참조지역성)
사상 (Mapping) 함수	직접사상	Direct Mapping, Cache(3): Memory(1) 대응
	연관사상	정해진 Slot없이 입력위치에 바로 저장
	집합	직접+연관 장점조합, 주기억장치 블럭 그룹이
	연관사상	하나의 Cache Set를 공유
교체 알고리즘	FIFO	적재된 순서대로 블럭을 삭제, 구현용이, 효율성 낮음
	optimal	교체알고리즘의 방향성을 제시하는 알고리즘
		가장 오래 사용되지 않을 것으로 예상되는 블럭교체
	LRU	미사용 채로 가장 오랫동안 적재되어 있던 블럭 교체
		캐쉬 교체 알고리즘중 가장 효과적인 방식
	LFU	Least Frequence used. 사용빈도가 가장 적은 page를 교체 (Block교체)
쓰기 정책	Write -though	즉시쓰기. CPU연산결과를 Cache/주메모리에 같이 (저장)
	Write -Back	캐쉬메모리에 선 저장, 태그표시, 주메모리에는 나중에 (저장)
캐쉬메모리의 수	L1, L2 Cache	L1 Cache CPU내장, L2도내장, L3는 따로에 탑재

"끝"

문105) Cache write 정책에 대해 설명하시오.

답)

1. Cache write policy의 필요성과 종류(방법)

필요성	Data 일관성유지, 메모리 간의 속도 차이 극복
종류	Write through방식, Write Back방식

2. Cache 쓰기 방법과 write Sequence

가. Cache write 정책

	Write through	Write Back (속도 빠름)
동작 개념도		
동작 원리	Write 동작시 Cache 와 주기억장치에 동시쓰기 (항상 동일 Data유지)	Cache에만 쓰고 해당 Data가 swap-out시 주기억장치에 복사
장점	단순구조, 캐쉬와 주기억 장치간의 일관성유지	-쓰기동작 횟수 최소화 -쓰기시간 단축
단점	쓰기시간 지연	Data 일관성유지어려움

나. Cache Memory 기록 정책의 write flow

write through		Cache와 주기억 장치에 동시에 쓰기
		·주기억장치로부터 Load 후 Cache에 쓰기

Write Back	

3. Cache Memory write policy의 고려 사항
 - Data 일관성 (Cache Coherency) 유지를 위해
 공유 Cache 사용, 공유 Data의 Cache 저장금지,
 Lock 변수 Cache에 저장금지, 버스감시 메커니즘
 (스누프제어기), MESI protocol 등의 방법 필요

"끝"

문106)	Cache Miss
답)	CPU가
1.	원하는 Data가 Cache 메모리에 부재, Cache Miss 개요

	가.	Cache Miss의 정의	CPU가 요구하는 명령어와 데이져가
		캐시메모리에 존재하지 않아 주기억 장치나 가상메모리영
		역으로부터 Read해서 정보처리 (명령어 수행시간 소요됨)

나. Cache Miss의 원인

원인	설명
Compulsory Miss (Cold start)	최초 접근시 발생하는 Cache miss, 또는 Cache가 Empty 상태이기 때문에 발생, 이상적 캐시라도 발생
Capacity miss	실행중인 프로그램 재비 캐시크기가 작아서 발생
Conflict miss	하나의 블럭에 너무많은 메모리 블럭이 사상되어 발생
Coherence (동기화, 일관성) miss	- 멀티프로세스에서 여러 캐시의 내용에 대한 일관성을 유지하기 위하여 캐시플러시(Flush)에 의해 발생 - 두 CPU가 동시에 한 데이터에 접근하고 하나의 CPU가 캐시 수정시 CPU간 데이터 불일치할 경우 발생

- 캐시 메모리의 Hit/Miss율 관리 및 접근시간을 고려한
캐시 정책 관리 필요.

2.	Cache miss 원인별 해결방안

원인	해결 방안	설명
Compulsory (필수적) miss	prefetch 적용	명령 실행전 명령 streaming Buffer를 통해 사전로드(≒20% 경감)

사상 = Mapping

		Capacity miss	Large Cache	캐시 사이즈를 늘려 Cache miss 절감 접근시간의 증가, 캐시 용량한계고려
		Conflict miss	Associative 기법, Large 캐시 사용, 최적화등	-High Associative로 miss 해결 -캐시를 증가시켜 miss 해결 -Compiler optimization (최적화) -Page/Segmentation 기법 활용
		Coherence miss	기록(Write) update 프로토콜이나 Invalidate 프로토콜사용	-수정되면 모든 CPU Cache에 수정통보 -Write signal 수신시 CPU들이 신호를 감지 하여 CPU Cache내의 Data를 수정

"끝"

문107) Cache memory 설계목표, 지역성의 개념과 유형, 지역성 (Locality)의 활용사례에 대해 설명하시오.

답)

1. 주기억장치, 가상기억장치의 속도차 개선, Cache메모리 설계목표

분류	설계목표	설명
실행시간 최소화	Access time 최소	Cache Hit를 향상, 실행시간 최소화
	지연시간 최소화	Cache Miss시 실행 지연시간 최소화
일관성 유지	Data 일관성	캐시 변경시 주기억장치와 일관성유지
	Overhead 최소	캐시 변경시 주기억장치 변경시간 최소
	Cache Hit 극대화	CPU가 원하는 정보가 Cache Hit

2. Cache memory의 참조원리, 지역성의 개념과유형 및활용사례

가. 지역성(Locality)의 개념과 유형

구분	설명
개념	-CPU가 주기억장치의 특정부분(지역-Memory Locality)에 위치한 프로그램 코드와 데이터를 빈번히 혹은 집중적으로 Access하는 특징. -프로그램은 모든 코드나 데이터(Data)를 균등(시간, 공간)하게 Access하지 않는다는 특성이 기본
유형 - 공간지역성	-App.이 기억장소들에 대해 참조가 집중적으로 수행 예)배열, 구조체, Pre-fetch, CDN등
시간지역성	-최근사용기억장소 집중참조 예)순환,서브루틴,스택
순차지역성	-순차적 수행 특성, 순차적 코드실행

4. 지역성 (Locality)의 활용사례

구분	사례	개념도	설명
시간 지역성 (Locality)	기억 장치 계층 구조	CPU레지스터 → 속도상승 내부 Cache 주기억장치 디스크캐시 외부 디스크 Tape → 용량증가	- 레지스터, L1/2/3 캐시, 주기억장치, 디스크, Tape 등 여러 종류의 메모리를 최적화 하여 성능향상 - 최근사용 Data가 CPU에 의해 재사용가능성 높음
	교체 알고리즘	CPU ↕ Hit Ratio Cache ↕ 페이지교체, 메인메모리 선인출	- LRU(Least Recently Used)교체알고리즘 : 캐시 에 가장적게 사용된블럭 교체
	워킹셋 (Working set)	페이지교체 Working set Swap Out Swap In 메인메모리 　　 Disk	- Working set (Thras -hing 예방) : 일정시간 동안 참조되는 페이지 집합(Working set) 을 주기억장치(Main Memory)에 위치
공간 지역성 (Locality)	CDN	사용자 사용자 ─ CDN캐시서버 ─ CP 사용자 ←MAN→←WAN→	- 컨텐츠를 가까운 서버 에서 장후 빠른서비스 - CP와 캐시서버간 전 용선 구축, CP의 콘텐츠를 Update 곳곳의 캐시서버에 실시간

| 공간
지역성 | Pre-
fetch
(선인출) | | - Pre-Fetch (선인출)
- 필요한 정보와 예상
정보를 미리 (Prefetch)
인출하여 배치 |

- HDFS의 파일저장시 MapReduce Master가 입력파일의
위치 정보를 파악, 고려하는 공간지역성 사례임.
- 가상메모리 할당기법인 TLB (Translation Look-aside
Buffer)도 자주 참조되는 가상메모리 주소를 실제 메모리 주소로
매핑시에 성능개선을 위해 고속 캐시를 이용하는 시간적
지역성 (Time Locality)의 사례임

"끝"

문/08) 캐쉬 메모리 (Cache Memory)를 별도로 가지고 있는
다중프로세서 시스템에서 Write-Back 쓰기정책 적용시
Cache Memory 간의 Data 전송방법에 대해 설명하시오.

답)

1. Write-Back 방식에서의 Cache 메모리간의 Data 전송개요

가. Cache Data 일관성유지 방안, Cache간 Data 전송정의

- 캐쉬 메모리를 별도로 가지고 있는 다중프로세서 System
  에서 Write-Back 쓰기 정책 적용시 Cache 일관성유지
  위해 공유 데이터를 변경한 Cache가 읽기를 요청한
  processor 에게 Cache Data를 직접 전송하는 동작

나. Cache간 Data 전송이 필요한 이유   「발생

- Write-Back 방식에서 Cache와 주기억장치간 Data 불일치
  공유 Data를 수정한 Cache 가 읽기 오청한 processor
  Cache로 캐쉬간 직접 Data 전송통한 불일치 문제 해결

2. Cache간 Data 전송동작의 도식 및 설명

가. Cache간 Data 전송 동작의 도식

4.	Cache간 전송동작원리의 상세설명	
	구분	설 명
	①	P1 프로세서가 공유데이터를 수정함(X → X')
	②	P2 프로세서가 공유데이터 읽거서도 → Cache miss발생
	③	P2 프로세서가 주기억장치로 공유데이터 읽어서도
		- P1의 스누프(Snoop) 제어기가 읽기동작 차단
	④	P1 캐쉬의 수정된 공유Data를 P2 Cache에 캐쉬간전송

- P1의 스누프 제어기가 각 processor가 보유한 Cache
  Data가 유효하지 않다고 통보함
- 위의 ④번 동작시 주기억장치에도 공유Data 기록 수행

3. Cache Data 일관성유지를 위한 방안
- 공유 Cache 사용, 잠금(Lock) 변수들만 캐쉬저장 불가능
- 버스 감시 메커니즘 (Snoop 제어기, Cache변경점 감시)
- Directory 기반 Cache protocol (Log 정보공유)
- 공유 Data는 주기억장치에만 저장 등

"끝"

문109)	Cache 일관성(Coherency)문제 원인, 해결책, 처리과정, 사례를 설명하시오	
답)		
1.	Cache 기반 Multi-processor의 중요부분, 일관성문제의 개요	
가.	캐시 일관성 (Cache Coherency) 유지의 정의	
-	다중 프로세서 System에서 공유데이터가 여러 프로세서 Cache에 존재하는 상황에서 여러 캐쉬들과 주기억 장치에 저장된 데이터들 간에 일관성을 유지하도록 하는 기술	
나.	Cache Coherency 문제 발생 원인	
-	변경 가능한 데이터공유(Sharing of writable Data)	
-	입력/출력동작 (I/O Activity)	
-	프로세서 이주 (process Migration)	
2.	주요 Cache 일관성문제 발생 원인	
가.	공유 Data의 불일치	

Write-through 방식 / Write-Back 방식

프로세서 P1 P2 ··· / P1 P2 ···
캐시 X' X ··· / X' X ···
시스템버스
X' 주기억장치 / X 주기억장치

- 동일한 X 데이터이여야 하나 불일치 하는 경우가 발생

- 쓰기 정책(Write through/Back)과 무관하게 모두 발생

4 I/O 동작에 의한 Data 불일치

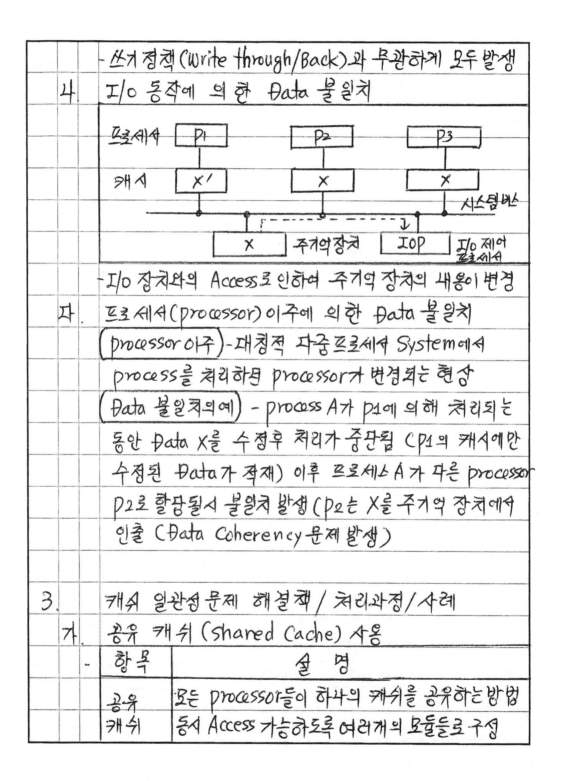

- I/O 장치와의 Access로 인하여 주기억 장치의 내용이 변경

다. 프로세서(processor) 이주에 의한 Data 불일치

(processor 이주) - 대칭적 다중프로세서 System에서 process를 처리하던 processor가 변경되는 현상

(Data 불일치의 예) - process A가 p1에 의해 처리되는 동안 Data X를 수정후 처리가 중단됨 (p1의 캐서에만 수정된 Data가 적재) 이후 프로세서 A가 다른 processor p2로 할당될시 불일치 발생 (p2는 X를 주기억 장치에서 인출 (Data Coherency 문제 발생)

3. 캐쉬 일관성 문제 해결책 / 처리과정 / 사례

가. 공유 캐쉬(Shared Cache) 사용

항목	설명
공유 캐쉬	모든 processor들이 하나의 캐쉬를 공유하는 방법 동시 Access 가능하도록 여러개의 모듈들로 구성

프로세서들과 공유 캐쉬모듈은 버스록은 상호연결망에 연결

장점	항상 Cache 일관성 (Coherency) 유지	
단점	프로세서들간 캐쉬 Access 충돌 빈번 → 성능저하	

4. 공유 변수는 Cache에 저장하지 않는 방법

- 변경 가능한 공유 Data는 주기억장치에만 저장

(Cache 저장 불가능 Data) - Lock 변수, 공유 Data,

임계영역 (Critical Section) 보호 데이터

(단점) - 캐쉬 적중률 저하 (모든 I/O 데이터 캐쉬 저장불가,

캐쉬 저장불가능 데이터와 블럭에 포함된 Data 캐쉬 저장불가)

다. 버스 감시 메커니즘 이용 방법

- 버스 감시 기능을 가진 H/W 모듈인 스누프 제어기 추가

- (Snoop Controller) - 다른 프로세서에 의한 버스상의

기억장치 Access 주소을 검사하고 그 결과에 따라 자신의

캐쉬 블럭 상태를 조정하는 Hardware Module.

라. 잠금변수와 디렉토리기반 캐쉬 프로토콜 제어 방법.

잠금 변수들은 캐쉬에 저장해 않는 방법	- 임계 영역 (Critical Section)을 보호하는 Lock 변수들만 Cache 불가능으로 지정

Log기반

디렉토리기반	대규모 병렬 Computer구성을 위한 캐쉬
캐쉬 프로토콜	프로토콜로 캐쉬 일관성 유지 방법을 위하여
제어 방법	디렉토리도입 (공유 Data 정보관리 리스트)

4. 최근 분산공유 - 기억 장치 다중프로세서 에서의 방식
- System 규모확장을 위하여 다수의 다중프로세서 시스템을
서로 접속하는 경우, 시스템 전체 Data 일관성 유지 방식
(스누핑 - 스누핑방식) - 스누핑 Adapter 가 버스 내부 동작들을
다른 클러스터들로 방송하고 모니터링 (Monitoring)하는방식
(스누핑 - 디렉토리방식) - 클러스터 (cluster)들간 디렉토리 방식에
의해 Data 일관성유지 (클러스터 내부 : 스누핑방식)

"끝"

Broad Casting

문 //o) 캐시 (Cache) 서버를 이용한 웹서버의 부하분산
방법에 대해 설명하시오.

답)

1. 웹서버 부하에 따른 문제점과 캐시 활용

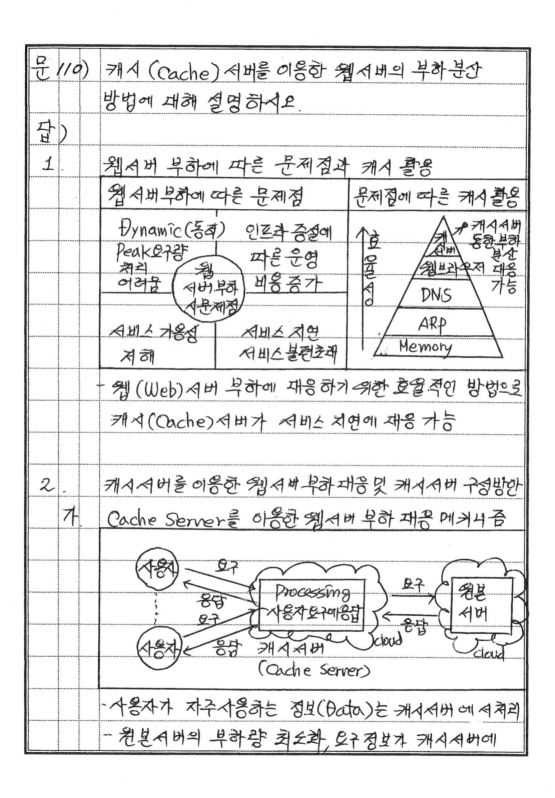

웹서버부하에 따른 문제점		문제점에 따른 캐시 활용
Dynamic (동적)	인프라 증설에	캐시서버 동환 부하 분산
Peak 요구량 처리	따른 운영	캐시서버
어려움	비용증가	웹브라우저 대응 가능
	웹 서버부하 의 문제점	DNS
		ARP
서비스 가용성 저해	서비스 지연 서비스 불건전화	Memory

- 웹 (Web) 서버 부하에 대응하기 위한 효율적인 방법으로
캐시 (Cache) 서버가 서비스 지연에 대응 가능

2. 캐시서버를 이용한 웹서버 부하대응 및 캐시서버 구성방안

   가. Cache Server를 이용한 웹서버 부하 대응 메커니즘

   - 사용자가 자주사용하는 정보(Data)는 캐시서버에서 처리
   - 원본서버의 부하량 최소화, 요구정보가 캐시서버에

미 존재시 원본서버에서 Read (컴퓨터 구조에서의 캐시메모리와 주기억장치간의 Cache Miss/hit 동일 [개념])

4 캐시서버 구성방안

구성방안	구성도	설명
Forward 캐시	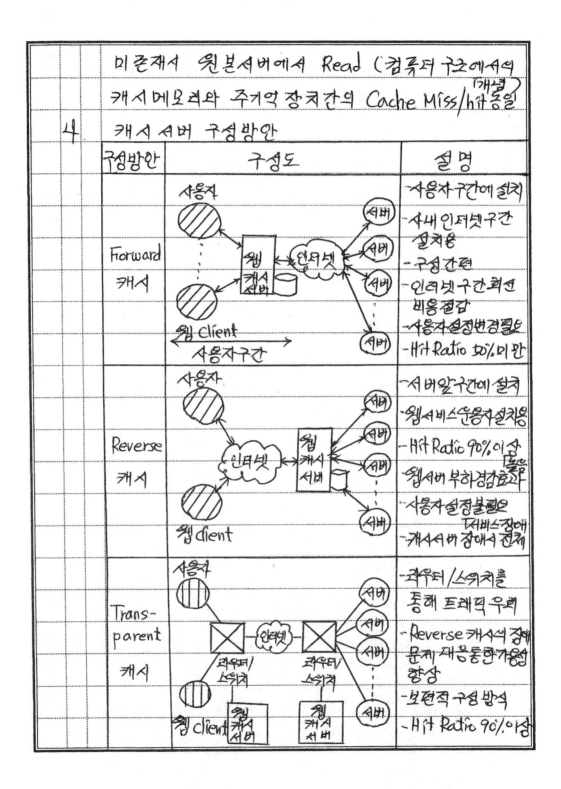	-사용자구간에 설치 -사내 인터넷구간 설치용 -구성 간편 -인터넷구간 회선 비용절감 -사용자 설정변경필요 -Hit Ratio 50% 미만
Reverse 캐시		-서버앞구간에 설치 -웹서비스운용자설치용 -Hit Ratio 90% 이상 -웹서버 부하경감효과 [높음] -사용자 설정불필요 -캐시서버 장애시 [서비스장애] 전체
Trans-parent 캐시		-라우터/스위치를 통해 트래픽 우회 -Reverse 캐시의 장애 문제 대응 등 한계응 향상 -보편적 구성 방식 -Hit Ratio 90% 이상

-Transparent 한 구성방식이 현실적인 대안으로 사용

3.		효율적 부하분산을 위한 캐시서버 구성방안 & 측정기준
가.		캐시서버의 효율적 구성을 위한 측정기준

측정기준	구성	설 명
Hit	②요청 콘텐츠가 유효기간내인 경우는 웹 캐시서버가 직접응답	- 캐시 서버에 콘텐츠가 있을 경우 저장콘텐츠의 유효성을 판단 & 확인하고 사용자 에게 콘텐츠 전송응답
Miss		-요청 콘텐츠가 캐시서버에 미존재 시는 원본서버로 부터 콘텐츠 전송 응답및 캐시에 저 장후 사용자에게응답

- 캐시서버 구성 전/후 측정값을 지속적으로 비교, 튜닝 활용필요

4.		효율적 구성방안

구성방안	구성도	설 명
측정 지표	주기적 튜닝및 초기화 ㄱHit Ratio 최대화 목표	-캐시서버응답 -원본서버응답
콘텐츠 분리	-캐시서버: 정적콘텐츠 -원본서버: 동적콘텐츠	-정적: Gif, jpg,Html -동적: JSP, php, ASP

서비스 구성	서비스도메인분리: 정적/동적	-정적:xxx/image/~
	콘텐츠를 분리하여 서비스	-동적:xxx/web/~
유지 관리	캐시서버와 원본서버간의 주기적인 Contents 동기화	-서비스가 상대적으로 적은 새벽시간활용
H/W	캐시서버: SSD로 구성, 부하분산	CDN 서비스 연계
	원본서버: NAS/SAN등 지연 최소화	공간지역성 활용

4. 캐시서버 (Cache Server)의 활용 고도화 방안

활용	설명
CDN	-공간 지역성(Locality) 최대 활용
	-ISP사업자/전용서비스 사업자 연계
	-C-CDN: Cloud 연계 Infra(인프라) 공유 사용
Anti-DDoS	-대용량 트래픽(Traffic) 공격우회
	-반복적 L7 공격 부하 방지
Content-Filter	-불법 콘텐츠 사용 차단
	(학교/ 공공기관 등)

"끝"

문///) 병렬 Processor에서의 Cache 일관성 기법을 설명하시오

답)

1. 병렬 Processor에서 Cache 일관성 기법의 개요

　가. 병렬 프로세서에서의 캐시 일관성 기법의 정의
　　- 동일 Data를 여러 processor의 Cache가 공유할 경우 발생할 수 있는 Data 불일치 현상을 막기위함

　나. Cache 일관성 문제의 발생원인 (원자성유지)
　　- 수정 가능한 Data의 Cache간 공유시 발생 가능
　　- I/O동작으로 인해 변경된 Data Access시 발생 가능
　　- Process 이주(Migration)으로 인해 발생

　자. 병렬 process에서 Cache 일관성문제해결기법의종류

종류	설 명
버스 Snooping	-버스 감사(Snooping) 기능을 가진 H/W 사용 -통신량 Overhead 있음, 소규모 병렬망에 적합
Cache Directory	공유 Data의 모든 복사본관리, 대규모망에연결

2. 버스 Snooping 기법을 이용한 Cache일관성 유지동작원리

　가. Write-through 메모리 정책 사용시 동작원리

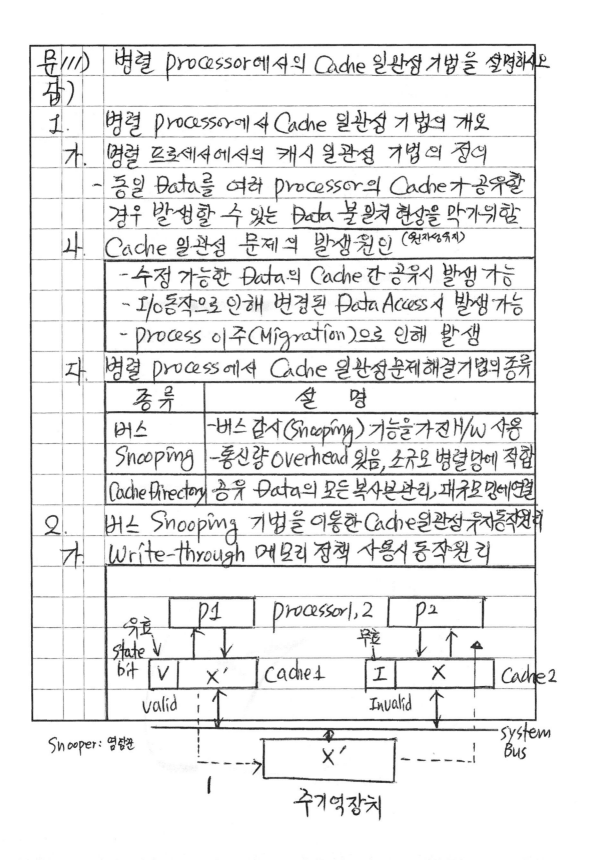

Snooper : 염탐꾼

주기억장치

- V: Cache Data Valid, I: Cache Data Invalid

동작순서	설명
1. 주기억 장치에 갱신	- Processor 1이 Cache Data를 X→X'로 수정 - 변경 내용(X')를 주기억장치에 갱신 - Snoop제어기가 이 변경을 인식하고 Processor2의 상태(state) bit를 무효(I)로 세팅
2. Cache Miss 동작	- Processor 2의 Data X 접근시도 - Invalid 상태이므로 Cache Miss 발생→ 주기억장치에서 X'를 읽어오고 상태 (state) Bit를 Valid로 변경

사. Write-Back 메모리 정책 사용시 동작원리

- Write Back은 Write-Through 경우보다 상태적으로 복잡
- MESI protocol을 사용하여 Cache 일관성 유지

Protocol	설명
Modified(M)	Cache Data 수정된 State (상태) 주기억장치에는 미 갱신
Exclusive(E)	Cache 내 Data가 유일 복사본, 주기억장치와 동일
Shared (S)	다른 Cache에 복사본 존재, 주기억장치와 동일
Invalid (I)	다른 Processor가 수정, Cache Data는 무효.

- MESI Protocol을 사용한 Bus Snooping 기법예

동작순서	설명
① P1 Cache 변경	- Processor1이 Data X → X'로 변경 - 상태는 M (Modified)로 변경
② P2 Read 요청	- Processor 2가 Data을 요청함 - P2의 Cache에 Data가 없음으로 Miss 발생
③ Cache to Cache 전송	- Snoop 제어기가 2번동작을 감지 - P1 Cache의 Data X'를 P2 Cache 와 주기억 장치에 Cache to Cache 전송, - 상태는 S로 변경

3. Cache Directory를 이용한 Cache 일관성 유지 동작원리

- Snooping의 한계 : 수백개 이상의 대규모 병렬
  CPU 사용시 Snooping/Broad Casting의

Network 부하감각
- Cache Directory 원리 : 공유 Data의 복사본 정보를
관리, 필요한 Cache에만 선택적으로 전송 (N/W 부하경감)

《Cache Directory를 이용한 Cache 일관성 유지구성도》

동작순서	설 명
① Access요청	Processor2가 Memory 1에 Data요청
② 갱신요청	- Memory 1의 제어기가 Directory 1를 검사 - 검사결과 Data가 변경되었으면 P1 Cache 에 Data Update 요청
③ Data 갱신	P1은 Cache 1의 Data를 Memory1에 업데이트
④ Data 전송	Memory1의 Memory제어기는 요청 받은 Data를 Processor2에 전송

4. 병렬 Processor에서 Cache 일관성 기법 구현시 고려사항
- 분산 공유 기억 장치의 확장으로 Directory 기반 protocol의
개념이 변형/확장되는 추세)

- Snooping 기법과 Directory 기법을 병행하여
Cache-Coherent NUMA 등의 병렬 컴퓨팅
구성 가능   "끝"

문112) 메모리 할당기법인 First-Fit, Best-Fit, Worst-Fit 기법에 대해 기술하시오.

답)

1. 메모리 할당위한 First/Best/Worst-Fit의 정의

분류	의미	설 명 (정의)
First-Fit	최초적합	가용메모리중 첫번째 공백(미사용)에 할당
Best-Fit	최적 적합	가용공간중 최소공백이 남는 영역에 할당
Worst-Fit	최악 적합	가용공간중 큰 공간(미사용)에 배치

2. 메모리공백(미사용) 발생 이유와 First/Best/Worst-Fit예

　가. Memory 공백 발생이유

Memory 사용전	Memory 사용	Memory 미사용
번지 0 1 2 ... n	0 1 2 ... n	0 1 2 ... n
<최초 미사용>	<Memory Fully 사용>	<process 동작중 swap 발생에 따른 미사용>

- program 동작에 따라 Memory 미사용 영역 발생

　나. 각 메모리 할당 방법의 예

분류	도식화			설 명
	빈공간 Table	작업큐	운영체제	첫번째 미
First Fit	a 20K ----	15K요구 →	a 20K공백	사용(공백)
	c 16K	⋮	b 사용중	에 Assign
	⋮ ⋮		c 16K공백	(할당)
	(시작주소)(크기)		⋮	하는 방식

	빈공간Table	작업큐		운영 체제	작업큐 요구사
Best fit	a 20K c 16K :	15K요구 :	할당	a 20K공백 b 사용중 c 16K공백	제일 적당한 공백이 남은 영역에 할당

	빈공간Table	작업큐		운영 체제	제일큰 공간
Worst fit	a 40K c 16K :	15K요구	할당	a 20K공백 b 사용중 c 40K공백	(미사용)에 Assign(배치)

3. 각 메모리 할당 방법의 장단점(가변분할 전략)

구분	First Fit	Best Fit	Worst Fit
장점	빠른 할당 결정(최초공백탐색)	가용공간의 반만 탐색해도 가능	남은공간에 다른 프로그램 적재가능
단점	단편화 발생 및 증가	가용공간 List의 관리필요	가용공간 List의 정렬필요(복잡)

"끝"

문 113) 내부단편화와 외부단편화에 대해 설명하시오

답)

1. 기억장치의 효율적 사용을 위한 기억장치 분할기법의 개요

가. 기억장치 분할기법의 정의

 - 기억장치를 효율적으로 관리하기 위해 기억장치의
크기를 고정(일정크기) 또는 가변적크기로 분할하는 기법

나. 기억장치 분할의 유형

구분	내 용
고정분할	주기억장치를 일정수의 고정된크기로 분할하는 방식
가변분할	프로그램 적재에 가장적합한 분할크기를 결정하여 각 작업별 다양한크기로 할당하는 방식

2. 기억장치 분할의 문제점, 단편화의 개념, 종류, 예제

가. 단편화 (Fragmentation)의 개념

 - 분할된 주기억장치에 프로그램을 할당하고 반납하는
과정을 반복하면서 사용되지 않고 남은 기억장치의 빈공간 조각

나. 단편화의 종류

종류	내 용
내부 단편화	-분할된 영역이 할당된 프로그램보다 큰경우 사용되지 않아 남아 있는 빈공간 발생 ★내부 단편화 = 할당된기억공간 - 요청한 기억공간
외부단편화	-분할된 영역이 할당되어질 프로그램보다 작은경우

⟶ Memory Size > program size ⇒ 빈공간 발생

⟶ Memory Size < program size ⇒ 미할당 (할당되지 못함)

| 외부 단편화 | 할당되지 않고 남아 있는 분할된 빈공간 발생 |
| | -외부단편화는 프로그램에 의해 사용되지못한 부분임 |

다. 내부 단편화와 외부 단편화의 예제

- 다음과 같은 작업들이 Best fit 방식으로 주기억장치에 적재가정.

적재시킬 작업의 크기		메모리 분할 내역
24K		운영 체제
14K	사용자	25k
12K	영역	15K
6K 들	(60K)	10K
		10K

〈적재시킬 작업의 크기〉　　〈메모리 분할 내역〉

- 기억 장치의 할당 결과

사용자공간할당	할당 결과	남은공간	*Best fit 배치기법
25K	24K	1K	: 여유공간중 프로그램
15K	14K	1K	을 저장할 수 있는
10K	6K	4K	크기가 가장 가까운
10K	-	-	공간에 할당함

할당되고 남은공간

- 내부 단편화와 외부 단편화의 크기

1) 내부 단편화 : 6K = 1k + 1K + 4K (남은공간의 합)

2) 외부 단편화 : 10K (12K의 적재할 작업보다 남은
  공간이 10K로 12K보다 작아서 그 공간을 사용하지못하는부분)

할당되지 못한공간

3. 단편화 해결을 위한 방안 (통합, 압축)

가. 통합(Coalescing)
- 인접한 둘 이상의 빈 분할영역을 하나로 통합하는 방식
- 빈 공간 List에서 빈 공간의 주소가 인접한 경우 공간을 통합
- 통합(Coalescing) 과정의 예

프로그램 A		프로그램 A		프로그램 A
빈 공간		빈 공간		통합된 공간
프로그램 B	프로그램 B 종료 →	빈 공간	통합 →	
빈 공간		빈 공간		
프로그램 C		프로그램 C		프로그램 C

나. 집약/압축(Compaction)
- 빈 분할영역을 주기억장치의 한곳에 합치는 작업
- 일종의 쓰레기 수집(garbage Collection) 작업

프로그램 A	→	프로그램 A
빈 공간	압축	프로그램 B
프로그램 B		프로그램 C
빈 공간		한끝으로 합친
프로그램 C		후 빈공간

- 압축 수행시 문제점

1) 압축 수행시 다른 모든 작업수행이 멈추어야 함.

2) 사용중인 작업들에 재배치관련 정보를 유지해야함.

3) 압축이 자주 수행되면, 시스템의 성능,속도 저하.

4. 기억장치 분할관리의 기대 효과

- 다중 프로그래밍 효율증대로 응답시간 개선.

- 메모리 자원의 최대한 활용, 단편화 최소화.

- 실시간 시스템 활용통한 서비스 최적화.

- Hardware 자원의 최적화된 활용으로 시스템 성능 향상

"끝"

"이하 여백"

각교시별 마지막문제 작성후

"이하여백" 쓰기 필수

문114) 메모리 단편화의 발생원인과 해결방안을 설명하고
단편화를 최소화 하기위한 Buddy Memory Allocation
알고리즘에 대해 설명하시오.

답)

1. 단편화 (Fragmentation)의 개념과 종류

　가. 기억장치의 효율적 사용, 단편화의 정의

　- 분할(고정,가변)된 주기억장치에 프로그램(Application)
을 할당하고 반납하는 과정을 반복하면서 사용되지
않고 남은 기억장치의 빈공간(Empty Space)

　나. Fragmentation의 종류

종류	세부 내용
내부 단편화	분할된 영역이 할당된 프로그램 보다 큰 경우, 사용되지 않아 남아 있는 빈공간 발생
	내부단편화 = 할당된 기억공간 - 요청한 기억공간
외부 단편화	분할된 영역이 할당되어질 프로그램보다 작은 경우, 할당되지 않고 남아있는 분할된 빈공간 발생
	외부단편화는 프로그램에 의해 사용되지 못한 부분임

　다. 고정분할과 가변분할의 의미

구분	내용
고정분할	주기억장치를 일정수의 고정된 크기로 분할하는 방식
가변분할	프로그램 적재에 가장 적합한 분할크기를 결정하여 각 작업별로 다양한 크기로 할당하는 방식

2.		메모리 단편화 발생원인 및 해결방안 설명		
	가	메모리 분할방식에 따른 단편화 발생원인 설명		

종류	설명
고정분할 방식 에서의 내부단편 화	 고정 크기 분할 - 미사용(15k + 25k + 10k = 50k)영역 = 내부단편화 - 분할된 메모리공간에 프로그램을 할당하고 남은공간발생
동적(가변) 할당방 식에서의 외부 단편화	 가변 크기 분할 - 남아 있는 메모리 공간이 할당에 필요한 공간 보다 작아서 작업(E)을 할당할 수 없는 현상발생

	나	메모리 내부단편화와 외부단편화 해결방안
		- 통합, 압축, 가상메모리 관리기법 활용, 버디 할당 등

방안	세부 내용
통합	인접해 있는 단편화 된 공간을 하나의 공간으로 통합
압축	주기억장치 내 분산되어 있는 단편화 공간을 결합하여 하나의 큰 가용 공간으로 생성
가상메모리 관리기법 활용	· 페이징기법 : 동일크기의 프레임으로 구성 (외부단편화 방지) · 세그먼트 기법 : 가변 크기의 블럭 구성 (내부단편화 방지)
메모리풀 활용	메모리 요청을 각 객체 (program들)의 크기대로 나누고 포인터 (pointer)를 기반으로 관리
버디 (Buddy) 메모리 할당	· 고정분할, 가변분할로 인한 단편화 발생 보완 · 사용하지 않는 모든 페이지프레임을 그룹화 · 약간의 외부단편화, 내부 단편화, 오버헤드가 발생하나 최적의 메모리 크기 할당 가능

- 통합(Coalescing), 압축(Compaction)

3. 외부단편화 해결방안, Buddy Memory Allocation 설명

　가. Buddy Memory Allocation의 정의

　- 메모리의 크기를 절반씩 분할하면서 가장 적합한 크기의 메모리에 할당하고 Free 버퍼들을 제곱으로 합병하는 과정을 반복하여 메모리 공간과 오버 헤드를 최소화하는 알고리즘

4. Buddy Memory Allocation 동작방식

　- 이진 (Binary) Tree 이용한 구현

　- Free Buddy를 합치는 과정을 반복하여 구성

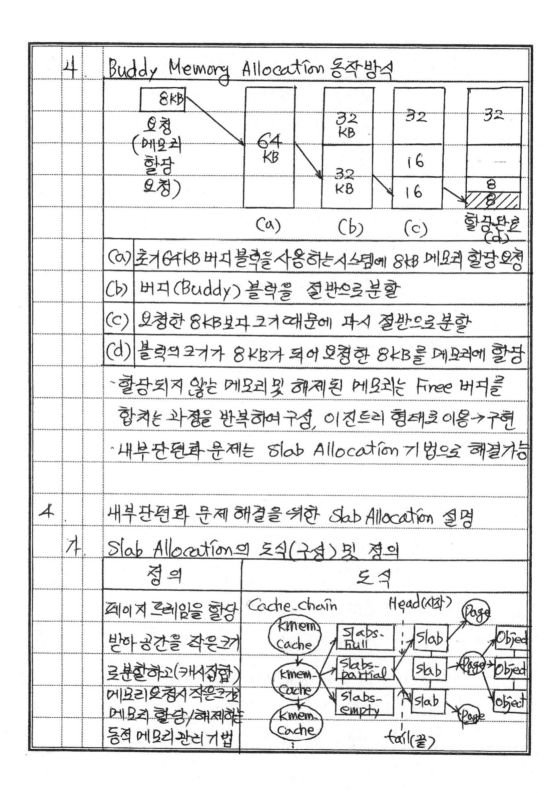

4. Buddy Memory Allocation 동작방식

	(a)	(b)	(c)	할당완료 (d)

(a) 초기 64KB 버디 블럭을 사용하는 시스템에 8KB 메모리 할당요청

(b) 버디(Buddy) 블럭을 절반으로 분할

(c) 요청한 8KB보다 크기때문에 다시 절반으로 분할

(d) 블럭의 크기가 8KB가 되어 요청한 8KB를 메모리에 할당

- 할당되지 않는 메모리 및 해제된 메모리는 Free 버디를

  합치는 과정을 반복하여 구성, 이진트리 형태로 이용 → 구현

- 내부단편화 문제는 Slab Allocation 기법으로 해결가능

4. 내부단편화 문제 해결을 위한 Slab Allocation 설명

가. Slab Allocation의 도식(구성) 및 정의

정의	도식
페이지 프레임을 할당받아 공간을 작은크기로 분할하고(캐시집합) 메모리 요청시 작은크기 메모리 할당/해제하는 동적 메모리 관리 기법	Cache chain Head(시작) kmem Cache → slabs-full → Slab → Page kmem Cache → slabs-partial → Slab → Page → Object kmem Cache → slabs-empty → Slab → Page Object Object tail(끝)

4		Slab Allocation 동작방식
	개념	할당받은 프레임을 미리 작은 크기로 분할하여 자주 할당/해제 되는 Cache 구성. ~ 캐시는 Slab으로, slab은 object로 구성
	도식	① 메모리 할당요청 　Yes　②　No　　　　Slab의 유형 　　오청크기가　　　　~free slab : 모든 객체가 　　　4K?　　　　　　　사용가능한 상태 　Buddy　　Slab Allocator　~ full slab : 모든 객체가 Allocation　　　　　　　이미 사용중인 상태 　　　　　③ Partial slab　· Partial slab : 일부는사용중 　　　　　객체할당　　　　일부는 미사용중
	설명	① 메모리 할당요청
		② 요청한 크기가 최소크기단위 4K보다 크면 Buddy Allocator로 할당, 4K보다 작으면 Slab Allocator로 할당
		③ 가장 적합한 크기의 캐시(Cache)를 찾아 Partial slab으로 객체 할당
		최소관리 단위의 페이지 프레임보다 작은 요청은 Slab Allocator를 사용하여 작은 블럭 메모리 할당으로 단편화 문제해결 가능. ~Slab Allocation은 캐시 사용으로 성능향상 효과도 발생 　　　　　　　　　　　　　　　"끝"

문 115) Working Set 과 Page Fault Frequency 비교

답)

1. Working set과 Page Fault Frequency 의 정의

| Working Set | 가상기억장치 System 에서 실행중인 프로세스가 일정시간동안에 참조하는 Page의 집합. |
| PFF (페이지부재) | 페이지부재빈도 : 하나의 프로세스가 갖는 페이지프레임수에 따라 페이지 부재 비율 변화과정 도시 |

— 스래싱(Thrashing) : 너무 빈번히 페이지부재 발생 현상

2. Working Set 과 PFF의 개념및 특징설명

가. Working Set 의 개념과 특징설명

프로세스에
할당된 주기억
장치 내의
page수

Working Set #1

Working Set #2

Working #3

시간

| 개념 | - 특정시간에 실행되는 program에 Locality(지역성)가 포함되는 페이지(page)들의 집합 |
| 특징 | · 매번 참조시마다 메모리에 적재되어 있을 수 있 |

4. Page Fault Frequency 개념및 특징설명

페이지부재
크기 ↑ ↗ 프레임 추가 할당

상한

적정범위

프레임 회수

하한 페이지 프레임 개수

개념	page fault > 상한 : 그 프로세스에게 Frame 추가 (할당)
	page fault < 하한 : 그 프로세스로부터 Frame 회수
특징	page fault 발생 시에만 Frame 수을 조정하므로 Working-Set Model에 대해 Over Head가 낮음

3. Working-Set Model 과 page-fault frequency 비교

구분	Working-Set	PFF
수정시점	매번 메모리 참조시 레이지 (눈점)	page fault 발생시에만 수정
Thrashing 조절여부	prepaging은 유용/조절은 난해	PFF 측정/조절하여 Thrashing 조절가능
P버해드	매우큼	작음
기준	지역성 (Locality) 참조	PFF 발생회수
구현중요도	복잡함	상대적 쉬움

"끝"

문 116) 메모리 관리기법중 지역성(Locality)을 개념적으로 정리하고 시간지역성(Temporal Locality)과 공간지역성(Spatial Locality)에 대하여 설명하시오.

답)

1. Locality의 정의와 원리

가. 메모리(Memory) Locality의 정의
- 프로그램이 기억장치내의 정보를 균일하게 Access하는 것이 아니라 한순간에 특정부분을 집중적으로 참조하는 특성

나. 메모리 Locality의 원리

- Cache Access Time의 최소화 + Cache Hit Rate의 최대화
- Cache Hit Ratio = (Hit 수) / 주기억장치 접근의 총수

2. Locality의 종류와 활용사례

가. 메모리 Locality의 종류

구분	설명	사례
시간지역성 (반복참조)	- 최근에 참조된 기억장소가 가까운 장래에 계속 참조될 가능성이 높음	- stack, 순환문 - Subprogram - LRU
공간지역성 (인근참조)	- 최근에 사용된 기억장소와 가까운 위치의 기억장소가 참조될 가능성 높음	- Array - pre-fetch - Sequential Read

- LRU(Least Recently Used) : 사용되지 않고 가장오래 있었던 블럭교체, 즉, 자주사용되지 않은 Block 교체

나. Locality의 활용사례

사례	구분	설명

		Cache	시간 지역성	LRU. 즉, 최근에 가장 적게 사용된 Block^{교체}
		Memory	공간 지역성	pre-fetch, 필요&예상 정보 미리 읽음
		Virtual	공간 지역성	Working Set을 이용, 페이지 교환 최소화
		Memory	시간/공간	NRU, FIFO, LRU 등 시간/공간 지역성
		CDN	공간 지역성	공간 지역성 활용, Contents 신속 전달

CDN : Contents Delivery Network

3. Locality 의 Source code 사례 & 설명

Source code	설 명
for(i=0; i<20; i++)	시간 지역성 (같은 장소)
{	- i 와 j 가 계속 반복적으로 사용
for(j=0; j<10; j++)	공간 지역성 (작은 장소)
a[i] = a[i]*j;	- a[i]가 참조된 후에 그 근처에 메모리
}	a[i+1]이 참조됨

‖ 끝‖

설명하세요.

문 //7) Thrashing의 발생원인, 발견 방법, 해결및 회피 방안에 대해

답) ☆(2)

1. CPU 이용률(Usage) 저하현상 스레싱(Thrashing)의 개요

　가. 스레싱(Thrashing)의 정의
　- Multi-programming 기능을 가진 가상기억 장치 System 에서
　CPU가 process 실행보다 page 교체에 더 많은 시간을
　소요하는 비정상적인 현상　☆

　나. Thrashing 발생시의 문제점
　✓ (시스템 성능저하)-빈번한 page 교체 작업으로 CPU 이용률 감소
　(시스템상태비정상)-비정상적인 성능을 보이거나 System 중단됨

2. Thrashing 발생원인과 발견 방법

　가. 스레싱(Thrashing) 발생 원인
Resource (리소스 부족)-낮은 CPU 사양 및 작은 메모리 크기
　✓ (부적절한 페이지 교체정책)-Locality 및 page 실패빈도 미고려
　(다중 programming 과도)-가상기억 장치새의 빈번한 페이지교체

　나. CPU 이용률과 다중 프로그래밍과의 관계

☆☆
(2)

CPU
이용률
(Usage)
→ Thrashing 발생

다중프로그래밍
→ 정도

다중 프로그래밍
정도에 따라
Thrashing
발생

PFF-page fault frequency

Thrashing 발생까지의 과정

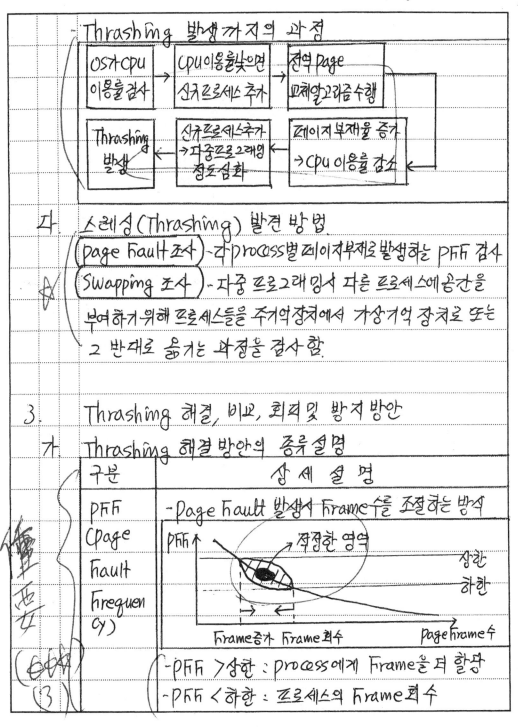

나. 스레싱(Thrashing) 발견 방법

(page fault 조사) - 각 process별 페이지 부재로 발생하는 PFF 검사

(Swapping 조사) - 다중 프로그래밍서 다른 프로세스에 공간을

부여하기 위해 프로세스들을 주기억장치에서 가상기억 장치로 또는

그 반대로 옮기는 과정을 검사함.

3. Thrashing 해결, 비교, 회피 및 방지 방안

가. Thrashing 해결 방안의 종류 설명

구분	상세 설명
PFF (page fault frequency)	- Page fault 발생시 frame수를 조절하는 방식
	-PFF > 상한 : process에게 frame을 더 할당
	-PFF < 하한 : 프로세스의 frame 회수

- Page Fault 발생시에만 Frame수 조정으로 Working Set에 비해 Overhead가 낮음

4. 스레싱 해결 방법인 Working Set과 PFF의 비교

구분	Working Set	PFF
페이지집합 수정방식	기억장치 참조시 마다 page집합 수정	page fault 발생시에만 page 집합 수정
Thrashing 조절	Preparing에는 유용하나 조절은 어려움	PFF 측정으로 Thrashing 현상 발생 조절 가능
오버헤드	오버헤드심함(빈번한페이지수정)	오버헤드낮음(page fault시만 수정)
유연성	전체 Page교체로유연성떨어짐	상황에 따른 적절한 페이지교체

4. Thrashing 회피및 방지방안

회피및 방지	상세 설명
Preparing (회피)	-페이지부재 방지위해 사전에 모든페이지 메모리에 적재 -크기높은page부재율줄임, (선페이징<페이지결함 발생)사용
페이지크기 조정 (회피)	-페이지 크기 조정→Thrashing조정, 페이지가 많을수록 pagetable크기증가, 마지막page내부단편화 증가
Inverted Page Table	페이지 table을 위한 메모리 공간 감소 기법.
프로그램 구조 개선(회피)	-프로그램 개발시 지역성고려, 자주사용루틴은 하나의 Page에 모함, stack구조는 paging에 효율성구조임
page 잠금 (회피)	-일부분의 page를 교체되지 못하도록 잠그는 기법. -각 page마다 잠금비트(Lock bit) 사용, 0에서교체발가.

		Window NT (방지)	-Page fault 근처의 여러 page들을 메모리에 적재함
			-각 프로세스마자 Working set의 최소값과 최대값 배정
			-Free page frame list 유지
		Unix (방지)	-Page fault 발생 시 free page의 list에서 페이지 할당
			-2가지 파라미저 유지 (min free와 lots free 유지)

5. Thrashing 방지및 해결에 대한 Conclusion

가 (원천적인 Thrashing 방지불가) -어느 process가 어느
page frame을 사용할 것인저는 정확히 예측하는 것은 불가능

나 (스레싱 발생빈도 감소 가능) -Working set이나 pff
기법을 사용해서 Thrashing 발생 빈도 감소 가능

"끝"

문 118)	프로세스 스레싱(Thrashing)의 발생원인과 예방책을 설명하시오.
답)	
1.	페이지교체시간 > 실행시간, 스레싱의 개요
가.	Page Fault가 연속 발생. 스레싱(Thrashing)의 정의
	페이지 폴트(page Fault)가 연속적으로 발생하여
	프로세스 수행시간보다 페이지 교환시간이 큰 상태
나.	Thrashing의 결과

개념도	설명
(멀티 프로그래밍 환경에서 자주 발생) 프로세서 이용율 이상적 ---- Thrashing 다중프로그래밍 정도	- Multi-processing 시스템에서 자주발생 - 시스템 성능저하, 페이지부재 늘아짐 - 메모리 접근시간 증가, 프로세스들은 페이지 교체 하느라 시간 소비하고 있음 - 스레싱(Thrashing) 줄이기위해서는 다중 프로그래밍 정도를 낮춰야 함. - 발생빈도 감소 위한 방안 모색 필요

	· 다중 프로그래밍(Multi-programming)의 정도가
	늘아짐에 따라 프로세서(processor) 이용율이 항상되지
	만 임계치 도달후 프로세서 이용율이 낮아짐
2.	Thrashing의 동작절차 & 발생원인
가.	Thrashing 발생원인 이해를 위한 page fault 동작 절차

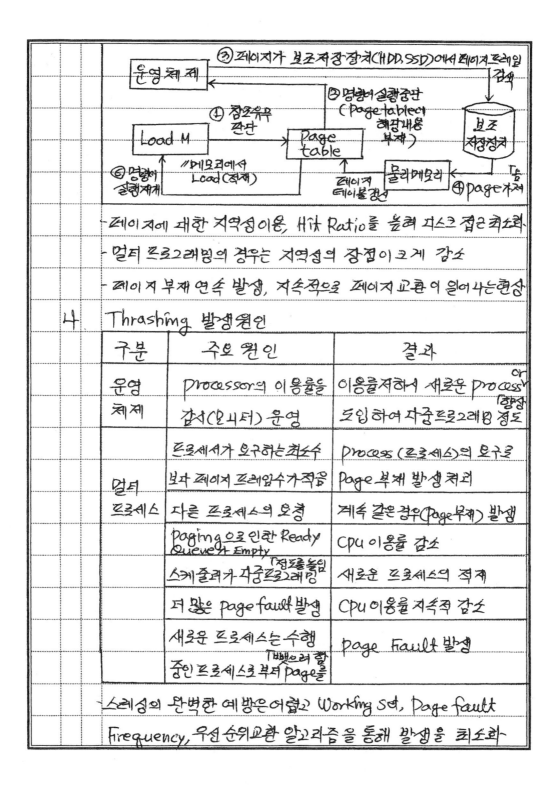

- 페이지에 대한 지역성이용, Hit Ratio를 높혀 디스크 접근 최소화
- 멀티 프로그래밍의 경우는 지역성의 장점이 크게 감소
- 페이지 부재 연속 발생, 지속적으로 페이지 교환이 일어나는 현상

4 Thrashing 발생원인

구분	주요 원인	결과
운영 체제	Processor의 이용률을 감소(모니터) 운영	이용률저하서 새로운 process or (향상) 도입하여 다중프로그래밍 정도
멀티 프로세스	프로세서가 요구하는 최소수 보다 페이지 프레임수가 작음	Process (프로세스)의 요구로 Page 부재 발생 처리
	다른 프로세스의 요청	계속 같은 경우(Page 부재) 발생
	Paging으로 인한 Ready Queue가 Empty	Cpu 이용률 감소
	스케줄러가 다중프로그래밍 (정도를높임)	새로운 프로세스의 적재
	더 많은 page fault 발생	Cpu 이용률 지속적 감소
	새로운 프로세스는 수행 중인 프로세스로 부터 page를 (빼으려 함)	Page Fault 발생

- 스레싱의 완벽한 예방은 어렵고 Working Set, Page fault Frequency, 우선 순위교환 알고리즘을 통해 발생을 최소화

시키는 것이 최선의 방법임.

3. 스레싱 예방을 위한 지역성 활용 Working Set Model

가. Working Set Model 매커니즘

| --- 2 6 1 5 7 7 5 1 6 2 3 1 2 4 4 3 4 3 | 페이지 참조
테이블

WS(t1)={1,5,7}   WS(t2)={3,4}

① 특정시간에 실행되는 프로그램에 Locality가 포함되는 페이지들의 집합을 Working set ② 작업설정의 정확성은 Working Set의 선택에 따라 좌우됨

- WS이 너무 작으면 전체 작업설정을 충족시키지 못함 (스레싱 유발가능)
- WS이 너무 크면 여러 전체 프로그램이됨 (다중프로그래밍 정도감소)
- process가 많이 참조하는 페이지 집합을 메모리공간에 계속

상주시켜 빈번한 페이지 재치(교환) 현상을 줄이는 방법

나. Working Set의 특징

구분	설명	특징
원리	지역성의 가정을 기반으로 동작	지역성기반 Working Set
동작특징	과도기, 안정기가 주기적으로 반복	프로세스 시작/이동에 변화
장점	Multi-programming 정도를 높임	Page Hit Rate 증가
	CPU 활용율을 최적화	임계치 극대화
단점	Working set 추적관리가 복잡	WS크기/구성의 변화성함
	WS윈도우사이즈 설정의 모호함	매개변수의 최적값을모름
	각프로세서 참조한 페이지 Queue유지필요	메모리 관리의 복잡

답.

스레싱 예방을 위한 직접적인 액세스 방법 Page fault 주기 (빈도)

가. Page Fault Frequency 매커니즘

페이지 부재율의 상한과 하한을 정해 직접적으로 페이지(page) 부재율을 예측하고 조절하는 방법

나. Page Fault Frequency 특징

구분	설 명	특 징
원리	스레싱은 페이지 부재에서 발생	페이지 부재비율 조절
동작	페이지 부재 비율이 높음	Frame 할당
특징	페이지 부재 비율이 낮음	Frame 회수
장점	페이지 부재가 발생할때 만 실행	Overhead 적음
	직접적으로 페이지 부재율 조절 가능	부재비율에 따라 프레임 (할당)
단점	프로세스를 중지시키는과정에 발생가능	부재율증가, 유효프레임 (감소)
	페이지 참조가 새로운 지역성으로 이동	작동어려움

Working Set에 비해 Overhead가 작고 직접적으로 page fault을 조절가능

"끝"

문119) 가상기억 장치 (Virtual Memory)에 대해 설명하시오

답)

1. 주기억 장치 용량 극복을 위한 가상기억 장치의 개요

　가. 가상기억 장치 (Virtual Memory)의 정의
　- 주기억 장치보다 큰 program 실행을 위해 보조기억장치 (CHDD, SSD)의 일부를 주기억장치처럼 사용하는 저장장치

　나. 가상기억 장치의 필요성

무제한공간	주기억장치의 Memory 크기 확대
다중프로그램	Multi-programming 가능
다수사용자	다수의 사용자가 주기억장치를 동적사용능
프로그램크기	program 크기도 주기억 장치 이상 가능

2. 가상기억 장치의 개념도와 관리 기법

　가. Virtual Memory의 개념도

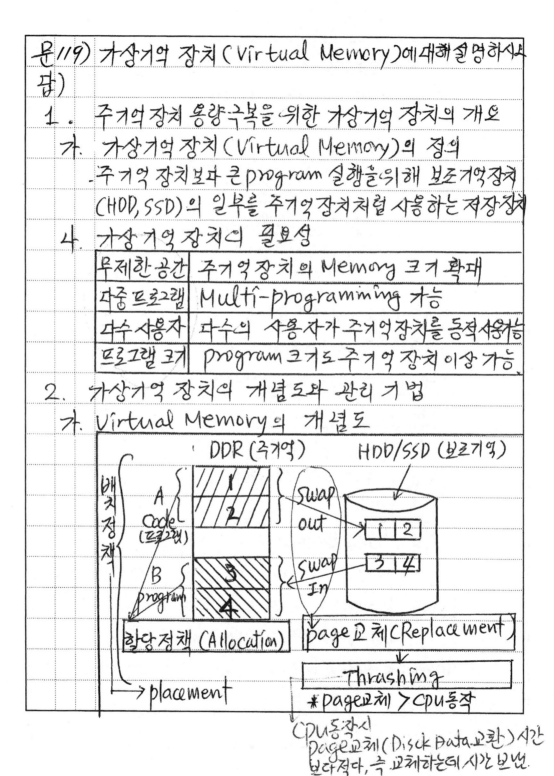

CPU동작시
page교체 (Disck Data교환)시간
보다적다, 즉 교체하는데 시간 보다.

4. 가상기억장치의 관리기법

구분	종류	상세 설명
할당 정책 (Allocation)	-고정할당기법 -가변할당기법	-각 process에게 할당된 memory 양 관리
반입 정책 (fetch policy)	-요구 호출 -예측 호출	program의 한 블럭을 주기억장치에 적재시킬 시점 결정
배치 정책 (placement)	-First Fit -Best Fit -Worst Fit -Next Fit	program의 한 블럭을 적재시킬 주기억장치의 위치 결정
교체 정책 (Replacement)	FIFO, LRU, LFU, Optimal Random, NUR	주기억장치에 적재할 공간이 없는 경우 교체할 블럭 선정

3. 가상기억장치의 페이지 배치 정책

종류	상세 설명
First Fit	-수용가능 공간중 가장 먼저 발견된 공간에 적재 -고속할당 : 유휴기억장치 List를 위치순유지
Best Fit	-수용가능 공간중 가장 작은 공간에 배치
Worst Fit	-수용가능 공간중 가장 큰 공간에 적재

"끝"

「설명하시오.

문 /20)	가상 메모리(Virtual Memory)의 사용 이유에 대해
답)	

1. 주기억 장치(→메모리)용량 극복을 위한 가상메모리의 개요

　가. 가상 메모리(Virtual Memory)의 정의

　- 주기억 장치보다 큰 program 실행을 위해 보조기억 장치
　(SSD, HDD)의 일부를 주기억 장치처럼 사용하는 메모리

　나. 가상 메모리(Virtual Memory)의 필요성

무제한공간	주기억 장치의 Memory 크기 확대
다중프로그램	Multi-programming 가능
다수 사용자	다수의 사용자가 주기억 장치를 동적으로 사용가능
프로그램 크기	program 크기도 주기억 장치 이상 가능

2. Virtual Memory의 구현과 관리 기법

　가. 가상 기억 장치구현과 Mapping에 따른 분류

구분	종류	설명
가상 기억 장치 구현 방법	Paging (고정블럭)	-사용자프로그램→일정크기블럭(paging)분할
		-Main Memory도 동일크기로분할: page frame
		-사용자프로그램주소와실제주소배핑: 주소사상
	Segmentation (가변블럭)	-사용자프로그램→다른크기(Segmentation)로분할
		-주기억장치는 Segment 적재시 동적분할
		-프로그램주소와실제주소상이: Segment Map table 사용
	page/	Segment 크기가 너무 커서 주기억

		/Segmentation	장치에 적재할수 없는 문제 해결
사상표 (Mapping Table) 색인에 따른 구현	직접사상		모든 Page는 사상 table에 존재, 고속 Cache 사용한 직접사상, 주소변환 Overhead
	연관 사상		Content Addressed 사상 table, 빠른 주소 변환, Page 번호@연관사상 table
	직접/연관 사상		지역성에 의해 최근 참조 page는 연관사상, 나머지는 페이지 사상 table 유지

4. Virtual Memory 전략에 따른 관리기법

구분	주요 관리 기법
반입정책 (Fetch Strategy)	-page, Segment의 주기억 장치 적재 시점 관리 -요구 반입 : 프로세스가 호출한 시점에 반입 -예상반입 : 요청될 page, Segment 미리 예측 수행
배치 정책 (placement Strategy)	-주기억 장치의 어느곳에 적재할지 결정. -First-Fit (처음 발견한 곳), Best-Fit (가장 작은곳), Wort-fit (가장큰 곳)로 구분
교체 정책 (Replacement Strategy)	page 부재 발생시 들어올 Page에 대한 공간을 만들기 위해 주기억 장치로 부터 제거할 page 선택 하는 기법

- 교체 기법에는 임의, FIFO, 최적, LRU 등이 있음.

3. Virtual memory 의 사용이유

가. 사용자 측면에서의 Virtual Memory 의 필요성

- 주기억 장치의 효율적 사용과 성능향상을 위해 가상메모리 사용

구분	주요 내용
물리적 제한성 극복	사용자가 주기억장치에 의해 불필요한 제한을 받지않게함
program 용량	사용자가 program 작성시 주기억 장치 용량보다 더 크게 작성 가능 하게 함.
동적 공유	다수의 사용자들이 주기억장치를 동적으로 공유하여 사용 가능하게 함.

4. Software 측면에서의 가상메모리 사용 이유

구분	주요 내용
Multi-programming	효과적인 다중 programming 이 가능, Multi-programming Degree의 상승효과
투명성 제공	Memory 사용등에 대한 System 투명성을 제공 하여 Software 이식성 향상
자원 이용 효율화	Virtual Memory 관리 기법등의 발달로 OS의 효율적인 자원 관리가 가능

4. Virtual memory 운영시의 고려 사항

가. 전역교체와 지역 교체 : Page 교체시 전체 process Frame 중에서 교체 할것인지 아니면 해당 프로세스에 할당된 Frame 만 교체할 것인지의 사전 사양화 할 필요가 있음

나. pre-paging : 최초 과도한 Page fault를 방지하기 위해 예상되는 모든 page는 사전에 한꺼번에 Load하는방법고려

다. Page 크기에 따른 고려 항목

구분	page 크기가 작을때	page 크기가 클때
장점	-보다 많은 page 존재, -Locality(지역성) 효과적반영	한꺼번에 많은 Data 전송으로 I/O 횟수 감소
단점	Page table 크기가 커져 참조 page fault 가능성높음	불필요한부분이 포함되어 Locality 측면에서 바람직하지않음

"끝"

문 /2)	Memory 할당기법인 Paging 기법에 대해 설명하시오
답)	
1.	Paging 기법의 개념과 특징
가.	Memory 할당기법, Paging 기법의 정의
-	가상기억장치내의 프로그램과 Data를 일정하고 고정되게 분할한 용량(pages)을 주기억장치에 사상(Mapping)시킴
나.	Paging 기법의 특징
	고정된 크기 - 같은 크기의 page로 분할(고정분할기법)
	주기억장치크기와동일 - Main 메모리와 동일한 크기, 사용 성능 우수, 작업의 기억 장치 요구량은 page크기의 정수배 임
	논리/물리 주소사용 - 프로그램의 실제주소와 주기억장치의 주소가 다름
2.	Paging기법의 원리 및 설명

Page table (Mapping table)

동작	설 명
①	CPU가 논리주소를 통해서 Page 주소를 검색
②	Page table을 참조하여 Frame 주소를 가져옴
③	Frame 주소와 변위를 통하여 실제 물리적 주소에 접근
④	실제 물리주소에서 Data Read

실제주소 = (frame 번호 * page크기 + 변위)

3. Paging 기법 사용시 이점 & Segmentation 기법과 혼용

- 외부단편화 문제 해결 : Segmentation 기법

- 실제 물리주소와 같은 단위로 Page를 사용하기 때문에

Memory 압축이 불필요함.

- 실제로 Memory 할당이 가변적인 Sementation 기법과

한 paging / segmentation 혼용기법을 이용함.

- Paging / segmentation 혼용기법 : 가상주소 (S, p, d) 생

(S : Segment 번호, p : page번호, d : 변위)

"끝"

문(22) 가상기억장치의 Paging과 Segmentation기법

답)

1. 주기억장치의 용량극복을 위한 가상기억장치의 개요

  가. 가상기억장치 (Virtual Memory)의 정의

  - 주기억장치보다 큰 program 실행을위해 보조기억장치 (HDD,SSD)의 일부를 주기억장치 처럼 사용

  나. 가상기억 장치의 필요성

  | - 다중 프로그래밍가능, Multi-programming Degree 상승효과
  - 다수 사용자가 주기억장치를 동적으로 공유 가능
  - 사용자가 program을 주기억장치 보다 크게 작성가능

2. 가상기억장치의 개념도및 관리기법

  가. 가상기억장치(Virtual Memory)의 개념도

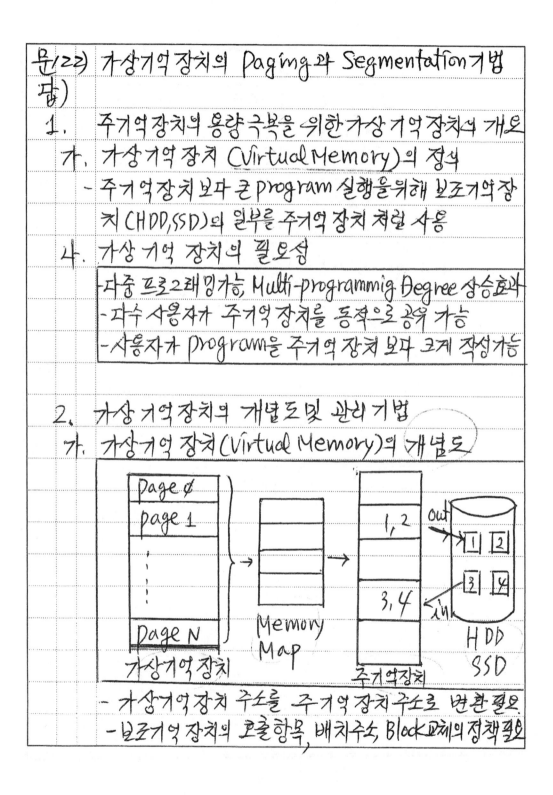

  - 가상기억장치 주소를 주기억장치 주소로 변환필요
  - 보조기억장치의 호출항목, 배치주소, Block교체의 정책필요

구분	종류	개념
반입정책 (fetch)	-요구호출 -예측호출	프로그램의 한블럭을 주기억장 치에 적재시킬시점 결정
배치정책 (placement)	First/Best fit worst fit	프로그램의 한블럭을 적재시 킬 주기억장치의 위치 결정
교체정책 (Replacement)	FIFO, LRU LFU, optimal	주기억 장치에 적재할공간이 없는경우 교체할 블럭선정

3. 가상기억 장치의 구성 방법 (Paging, Segmentation)

가. Paging 기법의 개념도 및 특징

개념도

가상기억장치   page table   주기억장치

특징설명
-주기억장치 주소는 고정된 크기의 Frame 단위로 분할
-가상기억 장치의 주소는 Frame와 같은 단위로 분할
-Page table은 가상기억장치 주소를 주기억장치주소
-외부단편화 해결 가능, 내부단편화 발생 가능
- Mapping 기법 : 직접사상, 연관사상 혼합사상

4. Segmentation 기법의 개념도와 특징

개념도

가상주소공간

		Limit	Base주소
Stack → Segment0	0	300	1400
심볼Table	1	200	2300
Segment1	2	100	2900
서브루틴 Segment2			

Segment Table

주기억 장치 (Stack / 심볼table / 서브루틴)

특징설명

- 가변분할 : 주기억장치에 Segment 적재시 마다 필요 크기로 분할
- 세그먼트 table은 Base주소와 Limit로 mapping
- 외부단편화 존재하나 내부 단편화는 없음
- 신중한 Access 제어 기능을 제공함   「동일
- Mapping : 직접사상, 연관사상 혼합사상 (paging과

4. Paging기법과 Segmentation 기법의 비교

항목	Paging 기법	Segmentation 기법
항목단위	고정	가변
적재권위	program 일부적재	program 전체적재
장점	-외부 단편화 없음 -교체시간이 짧음	-Code,Data,공유용이 -내부단편화 최소
단점	-Thrashing문제심각 -내부 단편화 -Code, Data 공유어려움	-외부단편화 심각 -주기억장치용량이커야함 -교체시간이 길어짐

4. Paging 기법과 Segmentation 기법의 문제, 해결책

문제점	Paging	메모리 관리 측면에서 유리, 운영 체제 입장에서는 각 Page 마다 접근권한 설정
	세그먼테이션	관리 단위가 사용자 파일 단위라서 관리 유리, 단편화 발생이 심각함
해결방안	page 화된 Segmentation 기법 활용 : file 관리는 Segmentation 단위로 하고 program의 조각은 page 단위로 관리	

"끝"

문/23) 운영체제에서 페이지 교체 알고리즘을 사용한다.

　가. 페이지 교체 알고리즘을 사용하는 이유에 대하여 설명하시오.

　나. 페이지 교체 알고리즘의 종류를 나열 하고, 각 종류별
　　 동작과정에 대하여 설명하시오

답)

1. 보조기억 장치(HDD, SDD등) → 주기억 장치로 교체과정,
　 페이지 교체 알고리즘 (Algorithm)의 개요

　가. | 페이지교체 알고리즘의 정의 |

　페이징 (paging) 기법으로 메모리를 관리하는 운영체제 에서
　페이지 부재 (page fault)가 발생하여 새로운 페이지를
　할당하기 위해 현재 할당된 페이지중 어느것과 교체
　할지를 결정하는 Algorithm 방법

　나. 페이지 교체 알고리즘의 개념

?: 어느 페이지를 교체할지

	CPU요청	1	2	3	1	2	3	4
주기억		1	1	1	1	1	1	1	?
장치			2	2	2	2	2	2	?
(RAM)				3	3	3	3	3	?
page fault		Y	Y	Y				Y

- Page fault 가 발생하였을때 필요한 페이지를 주기억장치에
적재 해야 하는데, 이때 주기억 장치의 모든 페이지프레임이 사용
중이면 어떤 Page프레임을 선택 하여 교체할것 인지 결정하는기법

2. Page 교체 알고리즘을 사용하는 이유와 종류

가. 페이지 (page) 교체 알고리즘을 사용하는 이유

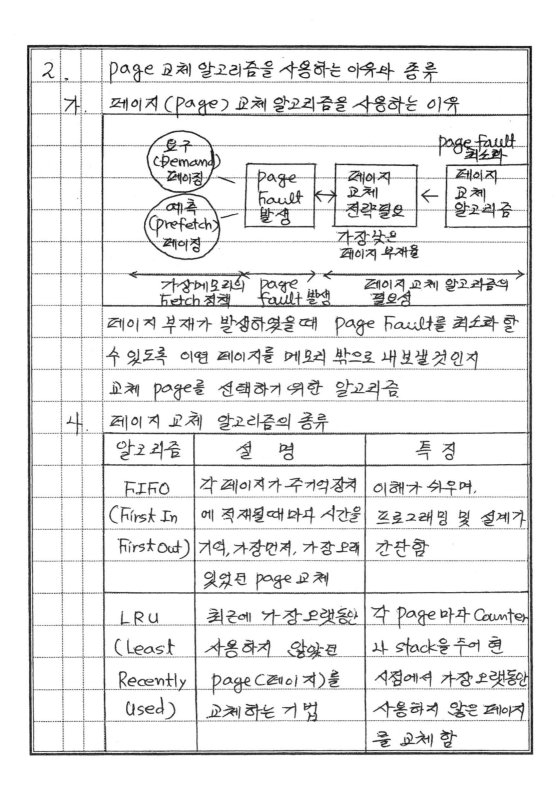

페이지 부재가 발생하였을때 Page Fault를 최소화 할

수 있도록 어떤 페이지를 메모리 밖으로 내보낼것인지

교체 page를 선택하기 위한 알고리즘

나. 페이지 교체 알고리즘의 종류

알고리즘	설 명	특 징
FIFO (First In First Out)	각 페이지가 주기억장치에 적재될때마다 시간을 기억, 가장먼저, 가장오래 잊었던 page 교체	이해가 쉬우며, 프로그래밍 및 설계가 간단함
LRU (Least Recently Used)	최근에 가장 오랫동안 사용하지 않았던 page (페이지)를 교체하는 기법	각 Page 마다 Counter 나 stack을 두어 현 시점에서 가장 오랫동안 사용하지 않은 페이지를 교체 할

LFU (Least Frequently Used)	사용빈도가 가장 작은 페이지를 교체하는 기법	사용여부를 확인하기 위하여 각 페이지마다 참조비트와 변형비트가 사용됨
OPT (OPTimal replacement)	앞으로 가장 오랫동안 사용하지 않을 페이지를 교체하는 기법	각 페이지의 호출순서와 참조 상황을 미리 예측해야 하므로 실현가능성 희박 함

이외에도 최근에 사용한 적이 없는 페이지를 교체하는 NUR(Not Used Recently)과 FIFO 알고리즘을 변형한 SCR(Second Change Replacement) 알고리즘 등도 존재함.

3. 페이지 교체 알고리즘의 동작과정

가. FIFO와 LRU 알고리즘의 동작과정

알고리즘	동작 과정								
	참조페이지	2	3	2	1	5	2	3	5
FIFO	페이지 프레임	2	2	2	2	5	5	5	5
			3	3	3	3	2	2	2
					1	1	1	3	3
	페이지 부재	Y	Y		Y	Y	Y	Y	Y

각 페이지가 주기억 장치에 적재될 때마다 그 때의 시간을 기억시켜 가장 먼저 들어와서 가장 오래 잊었던 페이지 교체 (Page Fault 수 = 6회 발생)

알고리즘	동작 과정								
	참조페이지	2	3	2	1	5	2	3	5
LRU	페이지 프레임	2	2	2	2	2	2	2	2
			3	3	3	5	5	5	5
					1	1	1	3	3
	페이지부재	Y	Y		Y	Y		Y	

최근에 가장 오랫동안 사용하지 않은 페이지를 교체하는 기법으로 시간적인 OverHead가 발생함 (Page fault : 5회 발생)

4. LFU와 OPT(OPTimal Replacement) 알고리즘의 동작과정

알고리즘	동작 과정								설명
	참조페이지	2	3	1	3	1	2	4	5	사용 빈도가
LFU	페이지 프레임	2	2	2	2	2	2	2	2	가장 작은 페
			3	3	3	3	3	3	3	이지를 교체하는
				1	1	1	1	1	1	기법.
								4	5	(Page fault
	페이지 부재	Y	Y	Y				Y	Y	수는 5회 발생)
	참조페이지	2	3	2	1	5	2	3	5	페이지부재
OPT	페이지 프레임	2	2	2	2	2	2	2	2	횟수가 가장
			3	3	3	3	3	3	3	작게 발생하는
					1	5	5	5	5	가장 효율적인
	페이지 부재	Y	Y		Y	Y				알고리즘 (page fault 수 : 4회)

OPT 알고리즘이 페이지 부재횟수가 가장 적게 발생(4회)하였지만 현실에서는 앞으로 사용되지 않을 페이지에 대해 알수 없으므로 실제로는 사용할수 없는 비현실적인 방법임. (page교체가 과도하게 발생될 경우 Thrashing이 발생할수 있어서 이에 관한 관리가 필요함)

4. 과도한 Page fault로 인한 Thrashing 발생과 해결방안

Thrashing	해결방법
CPU(프로세서) 이용률 / Thrashing / 급격히 감소 / 증가 / 다중프로그래밍 정도 페이지 교체의 빈도가 증가로 인한 I/O 처리로 인해 CPU의 대기시간이 증가하는 현상 발생	① Working set Model : 최근 참조한 페이지를 관찰하고 작업집합으로 관리함 ② PFF: Page Fault Frequency 페이지부재 빈도를 관찰하고 관리. 페이지 부재 비율 / 상한값 / 적정 Page수 / 하한값 / 적정 범위 / 프레임 개수

" 끝 "

문/24) FIFO 방식의 페이지^{교체}알고리즘과 SCR (Second

change Replacement) 알고리즘을 사용하여

입력 page값이 2, 3, 2, 1, 5, 2, 4, 5, 3, 2, 5,

2 순 일때 page fault 개수를 구하시오.

(프레임,개수는 3으로 가정한다)
　　　(Frame)

답)　이때

1.　FIFO 방식의 페이지 교체 알고리즘과 SCR 알고리즘의 개요

　가.　FIFO 페이지교체 알고리즘의 정의

　- 가장먼저 들어온 page를 가장먼저 교체시키는 방법

　즉, 주기억 장치내에 가장오래 있었던 page를 교체

　나.　SCR 알고리즘의 정의

　- FIFO 페이지 교체 알고리즘 사용시 벨라디 변이를

　해결하기 위해 참조 Bit가 1인경우 그 페이지에게

　2차 기회를 주는 페이지 알고리즘

2.　주어진 조건에서 FIFO 방식 적용시 page fault 개수

순서	1	2	3	4	5	6	7	8	9	10	11	12
입력 프레임	2	3	2	1	5	2	4	5	3	2	5	2
프레임 0	2	2	2	2	5	5	5	5	3	3	3	3
" 1		3	3	3	3	2	2	2	2	2	5	5
" 2				1	1	1	4	4	4	4	4	2
page 부재 개수	Y	Y		Y	Y	Y	Y		Y		Y	Y

- page fault 수는 9번 발생

3. 주어진 조건에서 SCR 방식 적용시 Page Fault 개수

순서	1	2	3	4	5	6	7	8	9	10	11	12
구분＼입력	2	3	2	1	5	2	4	5	3	2	5	2
프레임0	2	2	(1)2	(1)2	2	(1)2	2	2	3	3	3	3
" 1		3	3	3	5	5	5	(1)5	(1)5	5	(1)5	(1)5
" 2				1	1	1	4	4	4	2	2	(1)2
page 부재 개수	Y	Y			Y		Y			Y	Y	

-page fault 개수는 6회

( )참조 Bit
Y = page fault

4. 주어진 조건에서 FIFO 방식과 SCR방식비교

구분	Page Fault수 (발생회수)
FIFO	9번
SCR	6번

결론 : FIFO 방식 대비 SCR 방식이유리

-SCR 방식에서 벨라퀴 변이도 해결됨

"끝"

문125)	벨라디변이(Belady's Anomaly)와 SCR (Second Chance Replacement) 알고리즘
	다음 입력되는 page순서로 FIFO 방식의 페이지(Page) 교체 알고리즘 사용시 프레임(Frame)이 3일때와 프레임이 4일때 페이지부재(Page Fault) 회수를 구하시오. 또한 SCR 알고리즘 적용시 페이지 부재 회수도 구하시오
	\<아래 : Page 입력순서\> A, B, C, D, A, B, E, A, B, C, D, E순
답)	
1.	FIFO 페이지 교체알고리즘과 벨라디변이의 개요
가.	FIFO(First In First Out) 알고리즘의 정의
	- 가장 먼저 들어온 page를 먼저 교체시키는 방법
	즉, 주기억 장치 내에 가장오래 있었던 page을 교체
	- 벨라디의 모순(Belady's Anomaly) 현상 발생
나.	Belady's Anomaly 의 정의
	- FIFO 페이지 교체 알고리즘에서 Frame이 많으면 페이지부재(Page Fault) 횟수가 줄어드는 현상에 반대되는 현상. 즉, Frame이 3개 일때 보자 Frame이 4 일때 페이지 부재가 더 많이 발생하는 현상
2.	주어진 Page 입력 순서에서 Frame이 3일때와

4일때의 동작에 따른 Page Fault 개수

가. Frame이 3일때 Page Fault 개수

구분＼순서	1	2	3	4	5	6	7	8	9	10	11	12
입력	A	B	C	D	A	B	E	A	B	C	D	E
프레임 0	A	A	A	D	D	D	E	E	E	E	E	E
〃 1		B	B	B	A	A	A	A	A	C	C	C
〃 2			C	C	C	B	B	B	B	B	D	D
page 부재여부	Y	Y	Y	Y	Y	Y	Y			Y	Y	

- Page Fault 개수는 9회임   Y = Page 부재

나. Frame이 4일때 Page Fault 개수

구분＼순서	1	2	3	4	5	6	7	8	9	10	11	12
입력	A	B	C	D	A	B	E	A	B	C	D	E
프레임 0	A	A	A	A	A	A	E	E	E	E	D	D
〃 1		B	B	B	B	B	B	A	A	A	A	E
〃 2			C	C	C	C	C	C	B	B	B	B
〃 3				D	D	D	D	D	D	C	C	C
page 부재여부	Y	Y	Y	Y			Y	Y	Y	Y	Y	Y

- Page Fault 개수는 10회임   Y = page 부재

다. 벨라지 변이 현상 증명

- Frame 4일때가 Frame 3일때 보다 Page Fault 가 더 많이 발생됨 (FIFO 페이지 교체 알고리즘 에서 벨라지 모순 현상이 발생됨)

3.　SCR 알고리즘의 정의와 SCR 적용시 Page Fault 개수

　가.　SCR(Second chance Replacement)의 정의

　- FIFO page 알고리즘 적용시 벨라디 변이를 해결하기 위해 참조 비트 (Reference Bit)가 1인 경우 그 페이지에게 2차 기획을 주는 페이지 알고리즘

　나.　주어진 Page 입력순서에서 Frame이 4일때 SCR 알고리즘 적용에 따른 page Fault 개수

순서	1	2	3	4	5	6	7	8	9	10	11	12
구분　입력	A	B	C	D	A	B	E	A	B	C	D	E
프레임 0	A	A	A	A	(1)A	(1)A	A	(1)A	(1)A	A	D	D
〃 1		B	B	B	B	(1)B	(1)B	B	(1)B	(1)B	B	B
〃 2			C	C	C	C	E	E	E	E	E	(1)E
〃 3				D	D	D	D	D	D	C	C	C
page 부재여부	Y	Y	Y	Y			Y				Y	Y

　- page Fault 개수는 7개 임

　　( )는 참조 Bit
　　Y=Page 부재

　다.　SCR 알고리즘 적용시 결과(주어진 입력시)

　- FIFO 교체 알고리즘 재비 page Fault 수가 줄어줌 (10회 → 7회 : 30% 감소)　　　　"끝"

문126) SCR (Second Chance Replacement)

답)

1. 페이지 교체 알고리즘 SCR의 개요

　가. FIFO 알고리즘을 보완한 SCR의 정의

　　- FIFO 페이지교체 알고리즘 적용시 벨라디 변이를 해결하기 위해 참조비트(Reference Bit)가 1인 경우 그 페이지에게 2차 기회를 주는 페이지 교체 알고리즘

　나. Second chance Replacement의 특징

FIFO 알고리즘 개선	참조비트 추가를 통해 지역성 확장
참조비트 적용	최근 접근했던 페이지는 페이지교체를 하지않음
H/W수준의 구현	참조비트의 빠른 연산을 위해 Hardware수준구현

2. Second chance의 동작원리및 수행절차

　가. Second chance의 동작원리

페이지의 환형큐
(Circular Queue)

- 최근 한번이라도 참조한 적이 있는 페이지는 Swap-out 대상에서 제외 (2차 기회 제공)

4. Second chance의 수행절차

흐름도	세부설명
Start ① 해당 page Hit면 Ref.Bit=1 //Hit의 의미는 해당page 가참조됨 해당 page가 참조되었는가 ② Yes → FIFO 순 No → Swap-out ③ Ref.bit=1? Ref.bit = ∅ End	① 프로세스가 수행되면서 참조한 각 페이지에 관계된 참조비트는 1로설정 ② 메모리관리자는 참조비트가 ∅인 것을 조사하여 차례로 swap-out하고 교체 ③ 메모리관리자는 참조비트를 조사할때 1인 참조비트가 있다면 ∅으로 변경

"끝"

문127)	메모리 누수 (Memory Leak)
답)	
1.	System 가용메모리 감소원인. Memory Leak의 정의
	Memory Leak 정의: 프로그램에서 사용완료후에 필요하지 않은 메모리를 반환하지 못하고, 지속적으로 점유하고 있는 현상
2.	Memory Leak 발생 원인과 누수현상, 분석기법
가.	메모리누수의 발생원인과 현상
	메모리누수발생원인
	설명: Heap 메모리를 가리키는 포인터의 손실로 누수발생
	메모리누수발생현상
	설명: 사용후 반환되지 못한 메모리가 불필요하게 점유하고 있음
	- 메모리 누수 발생 전/후의 동작 차이가 크지않지만
	메모리 누수 탐지 기법을 통한 지속적인 점검이 필요
나.	메모리 누수의 분석기법 상세 설명
	- 메모리 누수는 분석이 어렵고 지속 발생시는 System 장애

를 유발할수있기때문에 사전 검출이 필요함

구분	분석기법	상세 설명
코드 분석	Coverage	수행되지않는코드를 식별, 메모리누수위치파악
	Review	스크럼 단위의 코드리뷰 통한 누수위치 점검
런타임 분석	Heap dump	메모리 Dump 통한 사용량 기록, 누수 지점분석
	로그 기반	Garbage Collection 로그분석을통해 누수지점분석
	프로파일링	malloc등을 인더섭드하여 할당/해제로 비교분석

3. 메모리 누수의 사전 방지를 위한 대응 방안

선규 코드 → 코드 리뷰 → 정적 분석 → 메모리 프로파일링 → 코드 병합

코드 수정

- Coverage 기반 정적분석과 메모리 profiling 을 통한
자동화로 사전 검출될 수 있도록 process 化(화)가 필요

"끝"

문128)	메모리 인터리빙 (Memory Interleaving)의 개념과 활용방식에 대하여 설명하시오.	

답)
「개념도」

1. 메모리 인터리빙 (Memory Interleaving)의 정의 및

가. 동시 동작에 따른 속도 향상, 메모리 인터리빙의 정의

메모리 (Memory)의 접근 시간을 최소화하기위해 메모리를 복수개의 모듈로 나누고 각 모듈(Module)에 연속적인 주소를 부여하여 동시에 접근이 가능하게 하는 기법

나. 메모리 인터리빙의 개념도

예시 : 4개 Bank로 구성

- CPU가 Bank#∅에 Address#∅를 보냄, CPU가 어드레스 #1을 Bank#1에 보내고 Data#∅을 Bank#∅에서 수신하는 동작을 반복하여 한개의 Bank가 Refresh하고 있는 동안 다른 Bank를 Access하여 병렬로 수행

- 메모리 인터리빙의 활용방식은 데이터들을 기억장치에 분산 저장하는 방식에 따라 상위, 하위, 혼합(Hybrid) 인터리빙 방식으로 구분될 수 있음.

2. Memory 인터리빙의 활용 방식 설명

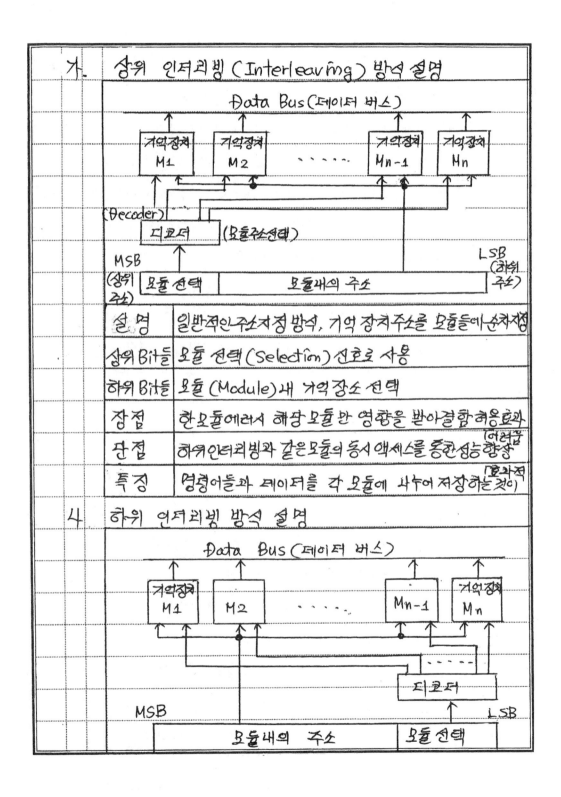

가. 상위 인터리빙 (Interleaving) 방식 설명

Data Bus (데이터 버스)

기억장치 M1   기억장치 M2   ⋯⋯   기억장치 Mn-1   기억장치 Mn

(Decoder)
디코더   (모듈주소선택)

MSB   LSB
(상위 주소) 모듈 선택   모듈내의 주소   (하위 주소)

설 명	일반적인 주소지정 방식, 기억장치주소를 모듈들에 순차지정
상위 Bit들	모듈 선택 (Selection) 신호로 사용
하위 Bit들	모듈 (Module)내 기억장소 선택
장점	한 모듈에러서 해당 모듈만 영향을 받아결함 허용효과
단점	하위인터리빙과 같은 모듈의 동시 액세스를 종관 성능 향상 (여러곳)
특징	명령어들과 데이터를 각 모듈에 나누어 저장하는것이 (효과적)

4. 하위 인터리빙 방식 설명

Data Bus (데이터 버스)

기억장치 M1   M2   ⋯⋯   Mn-1   기억장치 Mn

디코더

MSB   LSB
모듈내의 주소   모듈 선택

		설명	기억장치 주소가 모듈 단위로 인터리빙됨
		상위 Bits	모듈(Module)내 기억장소 선택
		하위 Bits	모듈 선택(Selection) 신호로 사용
		장점	연속된 주소가 연속된 모듈로 다수의 모듈 동시 동작(Access 향상)
		단점	-1개의 새로운 모듈 추가시 Hardware 구조 변경불가 -한 모듈의 오류가 메모리 전체에 영향을 줌 (결함허용)

다. 혼합(Hybrid) 인터리빙 방식 설명

Data Bus (데이터 버스)

		설명	기억장치 모듈을 Bank로 그룹화
		상위 Bits	기억장치의 Bank 선택
		하위 Bits	모듈 선택(Selection) 신호로 사용
		중간 Bits	모듈내 기억장소 선택
		장점 (상위, 하위 단점 보완)	하위 인터리빙 방식의 결함허용문제와 상위 인터리빙 단점인 동시 Access 어려움을 극복하기 위해 전체 모듈들을 몇개의 Group으로 나눔

3.	메모리 인터리빙의 Access 활용방식	
	Access 방식	설 명
	C-Access 방식	- C-Access (Concurrent -Access) - 주소들이 프로세서-기억장치간 버스를 통해 순차적으로 기억장치 모듈에 접근됨 (주소들이 순차적 접근)
	S-Access 방식	- S-Access (Simultaneous -Access) - 모든 기억 장치 모듈들에서 읽기동작들이 동시에 시작되도록 하고 읽혀진 Data들은 순차적으로 전송 (동시 읽기 동작후 순차적으로 Data 전송) - DDR DRAM에 적용됨 - 연속적인 입력 데이터 흐름이 필요한 파이프라인 컴퓨터에서 많이 사용

"끝"

문129)	Caching, Buffering, Spooling
답)	

1. CPU와 주변장치간의 속도차 해결, 캐싱/버퍼링/스풀링의 개요

- Caching, Buffering, Spooling의 정의

캐싱	CPU와 주기억장치의 속도차를 극복하기위하여 CPU와 주기억 장치 사이에 위치한 소형고속 Memory (SRAM)의 동작
버퍼링	데이터를 한곳에서 다른 한곳으로 전송하는 동안 일시적으로 그 데이터를 채우는 동작 (예: CPU ← (HDD) ← 버퍼링 ← (Disk))
스풀링	CPU와 입출력 장치(I/O)간의 처리속도 차이 해소를 위하여 디스크(Disk) 일부를 Spool공간으로 활용하는 방법

2. 캐싱/버퍼링/스풀링 동작원리

구분	동작원리	특징
캐싱	CPU (Core1 L1캐시 / Core2 L1캐시) / L2 Cache / L3 캐시 (캐싱) / 주기억 장치	- Locality 활용 - CPU와 주기억 장치사이 - 상호작용 (Read/Write)
버퍼링	CPU(주기억 장치) ← 속도 M → HDD DRAM(버퍼링) ← 속도 N → Disk	- 속도 M > N 일때 Buffering 필요 - H/W적 구현 - CPU와 I/O 채널 간의 상호작용
스풀링	디스크 (spool위치) / 입력장치 → 중앙처리장치 → 프린터	- CPU와 I/O장치의 상호작용 - S/W적 구현 - Disk에 Spool위치 - Output only

3. 캐싱/버퍼링/스풀링 특징 비교

구분	캐싱	버퍼링	스풀링
구현	H/W	H/W	S/W
상호작용	CPU↔주기억장치	CPU↔I/O	CPU↔I/O
사용자	다중사용자	단일사용자	다중사용자
관리자	기억장치관리자	Process	스풀러
구현위치	CPU/Core/PCB	I/O 제어기관	디스크
자료구조	List	Stack & Queue	Queue
작업 단위	다중작업	하나의 작업에 대한 입출력과 연산	여러작업에 대한 입출력과 연산 중복 가능
성능지표	Cache 적중률	평균 버퍼사용률	I/O 대기시간
구현원리	지역성	생산자/소비자	체인
공통점	CPU와 주변장치간 속도 차이 해소 목적으로 사용		

- Buffering시는 Wrap Buffering 수행.　　　"끝"

문130)	Buffer, Buffering 과 Cache 와 Caching 의 개념, 활용예, 활용시의 주의 사항에 대해 논하시오
답)	1.의 개요
1.	입출력 장치와 processor 간의 성능차이 극복을 위한 버퍼링, 캐싱
가.	Buffer와 Buffering 의 정의

버퍼 (Buffer)	입출력 장치와 응용프로그램 사이에 데이터가 전송 되는 동안 그 데이터를 임시로 저장하는 메모리영역
버퍼링 (Buffering)	버퍼를 통해 고속과 저속인 처 디바이스 장치간의 완충 역할, 어느한쪽 동작 지연없이 시스템 효율성 향상기술

나.	Cache 와 Caching 의 정의

캐쉬(Cache)	버퍼(buffer)와 동일한 메모리, pre-fetch용
캐싱 (Caching)	Buffer의 일부분을 Cache 영역으로 사용하여 느린 저장매체로부터 읽기, 쓰기연산 처리, 성능향상

다.	Buffer와 Cache, Buffering, Caching Scope

DRAM
메모리
Buffer
<Cache>
Buffer내의
특정영역선정

→ Buffer는 완충역할
Cache영역은 Cache
hit/Miss 용으로 pre-fetch.

2.	Buffer와 Cache 의 도식화 (버퍼링, 캐싱연산위해)
	아래 Embedded System의 경우는 Buffer를 활용 하여 Main Memory와 일정속도로 전송하기위해 사용

가. Buffer Memory의 도식화 (Embedded System)

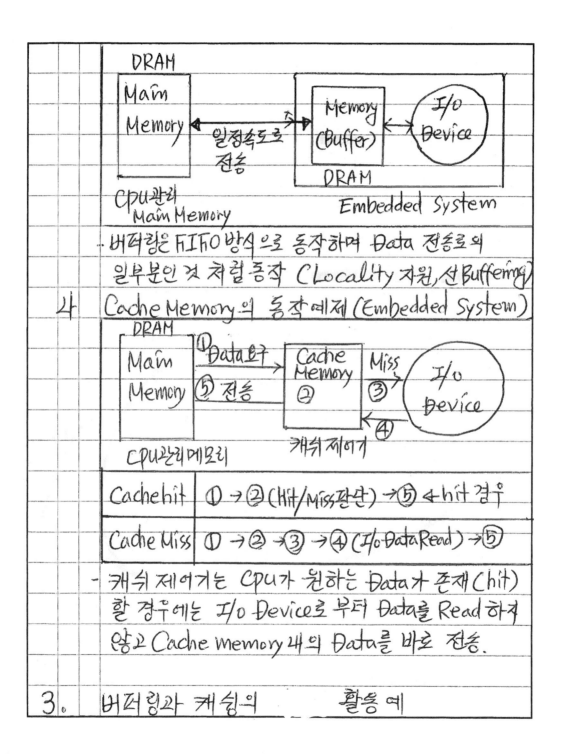

DRAM

Main Memory

일정속도로 전송

Memory (Buffer)

I/O Device

DRAM

CPU관리 Main Memory

Embedded System

- 버퍼링은 FIFO 방식으로 동작하며 Data 전송로의 일부분인 것 처럼동작 (Locality 자원, 선 Buffering)

4 Cache Memory의 동작예제 (Embedded System)

DRAM

Main Memory

① Data와 ⑤ 전송

Cache Memory ②

Miss ③

I/O Device

④

CPU관리메모리

캐쉬 제어기

Cache hit	① → ② (Hit/Miss판단) → ⑤ ← hit 경우
Cache Miss	① → ② → ③ → ④ (I/O Data Read) → ⑤

- 캐쉬 제어기는 CPU가 원하는 Data가 존재(hit) 할 경우에는 I/O Device로 부터 Data를 Read 하지 않고 Cache memory 내의 Data를 바로 전송.

3. 버퍼링과 캐싱의   활용 예

가.	Buffering 의 활용예	
	활용예	설 명
	Data 생산과 소비 속도가 다른 경우	모뎀은 Disk 속도보다 1000배 느림 모뎀은 수신되는 Byte를 임시로 저장한후 버퍼가 차면 한꺼번에 디스크에 기록
	장치 간의 Data 전송 크기차이극복	 - Data 전송 bit 차이 극복
	Embedded 시스템속도 차이극복	CPU 처리 시간보다 I/O 처리가 상대적 으로 느림, 즉, Buffer는 재생, 기록을 Monitoring 하면서 재생, 기록동작수행
	응용프로그램의 입출력복제 시맨틱(Semantics)	- Disk 에 저장되지 않고 버퍼에만 저장 시, 응용프로그램이 버퍼내용변경 할경우 Data 일관성 문제 발생 가능함
나.	Caching 의 활용예	
	활용예	세부 설명
	버퍼의 성능 향상 (Caching)	디스크 입/출력 스케줄링, 복제 시맨틱 등을 해결하기위해 사용되는 메모리 버퍼의 경우 Read/write가 빈번하고 프로세스들간에 공유가 많은 경우 Caching을 통해 성능향상
	디스크 입출력 성능향상	디스크 Write의 경우 수초 동안의 Write Data를 버퍼에 모아 놓았다가 한꺼번에

			디스크 입출력 성능향상	Disk로 기록함으로써 입출력 효율 향상가능 - 최근 Read한 디스크의 내용을 캐싱하여 디스크 I/O최소화 하여 입출력 성능 향상
			고속의 CPU 와 주기억장	-고속의 CPU 레지스터 와 상대적으로 느린 주기억 장치 (DRAM)간의 Read/write
			치간속도차이해결	I/O동작을 최소화 하기위해 캐쉬를 사용

4. 버터링과 캐싱 사용시 주의 할점

주의 사항	주요 내용
복제 시멘틱 문제)	응용프로그램이 시스템 호출 시점에서의 버퍼내용 만이 기록되는 것을 보장해야함.(버퍼링 일관성유지)
Cache 일관성	멀티 프로세서, 공유 메모리 구조에서 동일 Data에 대한 각 프로세서의 Cache 일치하지 않는 비일관성문제해결
중복 캐싱 제 한	버퍼 캐쉬와 Disk 캐쉬 동시 사용에 따른 속도차 및 성능저하. SLRU(Segment)를 통한 중복제거
Spooling 고려	멀티미디어등 커용량 데이터에 대한 현격한 속도차에서는 메모리기반 버퍼링보다 Disk기반 Spooling 고려 (속도 차로 인한 성능고려)
Buffering 방식	I/O특성에 따른 Buffering 방식 고려 (단일버퍼링, 이중버퍼링, 환형버퍼링)
Caching방식	full Cache hit가아닌 부분 Cache hit도고려

"끝"

문 131)	임베디드 시스템 - 메모리 최적화 방안 - H/W, S/W 측면		
답)			
1.	Embedded System의 효율적인 Memory 관리 방안		
가.	Embedded System의 정의 : 특정 (Specific) 목적을 위해		
	설계된 System으로 H/W, S/W를 같이 내장한 소형 System		
나.	임베디드 System의 특징		
	고신뢰성	Hard/soft real time 처리, 정확한 시간내 결과도출	
	소형화	SoC, MEMS, SIP(System in package), VLSI, VHDL 기술	
	저전력	S/W 차원의 ACPI, DVFS, Deepsleep, Tickless-커널	
	저가격	대량생산을 위한 가격 경쟁력 향상, 단가 최소화	
다.	Embedded System의 Memory 역할		
	Code실행	Flash(NAND) Memory의 Code를 Load하여 실행	
	고속처리	Buffering & Data 전송의 고속 처리	
	예측가능성	Cache Hit를 향상, 실제주소번지 사용 (Direct Addressing)	
2.	메모리를 포함한 임베디드 System의 구성도, 주요기술 & 목적		
가.	Embedded System의 구성도		

-CPU와 캐시, MMU, TLB, DRAM, FLASH, Memory로 구성

4.	Embedded System에 사용될 메모리의 종류및 목적, 특징	
	메모리 종류	사용목적 & 특징
	레지스터 (Register)	Access 속도가 가장 빠른 기억장처, F/F (Flip Flop), 고속의 반도체 메모리
	CACHE (SRAM)	SRAM으로 구성, Core (CPU)와 DRAM의 속도 차이 극복, Cache Miss/hit, Hit Ratio확보

TLB (Translation Look aside Buffer)

구조및 동작 설명

- V: Valid Bit
- Dirty: Write Back
- Tag: Cache Hit 여부

종류

Banked-TLB	작은크기(4K, 8K)로 물리적 Page#부여 사용
Promotion-TLB	큰크기 (16K, 32K)로 물리적 Page#부여 사용

- 고속의 연산 메모리(CAM)로 가상(Virtual)
  주소를 실제주소로 변환. - 가장 최근에 사용된
  페이지 Table 항목유지, Cache Hit률 향상

DRAM 메모리 (DDR4/5-)	- 프로그램 & Data 저장공간, Refresh 필요 - Refresh : 주기적으로 재충전필요 - DDR 4/5 : Double Data Rate 적용
Flash	

			(NOR/ NAND)	- 기존 EEPROM의 프로그램 & Data 저장 역할 - NAND/NOR : 코드 메모리 NOR의 용량문제로 NAND Flash 사용. - Wearleveling : 셀 마모 특성에 따른 마모 평준화 기술 적용
3	.		Embedded System에서의 메모리 최적화 방안	
	가		H/W측면에서의 메모리 최적화 방안	
			최적화 방안	최적화 방안에 대한 세부 Action Item 작성
			H/W Prefetching	Hardware 선인출(prefetching) 모듈사용. 지역성에 의거 사용할 내용을 캐쉬에서 인출
			Cache 영역분리	캐쉬영역을 Instruction Cache와 Data 캐쉬 영역으로 분리하여 Access시 병목 현상 제거
			IOP사용 (I/O processor)	구성도 사용 : 버스중재, 다양한 I/O Device 지원, Local버스로
			SPM사용 (Scratch Pad Memory)	구성도 및 사용 - 사용자 & Compiler 가 직접관리하는 SRAM - 미스없는 비차를 극대화가능
			Cache Hit율 개선	Cache 의 Set 연관 사상 (Mapping) 방식 도입으로 Hit Ratio 개선

		Data bus 대역폭	Core와 Memory 간의 Data Bus 대역폭 (Band Width) 증거화로 속도 증가
	4.	S/w 측면에서의 Memory 최적화 방안	

구분	내용
최적화방안	S/w 측면의 최적화방안 세부 설명
지역성활용	시간, 공간적, 지역성 활용, Cache hit Ratio 높임
임베디드 전용 LIB. 사용	Compiler Limker 에서 기존의 범용 Library 대신 작성한 경량 Library 사용, Code size 줄임. 최종 Code인 Binary Code size 감소 효과
Code size축소	동일 & 유사 Code는 function 형태로 Coding 하여 공유 (share) 함
16/32 Bit 명령	ARM Code의 고속 Thumb Mode로 사용
Code내Loop 감소문사용	Loop 문에서 증가문 대신 감소문 사용으로 비교 Code 절약, ADD/CMP →SUBS로 대체
Code압축	Compile후 Code 압축 →Flash 저장 실행시 DRAM압축 T해제실행
Code 분류 (사용즉면)	ODD(optical Disc Drive) System의 경우 Disc 별 처리 Code 분류후 DRAM사용 (Ledim과 함서 Disc 인식후 해당 Disc 처리 Code만 DRAM 상주후 실행)

	4.	차세대 Memory의 등장에 따른 발전 방향및 전망	
	가.	차세대 Memory의 발전방향	
		- MRAM, PRAM, FeRAM 등이 개발됨	

		발전 방향	세부 내용
		RAM, Flash	-선소재 개발로 비휘발성 RAM 개발 (MRAM, PRAM, FeRAM 등)
		기능통합	-DRAM, Flash 구분없는 단일 메모리
		전력소모 감소	PRAM의 주기적 Refresh 기능 없이도 정보 (Data) 저장 (Store) 기능
		재구성개선 집적도높임	Flash의 재구성 개선, 4ons이하 고 접적, 향후 5ns/10ns 이하고접적, 저발열 제품 생산 가능
	나	차세대 Memory 발전 전망	
		신소재 메모리등장	FeRAM, PRAM, MRAM, RRAM등 신소재을 이용한 비휘발성고접접, 고속 메모리 등장 예상
		공정과장비 기술발전	신소재 Memory 양산에 따른 양산/공정 기술과 이를 검증할 장비의 발전 예상
		Mobile DDR	저력 (Low power) & Mobile에 특화된 Memory 인 Mobile DDR 사용
		사용분야확대	Embedded System Memory의 효율적 사용 (DRAM+Flash)
			"끝"

C-언어 외

C언어에서의 지역변수, C언어 Extern/Auto/Static/register 변수 비교, C언어에서 Macro/Function/Inline의 공통점과 차이점, Processor의 주소 지정 방식, 블록 (Block)의 크기가 프로그램(Program)에 미치는 영향, CPU 명령어 형식과 CPU 명령어 Cycle 이해, 병행성(Concurrency)과 병렬성(Parallelism), App. 등록 절차, 모바일 App.의 종류 등 기출문제 위주로 작성하였습니다.   [관련 토픽−14개]

문(3과)	C언어에서의 지역 변수에 대해 설명하시오
답)	
1.	C program 언어에서의 지역변수의 개념
가.	C언어에서의 지역 변수(Local variable)의 정의
-	program의 부 프로그램(Subroutine)내에 선언된 변수
나.	C언어에서식 지역 변수의 특징

- 함수내 선언
- 함수 종료 싯점에 메모리 반환하고 수명 종료
- 함수내부에서만 사용
- C언어 지역변수
- Stack에 생성 / 파괴변별
- Stack에 저장
- 활성레코드

2.	C언어에서 메모리구조와 동적/정적 지역 변수의 차이
가.	C program 언어에서의 Memory 구조

메모리구조	메모리 구조 설명
스택영역 Stack Area	-지역 변수와 매개 변수가 저장되는 영역 -함수호출시 생성, 완료시 소멸되는 특성
힙 영역 Heap Area	-programmer에 의해 관리되는 영역 -메모리공간 할당 및 소멸
데이터 영역 Data Area	전역 변수와 Static 변수가 할당되는 영역 으로 이 영역에 할당되는 변수들은 일반적으로 프로그램의 시작과 동시에 할당되고 프로그램 이 종료될 때 메모리에서 소멸됨

4.	C 프로그램 언어에서의 동적/정적 지역 변수의 차이		
	구분	동적 지역 변수	정적 지역 변수
	코드 (Code)	Int Func_1( ) { .. Int Local var; { .. 동적 지역 변수	Int Func_2( ) { ... Static int var = 0; { .. 정적 지역 변수
	특징	-Sub루틴시작시 기억장소할당 -Sub루틴종료시 기억장소반환	프로그램의 시작에서 완료 까지 기억장소 할당
	장점	메모리사용의 유연성제공	할당, 초거화, 해제실행시간불필요
	단점	지역변수할당, 초거화, 해제시간 비용	비효율적인 메모리사용, 재귀 지원 안됨 _{(Recursive}

3.	지역변수가 저장되는 메모리구조를 통한 지역변수설명	
가.	지역 변수가 저장되는 Stack의 활성 레코드 구조.	
	활성 레코드(Activation Record)구조	설 명
	코드부 (Code Segment) (동적 링크) (반환 주소) (지역변수, 매개변수) 활성 레코드	-Stack에 할당된 특정 호출 을 위한공간 - Stack의 Top에도 항상 현재 실행중인 Record가존재 - 활성레코드는 함수 Call 후 반환 시 복구하거위해 이전의 Program Counter값을 가짐.

*활성 Record : 프로그램을 수행할때 프로그램내의 부프로그램이 수행되는 동안에 필요하는 수행 환경에 대한 정보
_(매개변수&지역변수)

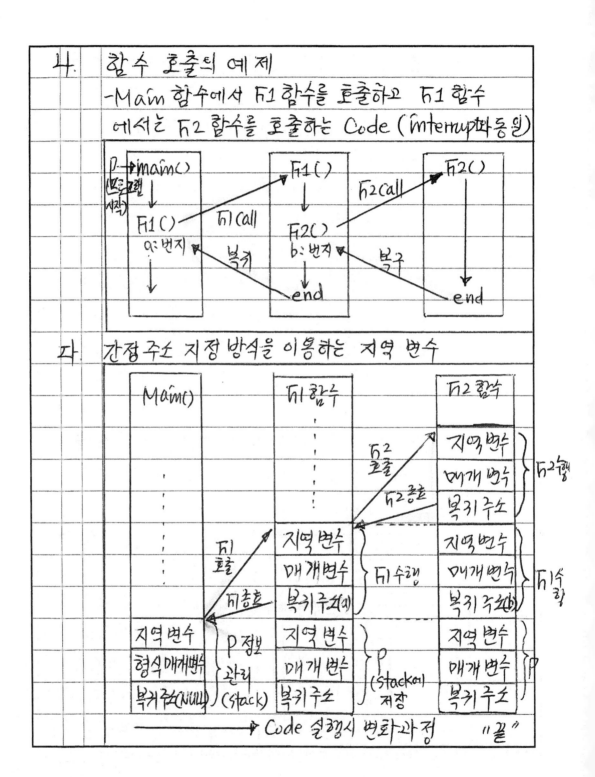

4. 함수 호출의 예제

- Main 함수에서 F1 함수를 호출하고 F1 함수
  에서는 F2 함수를 호출하는 Code (interrupt과 동일)

다. 간접주소 지정 방식을 이용하는 지역 변수

Code 실행시 변화과정   "끝"

┌ 사용예제와 각각의 변수에 대해 비교 설명하시오.

| 문 133) | C언어 변수중 Extern, auto, static, register 변수의 |
| 답) | ☆(2) |

1. Extern, auto, static, register 변수의 정의

종유	의미	설명
auto	자동변수	선언된 함수내에서만 유효한 변수
register	레지스터 변수	선언된 함수내에서만 유효한 변수
static	정적 변수	선언된 함수내에서만 유효, 함수벗어나도 값 유지
extern	외부 변수	프로그램내 모든 함수에서 유효한 변수

2. C언어에서의 각 변수의 사용예.

```
#include <stdio.h>          실행 시작
void Func();
    int Global;          ← 전역 변수 선언(Extern)
                           (프로그램내 모든함수에서
→void main(){               사용가능)
    int Auto 기술사;     ← Auto 변수선언
                           (int 지정 안해도 자동을
    static int PE;  ←static변수   Auto변수로 인식)
    Register int DEMentor; ← Register 변수선언
    PE=0, DEMentor=0;      (Cpu Register 혼용)
  }  func);  ←  함수 call

    Func(){
        Global = 0 ;  } Subroutine임
    }                      전역 변수 clear
```

Main 함수

이후

3. 각 변수의 비교

구분	Extern	auto	static	register
기억분류	전역	지역	전역(정적)	(cpu)레지스터
분류	정적	동작(함수새)	정적	동작(레지스터)
선언위치	함수외부	함수내부	함수내부	함수내부
통용범위	program전체	함수내부	함수내부	함수내부
파괴시기	program종료시	함수종료시	프로램종료시	함수종료시
초기값	Φ(컴파일러)	초기화없음	Φ	초기화없음
저장장소	정적Data영역	Stack	정적Data영역	Cpu레지스터

"끝"

Γ의 실제 code의 예와 공통점, 차이점, 장단점을 기술하시오.

문/34) C언어에서 Module화 기법인 Macro, Function, Inline

답)
　　　　　　　　　　　　　　　　　☆(2)

1. SW Reuse, 생산성 향상을 위한 Module화의 개요

가. 가독성증대, 재사용, 유지보수향상 방안, Module화의 정의

- System 기능을 분해/정복, 추상화하여 S/W성능을 향상시켜
거나 디버깅, 시험, 통합수정을 용이하도록 하는 S/W Coding기법

4. Macro, Function, Inline 의 정의

Macro	-자주사용되는 상수&문자열 사전정의→Code상에 대체
Function	- 일부기능을 분리 수행후 결과 반환, 구조화하여 설계
Inline	- Function 내 반복기능을 Function내에서 안호출

2. Macro, Function, Inline의 Coding 예와 공통점

가. Macro, Function, Inline의 Coding 예.

Coding 예제	의미	설명
#include <stdio.h> ⁽ᵃ>ᵇ⁾		→표준 I/O Call
#define MAX(a,b) (a>b?a:b)	Macro 선언	—Macro MAX문 정의
#define Inline int max(int a, int b)	Inline 선언	—Inline의 선언
{return (a>b? a:b); }		
int main() { ᵃ>ᵇ	Function 선언	main() 함수
int i, j;		내에서 Macro
i=20; j=30;		와 Inline
i = MAX(i, j);	call Macro()	module을
j = max(i, j); }	call Inline()	수행.

4. Macro, Function, Inline의 공통점.

구분	설 명
생산성 향상	기능을 모듈화하여 반복된 Code를 최소화시켜 생산성향상
가독성 증대	복잡한 상수, 표현식 가능 → 모듈화 기법 통해 대체 → 가독성
복잡성 감소	중복코드의 최소화, 기능분할 통한 Code복잡성 해소
재사용 향상	기능의 분리, Interface 단순화 통한 재사용성 향상
유지보수성향상	가독성, 재사용성 향상에 따른 유지보수성 향상 가능

3. Macro, Function, Inline의 차이점과 장단점 비교

구분	Macro	Function	Inline
처리시점	전처리기(컴파일이전)	- 컴파일시	- 컴파일시
처리방식	- 문자열 치환	함수의 실행코드 번지수 지정	컴파일후 호출시 치환됨
실행 방식	해당 Code에 대체	- 함수 Call시 Stack사용 - 해당함수 번지에서 실행	- Inline 실행. - 함수 Jump 없음 - Stack 사용안함
장점	- 자료형에 독립 - 실행속도 빠름 - 가독성 증대	- 기능의 분리 & 독립 - 재사용 극대화 - 디버깅 용이 - 실행코드 최소화	- 호출 Overhead 없음 - 실행속도 향상 - 실시간 디버깅 용이
단점	- 구현 어려움 - 치환에 따른 디버깅 난해	- Inline 재비교출 Overhead 큼. - Stack사용으로 인한 Stack오버플로우 주의 ⌐overflow	- 재귀호출/주소참조 불가능 - 재사용의 불편 - 프로그램 사이즈 증가 - 함수사이즈 제약.

" 끝 "

┌Embedded S/W 개발환경에서의 활용지침을 제안하시오.
└공통점, 차이점, 장·단점 위주로 설명.

문/35)	Module 기법, macro function, inline 각각의 개념은
답)	1 Module 기법, macro, function. Inline 개요
가.	Module의 정의 : program 내 독립적인 정보처리를
	수행하는 논리 연산의 일부분으로 Module이 모여 program이됨
나.	Macro의 정의 : 동일한 Code가 반복적수행시약자정의 반복삽입
다.	Function정의 : 입출력 또는결과가 표출되는 Module.
라.	Inline : 컴파일시프로그램 Code안에 삽입, 주소이동 불필요.
마.	Module 化의 필요성

개발의 편의성	표준화 사양적용, Code 재 사용가능.
재 사용률 향상.	H/W 변경에 의존되지 않는 Code는 재사용
Time to Market	일부 사양, Spec 변경시 신속 상품화.
생산성 향상화	공정 Time 사용 Code는 Module화, 별도관리적용

2.	특징, 공통점, 차이점 단점점의 설명
가.	(Macro, function, inline) 적용예 (C-code기준)

#include<stdio.h>	Standard. I/o Header	
#define MAX(a,b) (a>b?a:b)	macro	MAX의 정의
inline int max (inta, intb) { return a>b ? a:b; }	(Inline)	Inline의 정의
int main() { int i, j ; i=20; j=30; i=MAX(i,j); max(i,j); }	function ( )의 정의.	main 함수에서 maro와 Inline module 을 수행 한다

4. Macro, function, inline의 공통점, 차이점, 장/단점

구분	Macro	function	InLine
특징맞 차이점.	-preprocessor 에서 #define 하고 Compiler 에서 Code 생성. -MAX=50 형태의 상수값이나 문자열을 Easy표현 -반복형태를 문자열 형태로 추상화 하여 Coding 가능	-In/output 함수로 특정결과도출 -함수 수행완료후 이전수행번지로 Return(Stack참조) -Call by Address(주소) -Call by value(값) -Call by name(전역변수) -Call by reference 방식이 존재함(포인터)	-C언어 Macro로 재선 C++에서 사용. C언어에서 는 Debugging code (ASM)로 사용. 컴파일러서 프로 그램 Code에 삽 입되어 주소이동 불필요. 빠른수행 -No stack 재어
장점	-반복 사용되는 Module은 Macro化 함으로서 관리성. -Code의 이해력 및 장악성 쉽다. -함수보다 실행빠름 -문자열추상화가능	-중요처리를 하너씩 function化하여 Code size축소 (생산성, 비용절감) -Function化를 통해 Code 표준화 재사용을 높임.	-function보다 속도 빠름(Content switching 없음) -Debugging 환경으로 사용가능 -I/O제어나 flow Control 신속이해
단점	-문자열추상화 반복수행시 Code Overhead -메모리사용량증대	-함수호출및 복귀로 인해 Content switching 발생 처리시간 Overhead	-Compiler시 program내 Code 가 Insert됨으로 size의 Overhead
공통점.	-반복되거나 동일 목적의 In/output 처리 가능 -H/W에 연존되지 않는 Code는 재사용 가능. -Code의 이해력 향상과 Coding 능력. Debugging 시간감축		

3. Embedded S/W 개발환경에서의 활용지침 제안.

　가. Embedded S/W 개발환경에서의 적용 방안)

Time to Margets	Code Module 化하여 적기 양산으로 딥가능
사용자요구사항	Module 표준화를 통한 사용자요구사항 신속대응
Integration functions	Module의 history관리, In/out값 철저교환.
System Performance	Code/Size/실행시간 optimazation 성능향상
개발TooL/SW	Vendor Unique 등적 대응, Checklist化.

4. Embedded S/W 개발환경에서의 Module 기법 활용지침

구분	기법	활용 지침.
Code Size	Embedded 환경에 맞는 Module 개발	- 내장 라이브러리 보다 직접 개발 사용 (불필요한동작이나. Code size 축소화)
Optima zation	Stack 사용감소	- Contents switching 자주발생시 System performance 영향.
실행 시간 (속도향상)	Inline 함수사용	- C++ Object Code는 inline keyword가능 -Inline 사용시 Stack에사용으로 속도증가. -Inline 사용시 Code size는 커짐.
단축화 (Fast Execution Time)	간접 함수 호출 (Count 사용)	-While 내의 Case switch문은. Case 빈도를 각악하기 어려운경우는 Switch문 자체를 함수호출 형태로변경.
	적절한 전역 변수 사용	-Local 변수 사용시 Stack 사용 이럭보하여 stack overhead 반생 -구조체 Type Code는 접친 번지로 Access

(왼쪽 여백) -Macro -Inline function 적절이 필요.

4. Embedded System 에서의 Module化 시고려사항
 - Code optimazation을통한 performance향상.
 - 표준화 항목측가 하여 적기 시장 대응 가능. 고려

"끝"

지역(전중)변수 개념을 설명하시오.
「이를 이용하여 C 언어등 Programing 언어」

문/36) Processor의 주소 지정 방식의 유형 분류.

답)

1. Processor의 Addressing 방식의 개요.

   가. Addressing의 정의 : Processor가 보유한
   Register를 사용하여 Hazard 방지 하면서 다양한
   연산 작업을 효율적으로 수행, I/O 번지, Register 제어

   나. Address의 종류

CPU Register	CPU 보유 Register 간의 Addressing
Memory 번지	Memory 와 CPU 간의 Register 주소지정
I/O port, Reg.	I/O port 과 I/O Controller 보유 주소지정.

   - CPU / Memory / I/O port 간의 Register 주소지정 가능

   다. 주소 지정에 사용 되는 Register의 종류. (32bit 기준)

bit31 16 8 0			16bit	32bit	
	AH	AL	AX	EAX	
	BH	BL	BX	EBX	<Segment
	CH	CL	CX	ECX	(Memory)
	DH	DL	DX	EDX	Register>
SP(Stack pointer)			SP	ESP	CS (Code)
BP (Base pointer)			BP	EBP	DS (Data)
SI(Source Index)			SI	ESI	SS (Stack)
DI (Destination Index)			DI	EDI	ES (Extra)
IP (Instruction pointer)			IP	EIP	
PSW (program Status Word)			PSW	ESPW	

2. Processor 주소 지정 방식의 유형

가. 8051 Microprocessor의 주소 지정 방식 (8bit)

종류(Mode)	Address 영역	명령 구조	예제 (사용예)
Immediate Addressing	내부 Reg, 메모리	opcode + 상수	MOV A, #84H
Register Address	R0~R7, Acc PSW, DPTR, B	opcode + Reg (Reg ← Reg)	MOV R0, R1 (R0 ← R1)
Direct Address	내부 Register Memory, I/O	opcode + 외부 Memory 주소	MOV R0, [6000H] R0← 6000번지내용
Register Indirect	Register, I/O, Memory	opcode + 내부/외부 Memory	MOV A @Rn A← Rn 번지의 내용
Index Addressing	Base Address Index Address	opcode + Base + Index 번지	MOVC A, @A+ DPTR.

나. 8086 MICOM 에서의 주소 지정 방식 (16bit)

종류	Address 영역	명령 구조	사용 예
Immediate Address	내부 Reg, I/O,Memo	opcode + 상수	MOV AX, #1228h
Register Address	AX, BX, CX, DX SP, BP, SI, DI, IP	opcode + Reg (Reg ← Reg)	MOV AX, BX (AX ← BX)
Direct Address	AX, BX, CX, DX I/O port, Memory	opcode + IO/ Memory 번지	MOV DX, [6000H] DX← 6000번지내용
Register Indirect	DX, BX, AX I/O Memory	opcode + 내부 /외부 Memory	MOV AL,[BX] MOV AX, [SI]
Index Addressing	Base와 Destination 번지	opcode + Base + Destination	MOV DX,[BX+ SI], BX는 Base

DPTR = Datapoint Register

- 자동변수와
- 주소 지정방식
  (자동변수는 stack사용,
  SP+offset 방식
  주소지정)

static
┌ 높음
└ 낮음
함수수행 중일 경우 값 유지

stack사용

Global처럼저장
stack 필요없음.

stack
미저장.

3. C언어등 프로그램 언어의 지역(자동)변수 개념 설명

가. 지역 변수의 개념 : Global 변수는 program 수행시 항상 내부 RAM 번지를 사용하지만 내부변수 는 수행되는 함수내에서만 생존하고 이때 Stack에저장

나. 지역 변수와 전역 변수 (Global Integer) 비교

기억분류	전역	지역	정적	레지스터
지정자	Extern	auto	Static	register
저장장소	정적 Data영역	Stack	정적 Data 영역	CPU의레지스터
선언위치	함수의외부	함수의 내부	함수 내부	함수내부
통용범위	프로그램전체	함수의 내부	함수 내부	함수 내부
파괴시기	프로그램종료시	함수종료시	프로그램종료시	함수종료시
초기값	0으로초기화	초기화없음	0으로초기화	초기화없음

다. C언어 사용하여 지역 변수 설명 (개념)

실제 Code	설명	가능여부
#include <stdio.h>	function 수행 전 Define	
void func();	함수 func() 선언	
int global ;	전역 변수 Global 선언	가능
void main ( )	Main() Routine 수행	
{ int local ;	지역 변수 local 선언	
global = 1 ;	전역 변수에 1 대입	
local = 2 ;	지역 변수에 2 대입	
i = 3 ;	선언되지 않은 변수	불가능
}		
void func() {	함수 선언	가능
int i ;	지역변수 i 선언	
global = 1	지역변수에 1 대입	
local = 2	선언되지 않은 변수	불가능
i = 3 }	선언된 지역변수 i에 3대입	가능

- 함수내에서 지역변수가 선언이 된후에 사용가능
- 위의 불가능 부분은 지역변수가 선언되지 않았음.

4.		주소방식 & 변수사용시 고려사항
	가.	Program performance 고려한 주소 방식 적용
	나.	전역변수와 지역변수사용시 RAM 크기고려
		"끝"

문 137)	블록(Block)의 크기가 program에 미치는 영향에 대해 설명하시오. (Block =블록=블럭)			
답)				
1.	I/O 제어의 기본단위, Block의 개요			
	가.	Data Read, Write시 기본단위. Block의 정의		
		데이터 I/O을 위한 기본단위. Block은 각일시스템이 자동적으로 Disk(디스크)에 할당하는 데이터의 단위		
	나.	데이터 I/O위한 Block의 특징		
		효율성	Disk는 블럭단위 장치이으로 블럭단위로 I/O	
		성능 인터레이스	각일과 물리적 Disk 사이의 Interface Block의 크기에 따라 I/O에 대한 성능이 좌우됨	
	다.	Computer 구조에서 Block 단위 I/O 개념도		

Computer 구조에서 Block 단위 I/O 개념도:

CPU — Word, Block — Cache Memory — Block — Main Memory — Block — Disk(CDB)

System Bus

레지스터간 I/O — 운영체제 블록 크기에 의한 Data결정 — DBMS 블록설정

2.	관계형 데이터베이스 (RDBMS)의 데이터 블록 입출력		
	가.	RDBMS 블럭크기에 따른 장단점	
		구분	데이터 Block의 크기가 클 경우	데이터 Block 크기가 작을 경우
		장점	-하나의 Block Access로 많은 Row 추출	-1 Row Access시 유리함

		단점	-1 Row Access 시 낭비되는 Row가 발생	-하나의 Block Access로 작은 Row 추출 -Table Full Scan시 많은 I/O 발생

4. RDBMS에서 Block 크기가 program (DW, OLTP)에 미치는 [영향]

구분	설 명
블럭이 클 경우	-한번에 많이 읽고 쓰기 때문에 SW 환경에서 성능 좋음 -실제 한 Block에 포함된 데이터는 작은데 블럭크기 만큼 저장공간이 사용되므로 비효율적 저장공간 낭비 초래
작을경우	OLTP환경에서 좀 더 나은 성능을 볼 수 있음
업무 고려	일반적으로 OS의 DB Block Size = 8K OLTP 환경에서는 DB Block Size = 32K
HDD의 예서	HDD의 경우는 Cluster 단위로 기록됨 (1 Cluster = 보통 4~8개의 Block)

3. C-언어에서의 파일 입출력(I/O) program 사례

가. Block 단위 파일 입출력 함수

함수 명	설 명
블럭 단위 파일 입력 (fread)	Int fread (void *buf, int size, int n, FIFE*fp) -fp가 가리키는 파일에서 size 크기의 블록 (연속된 Byte)을 n개 읽어서 버퍼 포인터 buf가 가리키는 곳에 저장 -읽어온 Block의 개수를 Return -fread는 file을 Read 한다는 의미임

				Int fwrite (Const void *buf, int size, int n, FILE *fp)
			블록단위	- 파일포인터 fp가 지정한 파일에 버퍼 buf에
			파일출력	저장되어 있는 size 크기의 블럭(연속된 Byte)
			(fwrite)	을 n개 기록
				- 성공적으로 출력한 블럭 개수를 Return
				- fwrite = file write의 의미

- 에러(Error)가 발생되거나 파일의 끝에 도달한 경우는
  그 전까지 읽어들인 단위블럭의 개수를 Return
- Programming시 Block의 크기에 따라 size 변수에
  적절한 값을 넣어야 함

4. Block의 크기가 프로그램(파일 I/O)에 미치는 영향
- Block의 크기가 작을 경우 사이즈가 큰 파일에 대해 여러번
  의 I/O를 수행해야 하므로 프로그램 성능 저하 발생 가능
- Block의 크기가 클 경우 Write시 파일의 마지막 블럭에
  대한 내부 단편화 문제로 저장공간의 낭비 발생 가능

4. 최적의 블럭크기 결정을 통한 프로그램 성능 극대화 방안

항목	설명
성능, 효율성고려	Performance와 효율성에서 최적을 제공하는 Block size를 결정해야함
단편화 고려	Block size를 크게 정하면 파일의 마지막 Block에 매우 큰 내부 단편화가 발생

		단편화 고려	Block 크기를 적게 정하면 내부 단편화로 낭비되는 공간을 줄일 수 있으나 큰 파일의 경우 많은 블록들이 필요하게 되어 매우 큰 Inode 공간이 필요
		System 고려	Block size의 결정은 시스템마다 신중히 고려 되어야 하며 OS의 블럭 size와 DBMS의 Block size에 대한 고려가 기본적임
		처리 Block 고려	32 Bit Machine 인지 64 Bit Machine 인지에 따라 프로그램에서 처리하는 데이터블럭의 단위가 달라질수 있으므로 H/W에 따른 선고려가 필요함

"끝"

문138) CPU 명령어 Cycle (Instruction Cycle)

답) CPU 명령어 형식과

1. 사용자 명령어 수행, CPU 명령어의 개요

가. CPU 명령어 (CPU Instruction)의 정의

사용자가 원하는 연산, 오퍼랜드, 처리순서를 processor에게

수행하도록 지시하는 명령문 (Instruction)

나. 명령어의 종류

종류	설명	명령어
데이터 전송	레지스터 간, 레지스터와 기억장치간, 기억장치간 사이등에서 데이터 전송	LDA (Load 주소) STA (Store 주소)
데이터 처리	데이터에 대해 수행할 연산을 부여해 주는 것으로 산술및 논리연산등으로 분류	산술연산 : ADD 논리연산 : AND
프로그램 제어	명령어 실행순서를 변경하는 연산, 분기	Branch 명령

2. 명령어의 형식과 설명

가. Instruction의 형식

명령어	연산코드(①), 오퍼랜드(②)				예제 명령어
0-주소	①				PUSH, POP
1-주소	①	②			ADDA
2-주소	①	②	②		ADDA, B
3-주소	①	②	②	②	ADD A, B, C

연산코드(opcode), 오퍼랜드(operand)

4 | 명령어 형식의 설명

명령어형식	설명	예시
0-주소	연산코드로만 명령어 구성	PUSH,
	스택구조 컴퓨터에 사용, 연산속도 빠름.	POP
1-주소	연산코드와 1개의 오퍼랜드로 구성	LOAD A
	모든 Data의 처리는 누산기(Acc)에서 수행	ADD B
2-주소	연산코드와 2개의 오퍼랜드로 구성	MOV A, R1
	오퍼랜드부분에 레지스터나 기억장치주소를 지정함	MOV R1, B
3-주소	연산코드와 3개의 오퍼랜드로 구성	ADD A, B, R1
	오퍼랜드부분에는 레지스터나 기억장치주소, 연산결과 저장위한 주소를 지정함	ADD R1, R2, R3

- 누산기(ACC) = Accumulator

3. | CPU 명령어 사이클

가. | 명령어사이클의 개념 : CPU가 한개의 명령어를 실행하는데 필요한 전체처리과정, CPU가 프로그램실행을 시작한순간부터 Power off, 또는 회복불가능한 오류가 발생하여 중단될때 까지 반복수행됨

인출 사이클 - Fetch : 메모리에서 명령어 획득

- Decode : 명령어 해석

실행 사이클 - Execute : 실행(해당 명령어)

- Store : 결과 저장

4	인출 (Fetch) 사이클	
	마이크로 연산	상세 설명
		・PC에 저장된 실행할 명령어 주소를 CPU
	MAR ← PC	내부 버스를 통해 MAR로 전달
	MBR ← M[MAR]	MAR의 내용이 가리키는 기억 장치위치에서
	PC ← PC+1	읽은 내용을 Data Bus를 통해 MBR로 전달
	IR ← MBR	・다음 실행할 명령어를 위해 PC를 1증가시킴
		・MBR의 내용을 명령어 레지스터인 IR로 전달

다. 실행 (Excute) 사이클

명령어	마이크로 연산	상세 설명
	MAR ← IR(addr)	・IR에 있는 명령어의 주소(오퍼랜드)를 MAR로 전달
LOAD	MBR ← M[MAR]	・MAR의 내용이 가리키는 기억장치위치에서
Addr	AC ← MBR	읽은 내용을 데이터 버스를 통해 MBR로전달
		・MBR의 내용을 AC에 적재
STA	MAR ← IR(addr)	・IR에 있는 명령어의 주소(오퍼랜드)를 MAR로전달
addr	MBR ← AC	・AC의 내용을 MBR로 전달
	M[MAR] ← MBR	・MBR의 내용을 MAR이 지정하는 기억 장치에[저장]
	MAR ← IR(addr)	・IR에 있는 명령어의 주소(오퍼랜드)를 MAR로 전달
ADD	MBR ← M[MAR]	・MAR의 내용이 가르키는 기억장치위치에서
addr	AC ← AC+MBR	읽은 내용을 Data 버스를 통해 MBR로 전달
		・MBR의 내용과 AC의 내용을 더하여AC에 [저장]
Jump addr	PC ← IR(addr)	・분기주소를 명령어 오퍼랜드가 PC에 전달

4. 명령어 실행에 필요한 레지스터

레지스터	설 명
Program Counter (PC)	- 다음에 인출할 명령어의 주소를 가지고 있는 레지스터 - 각 명령어가 인출된 후에는 자동적으로 일정크기 (한 명령어 길이)만큼 증가 분기 (Branch) 명령어가 실행되는 경우에는 목적지주소로 갱신
Accumulator (AC)	- 일시적으로 저장하는 레지스터 - 레지스터 (Register)의 크기는 CPU가 한번에 처리 할수 있는 Data (데이터) 비트수 (단어 길이)
Instruction Register (IR)	가장 최근에 인출 (Fetch)된 명령어 코드가 저장되어 있는 Register
Memory Address Register (MAR)	PC에 저장된 명령어 주소가 System 주소 버스로 출력되기 전에 일시적으로 저장되는 주소 레지스터
Memory Buffer Register (MBR)	기억장치에 쓰여질 데이터 혹은 기억장치로부터 읽혀진 데이터를 일시적으로 저장하는 버퍼 레지스터

"끝"

문 139)	CPU 처리서의 병행성(Concurrency)과 병렬성(parallelism)을 비교하시오

답)

1. CPU 처리서의 병행성과 병렬성의 정의

　가. | Concurrency (병행성)의 정의 | 하나의 CPU 프로세서를 이용해 두개 이상의 프로그램을 동시에 처리하는 방식 (한순간에는 한개의 program만 처리(수행)됨)

　나. | Parallelism (병렬성)의 정의 | 복수의 프로세서가 여러개 또는 한 program의 분할된 부분을 동시에 처리하는 방식 (한순간에 두개 이상의 프로그램이 처리됨)

2. CPU 처리서의 병행성과 병렬성의 상세 비교

　가. 병행성과 병렬성의 개념도 비교

구분	개념도	내용
병행성	Program 1 → 명령어 명령어 → CPU / Program 2 → 명령어 명령어 → 하나의 CPU	병행 처리는 하나 이상의 프로그램들이 한순간에 하나의 CPU에서 처리
병렬성	program 1 → 명령어 → CPU / program 2 → 명령어 → CPU / program 3 → 명령어 → CPU	병렬 처리는 하나 이상의 프로그램들이 한순간에 여러개 CPU에서 처리됨

　나. 병행성과 병렬성의 비교

구분	병행성	병렬성
성질	프로그램의 성질	기계의 성질
동시수행대상	프로세스	연산
구현사례	Multi-Programming Multi-Processing	Multi-processor, Multi-Threading Pipeline Computer
고려항목	프로세스 동기화	프로세서 동기화
프로세서 개수	하나의 프로세서	복수의 프로세서

- 현재의 시스템은 병행성을 보장하는 병렬 컴퓨팅을 주로 활용하여 다수의 Task을 동시에 처리함

3. 병행성과 병렬성의 구현 및 특징 비교

구분	병행(Concurrent)	병렬(Parallel)
관점	SW적으로 둘 이상의 프로세스가 나란히 실행되는 구조	Hardware 적으로 둘 이상이 수행되는 구조
특징	-Process간 동기화, 상호배제 Deadlock, LiveLock, Race condition	병행성을 완벽히 수용해야함 결과의 일치 중요
구현	상호배제 : Decker, Peterson, Lampont's 알고리즘 동기화 : 세마포어, 모니터, 뮤텍스	Pipeline Computer, Array Computer, 다중처리시스템 언어 : CUDA, MPI, OPEN MP, OPENCL
관련 개념	-Multi-programming -Multi-processing	Multi-processor/Threading 암달의 법칙

"끝"

문/40) 동적 연결 라이브러리 (Dynamic Linking Library)

답)

1. Window 라이브러리 참조기술, 동적연결라이브러리의 개요

　가. Dynamic Linking Library 의 정의

　　- 컴파일 시점에 실행파일에 함수 복사 없이 함수의 위치

　　　정보만 갖고 기능을 호출하는 라이브러리 참조기술

　나. 동적 연결 라이브러리의 특징

리소스 최소화	한 Code(코드)를 여러 프로그램에서 동시에 사용
	하므로 메모리 & Disk 공간 절약
배포와 설치용이	DLL 내 함수 Update 및 수정, 배포, 설치시
	Program을 DLL와 재연결 불필요
재사용성 (Reuse)	프로그래머들의 분담작업이 용이 하며
	Code의 양이 적어지므로 Debugging도 용이

　　- 동적 연결 라이브러리(DLL)사용으로 모듈식 프로그램을

　　　효율적으로 개발이 가능

2. Dynamic Linking Library 개념도 & 상세설명

　가. 동적 연결 Library의 개념도

　　- 동적 연결 라이브러리는 실행시간에 실행프로세스 주소공간으로 Load됨

4.	동적 연결 라이브러리 상세설명		
	구분	세부내용	설명
	DLL 링크	Implicit Linking (묵시적 연결)	-실행시 연결 (Load time Linking) -실행파일 자체에 함수사용정보포함시켜사용
		Explicit Linking (명시적 연결)	-실행중 연결 (Run time Linking) -프로그램이 실행중 API 이용, 원하는 함수만 호출
	DLL유형	정규 DLL	-클래스 형태가 아닌 C함수 형태로호출 -MFC를 사용하지 않은 다른 프로그램과도 원활하게 연결
		확장 DLL	-DLL호출시 Class로 호출이 가능 -MFC 구조체와 원활하게 연결

-DLL 충돌및 이전 버전과의 호환성 문제로 프로그램이

비정상적으로 실행할 가능성이 존재함

3.	동적/정적 연결 라이브러리간의 비교	
구분	동적연결 Lib.	정 적 연결 Lib.
구성	프로그램에 독립적	프로그램에 포함
참조	런타임시	컴파일시
장점	컴파일 시간 최소화	런타임시간 최소화
단점	외부 의존도 존재	메모리 상비 존재

- 프로그램 용도 & 특성을 고려, 효율적인 라이브러리 선택 사용

"끝"

Mobile APP의

「대해 설명하시오.

문141) App store에 신규 게시하거위한 절차와 인증서 발급 방법에

답) Code서명

1. Mobile APP, 개발완료후 App store에 게시하거위한절차.

게시 절차	담당자	설명
개발자 계정등록	개발자	Mobile App.개발자 등록
개인/회사 계정등록	App store 등록 담당자	App.store App 계정 담당자의 계정등록
Code서명 증명(인증)서발급	App store 등록담당자	Lib, App상의 적용된 Code의 특허, 호환성 검증
App 패키지 Build	개발자	인증된 Code로 Merge후 빌드
Certification Test 진행	개발자	적용된 App내역 Code가 적절한지 여부 검증
Certification 결과 upload	개발자	개발자 upload후 App담당자 확인
App 인증확인	개발자 App 등록 담당자	Certification 결과 문제없을경우 인증함.
APP 등록시작	개발자	App store에 등록시작
APP이름,설명,세부정보등	개발자	App 관련 정보도 등록
Package 업로드	개발자	App 전체 실행 file 업로드
검수, 등록완료	개발자	등록후 실제 환경에서 Download로 검수
APP 게시완료	개발자	APP. 게시 완료, Count 가능 download.

2. Code 서명 인증서 발급 절차.
- App에 디지털 서명하기 위함 (개발자 정보 입력)

절차	설 명 （전환설정）
인증서 발급요청	APP.을 provisioning 하기위해 인증서요청
회사/개인정보입력	개발자나 회사법인 정보입력
비용 결재	App등록위한 인증서 비용 결재
확인 E-mail 전송됨	인증서 발급완료후 통보받음
보안URL에서인증서다운	보안 URL로부터 인증서 download
해당PC에 설치후 Build	해당 PC 설치후 App 패키지 Build작업.

"끝"

CSS(Cascading. Style sheets)
┌특징을 설명하시오.

문142)	Mobile Application (Native. Web, Hybrid App)의 분류 및

답)

1. Mobile Application의 유형별 분류에 따른 정의

☆☆	Native App.	-특정 platform에서만 작동하는 APP, 장치에 설치후사용 -각각의 platform (Android, ios, windows)환경에서 별도로 제공하는 프로그래밍언어와 SDK를 이용해 제작
	Web App. (Mobile Web)	-Web Browser의 주소를 통해 접속하는 형식 -HTML, CSS(Cascading Style sheets), 자바스크립트 (JavaScript)등 웹표준 기술을 이용하여 개발
	Hybrid App.	-Web App.를 Native App으로 포장하는 형식 -Web 표준기술을 사용하되, 서로 다른 플랫폼에서 실행될수 있도록 크로스 framework를 이용하여 NativeApp으로 변환시켜배포함

- Mobile web : Mobile 기기용으로 제작된 Web page를 의미함

2. Mobile Application의 유형별 특징 (↑비교우위, ↓비교하위)

측면	항목	Native App	Web App.	Hybrid App.
개발 효율성 측면	개발 효율성	각플랫폼별로각각 개발해야됨 ↓ (안드로이드,ios,윈도우)	platform에 관계 없이 한번만 개발 ↑	공통사용할 부분과 별도개발 해야 할 부분이 존재 ↓
☆☆	동작 방법	모바일디바이스 전용 APP.	모바일디바이스 에 최적화된웹사이트	모바일 디바이스 전용 APP.
	개발 방법	플랫폼별전용↓ 개발환경,언어사용	웹 표준개발 방법으로 개발 ↑	Web APP. 개발후 Cross Framework 이용 NativeAPP 변환 ↑

		X-Code(object-c) Eclipse(C JAVA) SDK(Window C#)	HTML5, CSS Javascript	양측모두필요 (Native+Web) ↓
개발 효율성	개발 언어			
	UI, UX	플렛폼별 별도구성 UI, UX 표현능력높음↑	웹표준을 이용하여구성 UI/UX표현낮음 ↓	양측 모두 필요 (Native+Web) ↑
성능 측면	성능	실행성능및 그래픽성능좋음↑	실행성능및그래픽 성능 낮음 ↓	구성에 따라 고성능 가능 ↑
	장치 제어	장치의 모든 H/W 및 정보 이용가능↑	제한적 장치사용 (카메라, 마이크등)↓	구성에 따라 주요 장치 접근 가능 ↑
부가 가치 측면	비용및 유지 보수	개발자등록 비용필요 App store를통해 배포되므로 유지 보수가 제한적↓	별도의 개발자비용없음 수정시 즉시 Update 가능↑	개발자 등록위한 비용필요 web App 형태로 구현되 부분은즉시 업데이트가능
	수익 모델	유료App판매가능, 광고수익 가능	자체 결재시스템 구축필요, 광고수익 가능.	유료App 판매가능, 광고수익 가능

-Embedded System에서는 H/W 제어가 필요함으로   " 끝 "
Hybrid App. 형태로 개발되고 있음.

OS적용

├ 대해 설명하시오.

문143) Android 개발 방법에서 SDK, NDK, PDK 개발 방법에

답) ☆☆☆(3)

1. Android 개발환경 구축 및 SDK, NDK, PDK Scope.

　가. Android 개발환경 구축 방법

　　☆ ┌ Eclipse기반의 통합환경에 ADT(Android Developer
　　　└ Tools)라는 플러그인 형태로 추가 S/W 설치하여 구축

　나. SDK, NDK, PDK의 Scope

S/W 개발 Kit ─ Native 개발 Kit

SDK(Java) — JNI — NDK(C/C++)

Java Native Interface. PDK ──→ platform 개발 Kit

- SDK와 NDK의 Interface는 JNI 사용.

2. SDK, NDK, PDK 개발 방법의 설명

　가. SDK(S/W Developer's Kit)의 도식 및 설명

SDK 개발 방법	설명
Application (application) — Binder Ipc	- UI기반, Java 언어 사용
	- API 제공 (UI기반의 특화)
Application Framework (Runtime Service) JNI	하여 App. Level 개발
	- Android App. 개발에 적용
라이브러리 (Native Service Binding) Dynamic load (HAL Lib)	- Android Emulator 내장
	- Build와 동시에 Test까
Linux 커널 (Kernel Driver)	할수 있는 개발 방법

사. NDK(Native Developer's Kit)의 도식 및 설명

NDK 개발 방법	설명
APP. Layer ⟨APP⟩	-Asm/C/C++ 언어 사용 개발
APP. Framework ⟨Runtime service⟩	- NDK는 Application &
라이브러리 JNI Binder IPC ⟨Native service Binding⟩ ⟨Native servie⟩	Middleware 개발에 사용
-Android NDK에서는 native Level 의	- JNI를 통해 SDK와 인터페이스
라이브러리 일부만 사용 가능 ⟨HAL 라이브러리⟩ Dynamic load	-Linux사용 C/C++ 언어 사용가능
리눅스 커널 ⟨Kernel driver⟩	-NDK는 JNI용 LIB를 만듦
	-NDK로만 완벽한 APP. 제작불가

자. PDK(Platform Developer's Kit)의 도식 및 설명

PDK 활용 개발 방법	설명
APP. ⟨APP.⟩	-Porting 개념은 SDK와
APP. Framework ⟨Runtime servic⟩	NDK를 포괄하는 개발방법
라이브러리 JNI Binder IPC ⟨Native service Binding⟩ ⟨Native servie⟩	-PDK는 Unix계열 OS 개발되어야함
	-Android 전체 소스코드 이용하여 개발
⟨HAL Library⟩	-PDK는 리눅스커널 level, Native
	Lib의 HAL 부분등의 개발 방법임
리눅스커널 ⟨Kernel Driver⟩	-APP. 개발이아닌 Kernel 레벨, 혹은 Core frame 개발은 PDK사용

HAL: Hardware Abstraction Layer.

"끝"

┌대해 설명하시오.┐

문144) OSS (Open Source S/W) 거버넌스(Governance)에

답)

1. ① 생산성 극대화, ② 납기준수, OSS의 개요

가. OSS(Open Source Software)의 정의

- 공개 SW를 활용하여 경영가치를 극대화하는 방법과 공개 SW의 관리를 통하여 이용의 최적화 & 위험요소 최소화 방안마련을 위한 통제 체계

나. 공개 Software의 목적

- OSS를 통한 생산성 극대화 & 개발납기준수, 법적위험 최소화

2. OSS Governance 도입 단계별 활동및 전략

가. 단계별 활동

단계	내용
1.공개SW도입방향성수립	환경분석을 통한 도입 방향성및 원칙 수립
2.현황 분석	정보화 현황분석 통한 공개 S/W 적용기회 도출
3.OSS적용모델수립	구현 및 Customizing(맞춤제작) 모델의 적용
4.OSS도입유형결정	직/간접도입, 내부개발에 대한 도입유형결정
5.OSS통제조직구성	독립부서, 겸임부서, R&R결정, 전담창구성

나. 공개 S/W Governance 도입 단계별 전략

현황분석	OSS 이해도, 도입 실태, 성공/실패 사례 사건 분석, 정책/기술동향 파악.

		OSS 거버넌스 프레임워크 수립	-IT거버넌스 Framework을 Tailoring -통제/관리보다는 지원과 정보제공	
		구성모델 및 원칙 수립	-수립된 OSS 거버넌스 프레임워크에 따른 정책과 기본원칙을 정의, Process 정립	
		OSS 거버넌스 고도화	-수요처 확보방안과 특성에 따른 배포. -방향설정 및 Workgroup 운영.	

3. 공개 SW 거버넌스 3대 영역 (정보통신산업진흥원)

OSS 영역	라이센스, 커뮤니티, 방법론 정의	OSS 이해
정책 & 가이드 영역	현황진단, 가이드, 기본원칙 수립 (사례)	OSS 안정적도입
운영 영역	Process, 법무팀 등 전체 process 수립	S/W 거버넌스활용

"끝"

문145)	ISP(In System programming)에 대해 설명하시오
답)	
1.	개발과정의 Prototype Design을 위한 ISP의 개요.
가.	ISP(In System Programming)의 정의
-	ASIC(Chip 생산전 부품단계 점검)화 하거전에 CPLD, FPGA, Flash memory, EPROM에 Binary Level Code를 Down후 실행하는 과정
나	Embedded System에 사용/적용되는 ISP장점

신속한 개발 (fast 개발)	End User요구사항 신속대응, Realtime 개발 현황 Monitoring 가능, Time to Market
대응력 신속	개발 Cycle단축, Easy개발, Code Reuse
ROI 개선	개발 비용감소, 이익증대, Overhead 감소

2.	ISP Interface 예제 & Programming을 위한 ISP과정	
I/F & Pin구성	Programming을 위한 ISP과정	

ISP Target System	사용과정	Debugging 세부내용
	Enter ISP	사용자모드 → ISP mode전환
VCC / Reset / MOSI / MISO / GND / CLK ⟷ VCC / Reset / MISO / MOSI / GND / CLK	Check ID(동기화)	PC와 Target간의 동기화 수행
	Bulk Erase	기존 Code Erase후 Down
	Program	새로운 Program 실행위함
-CLK:Clock pulse	Verify	CRC check, 체크섬 확인
-MOSI:Master Out Slave In	Exec ISP	실행 Code 수행, 검증확인
-Reset: Target시스템 초기화	Exit ISP	ISP 동작 종료

3.		ISP사의 고려사항
	-	개발 Design 항목사전 Review
	-	경험사례 (배운교훈: Lesson Learned)
	-	과거 경험사례 Review (Postmortem)
	-	자주 검증항목준비 등 사전 점검할 항목 고려

"끝"

I/O 제어 및 신기술

Interrupt 구동 I/O 방식과 Programmed I/O, 운영체제에서 I/O 디바이스(Device), Application과 Kernel 통신방법에서 Non Blocked I/O와 Blocked I/O 방식 비교, 비동기 I/O(Asynchronous I/O) 제어 방식, Embedded System과 Embedded Software의 특성, System Tuning 절차와 방법, Cloud Computing, System 증설이 필요할 경우 성능 분석과 용량 산정 시의 고려사항, UI(User Interface)와 UX(User Experience) 비교, 가상화(Virtualization), 하이퍼바이저(Hypervisor), 메타버스(Metaverse) 등 운영체제의 I/O 제어기술과 운영체제 차원에서의 신기술에 대해서도 학습하도록 하였습니다. [관련 토픽-31개]

문/46) 버스 중재(Bus Arbitration)의 개념, 신호, 직렬식, 병렬식, 점대점 방식에 대해 설명하시오.

답)

1. 다수의 버스 마스터(Bus Master)들간 버스중재의 개요

　가. 버스 중재(Bus Arbitration)의 개념

　　- 다수의 버스 마스터들이 동시에 버스를 사용하고자 할때 순서대로 한개의 마스터씩 버스를 사용하게 하는 동작

　나. 버스(Bus) 중재시 필요한 신호

구분	설 명
버스요구신호	버스 Master가 버스 사용요구(Request)를 알림
버스승인신호	버스 사용을 요구한 마스터에게 사용 허가
버스사용중신호	현재 버스가 사용되고 있음을 알림

☆

　다. 버스 중재 방식의 종류

분류 기준	종 류
제어 신호	-병렬 중재방식: 버스 마스터별 요구/승인신호
연결구조	-직렬 중재 방식: 버스 마스터들간 요구/승인선 공유
버스	-중앙집중식 중재방식: 하나의 버스중재기
중재기위치	-분산식 중재 방식: 다수의 버스 중재기

☆

2. 제어 신호연결구조에 따른 병렬 중재와 직렬중재 방식

　가. 병렬 중재 방식 (parallel arbitration Scheme)

개념	각 버스 마스터들이 독립적인 버스 요구

		개념	신호와 버스승인신호를 발생시키는 방식
		특징	버스 마스터의 수와 같은 수의 버스요구선 및 버스 승인(Grant) 신호선이 필요한 방식임
		종류	(중앙집중식 고정 우선순위)-중재기에 가장 가까이 위치한 순서대로 우선순위 결정 방식 (분산식 고정우선순위)-모든 버스 Master들이 별도의 버스 중재기를 가지는 구조 (가변우선순위)-시스템 상태에 따라 각 버스 마스터들의 우선순위를 변화시키는 방식
		구성도	 <중앙집중식 고정우선 순위 중재>
		장점	-일부 Bus Master의 결함이 발생하더라도 전체 시스템에 머치는 영향은 작음
		단점	-<u>회로 구성 복잡</u>: 버스 마스터(Bus Master) 수 만큼의 버스승인/요구선이 필요함
	4.	직렬 중재 방식 (Serial arbitration Scheme)	
		개념	버스 요구와 버스승인선이 각각 하나씩 존재하며 각 신호선을 버스마스터들간 직렬연결

		특징	다수의 버스 마스터들이 버스요구와 승인선 공유
☆ (이해)		종류	(중앙집중식 직렬 중재) - 하나의 중재 신호선이 데이저 체인 형태로 모든 버스마스터 직렬연결 (분산식 직렬 중재) - 데이지 체인 버스승인 신호 가 버스 중재기(Bus Arbitration)들을 순환형 접속
		구성도	〈중앙집중식 직렬 중재 방식〉
		장점	-회로 구조 단순: 버스요구와 승인선 공유
		단점	-일부 버스 마스터 (Bus Master) 결함 발생시 전체 시스템의 동작에 영향이 있음.

3		점대점 (point to point) 방식의 사용이유, 사례, 특징, 동향	
	가.	점대점 (point to point) 사용 이유 ☆	
	-	프로세서 고속화와 대용량 멀티미디어 데이터 처리 증가로 기존 공유 버스의 문제점인 병목 현상 해결	
	나.	점대점 방식의 특징 ☆	
		고속 Data 전송	공유 버스 방식의 병목 현상 제거

N/W 계층구조	OSI 7 계층과 유사한 Network 구조
Packet 전송	장치간 헤더와 payload로 구성된 패킷 전송
높은 확장성	연결 장치의 확장및 제거용이
Hot plugging	운용중인 System 에서 장치 (Device)
지원용이	연결및 제거(이탈)가 자유로움

다. 점대점 방식의 사례

사례	설 명
S-ATA	-7편으로구성된 Cable로 저장장치 직렬연결 -D-ATA 한계극복: 공유버스 오버헤드 제거
SAS	-Serial Attached Small Computer System I/F -기존 SCSI 방식 성능 개선한 직렬 인터페이스
QPI	-CPU간 또는 CPU와 노스브릿지간 점대점 연결 -FSB 병목현상 해결: 점대점으로 대역폭 한계극복
PCI Express	-장치간 고속 직렬 점대점 패킷(packet)전송방식 -PCI 방식 단점극복: 병렬 방식 성능극복

라. 점대점 방식의 발전 동향

- 단일 링크의 고속화: 전송매체 고속화를통해 링크속도 향상
- 복수 링크 구성을 통한 고속화: 다수의 링크를 점대점으로
연결하여 Data 전송속도 향상 (예 PCI-e x16)

〃끝〃

문 147)	버스중재기법인 데이지 체인 (Daisy chain)에 대해
	설명하시오
답)	
1.	다수 버스 마스터들간 중재기법, Daisy chain의 개요.
가.	버스중재 (Bus arbitration)의 정의
-	다수의 버스 마스터들이 동시에 버스를 사용하고자 할때
	순서대로 한개의 마스터씩 버스를 사용할수 있게 해주는동작
나.	데이지 체인 (Daisy chain)의 정의
-	버스 마스터 (Bus Master)들 간 중재를위해 버스마스터의
	우선순위를 직렬로 연결하여 결정하는 방식
다.	데이지 체인 기법의 주요특징

직렬 방식	-병렬 방식에 비해 회로및 배선이 단순함.
☆ 우선 순위	-고정되거나 가변적인 우선순위 기반의 버스중재
IDE 적용	-HDD의 연결 방식인 IDE에서 데이지 체인사용

2.	중앙 집중식 데이지 체인의 구조도 및 동작
가	중앙집중식 데이지 체인의 구조도

〈버스중재기〉　　〈버스 마스터들〉

- 하나의 중재 신호선 (BGNT)이 데이지 체인 형태로 모든 버스 마스터들을 직렬로 연결 (우선순위는 버스승인선 연결순서)

사. 중앙 집중식 Daisy chain의 동작과정

flow	설명
(버스마스터들 버스요구) ----→	다수의 버스마스터가 버스사용을 요구.
↓ BREQ	
버스 중재기 ----→	버스 중재기에서 BGNT 릴리스
↓	
BGNT Release	
↓	
◇ 요구한 버스마스터? ----→	버스 사용요구한 마스터 라면 BUS 사용
↓	
다음 이동 ----→	요구하지 않는 Master일 경우
/버스마스터 (버스 사용)	는 다음 Master 에게 넘김.

- BGNT (BUS 승인) 신호는 버스 중재기에서 발행하고 우선 순위(승인 신호선 연결순서)에 따라 요구상태 파악

3. 분산식 Daisy Chain의 구조 및 동작과정
가. 분산식 데이지 체인의 구조도

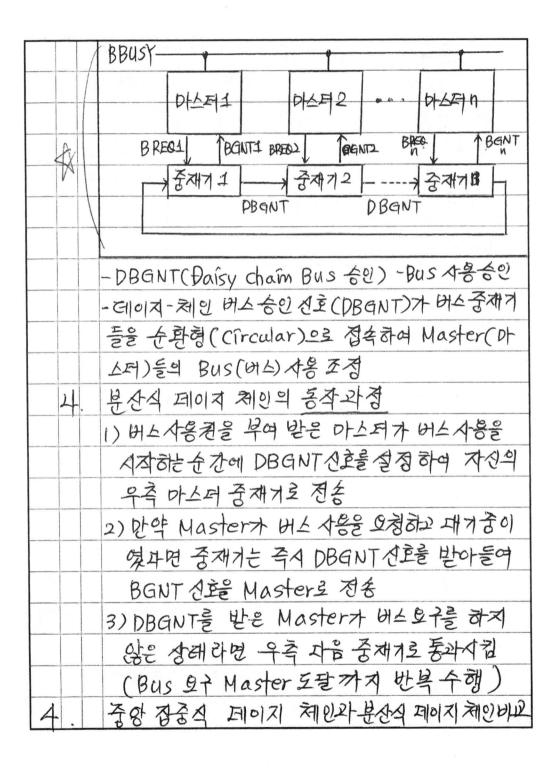

- DBGNT(Daisy chain Bus 승인) - Bus 사용승인
- 데이지-체인 버스 승인 신호(DBGNT)가 버스 중재기
  들을 순환형(Circular)으로 접속하여 Master(마
  스터)들의 Bus(버스) 사용 조정

4. 분산식 데이지 체인의 <u>동작과정</u>

1) 버스 사용권을 부여 받은 마스터가 버스 사용을
   시작하는 순간에 DBGNT신호를 설정하여 자신의
   우측 마스터 중재기로 전송

2) 만약 Master가 버스 사용을 요청하고 대기중이
   였다면 중재기는 즉시 DBGNT 신호를 받아들여
   BGNT 신호를 Master로 전송

3) DBGNT를 받은 Master가 버스요구를 하지
   않은 상태라면 우측 다음 중재기로 통과시킴
   (Bus 요구 Master 도달까지 반복 수행)

4. 중앙 집중식 데이지 체인과 분산식 데이지 체인비교

특 징	설 명
우선순위	중앙집중식은 고정적이나 분산식은 가변적
복잡도	분산식은 중재기가 Master(마스터) 숫자 만큼 필요해서 저복잡함.
안정성	분산식은 어느 한 지점에만 결함(fault) 발생해도 전체 시스템이 중단됨.

"끝"

「대해 설명하고 비교하시오.   설명&비교

문(48) Interrupt 구동 I/O 방식과 programmed I/O 방식에
답)

1. Interrupt 구동과 programmed I/O 방식의 개요

   가. Interrupt 구동 I/O (Interrupt-driven I/O)의 정의
   - I/O 제어기와 I/O 장치에 의해 I/O 동작이 수행되는 동안
     인터럽트는 메커니즘으로 이동하는 것처럼
     CPU는 다른 일 처리를 수행할수 있도록 하는 I/O 방식.

   나. programmed I/O 방식의 정의
   - CPU가 주기적으로 I/O 제어기의 상태를 파악하는 I/O 방식

   다. Interrupt 처리 방법

처리 순서	주관	내용
인터럽트 발행요청	I/O제어기	I/O제어기에서 CPU에 인터럽트요청
실행중인 program보관	CPU, OS	실행중이던 program상태를 stack에보관
서비스루틴 실행	I/O제어기	해당 Interrupt의 Vector table번지로 Jump
상태 복구	I/O제어기,CPU,OS	I/O제어기 동작완료, 중단된 program상태복구

2. Interrupt 구동 I/O 방식의 종류 및 programmed I/O 설명

   가. Interrupt 구동 I/O 방식의 종류 설명

   다중
   인터럽트
   (Multiple
   Interrupt)
   방식

사용허가 O.K.

		다중 인터럽트 방식	신호설명	INTR: 인터럽트요와, INTA: 인터럽트응답
			동작설명	각각의 I/O 제어기와 CPU사이에 별도의 INTR/INTA 선호선을 연결하여 사용.

		데이지 -체인 (Daisy- chain) 방식 ☆		

			신호설명	INTR: 인터럽트요와, INTA: 인터럽트 사용허가 형태로 연결
			동작 설명	·INTA(인터럽트허가가신호)선로가 각 I/O제어기에 Dasiy-chain 연결 ·CPU에 가장 가까운 I/O제어기가 가장 인선순위을 ·인터럽트처리중일경우 다른 I/O제어기가 INTR하여도 CPU는 INTA선로 반생 없이 pending 상태임

		소프트웨어 폴링 (Soft ware polling) ☆ 방식		

			신호설명	INTR: 인터럽트요와, TEST I/O: 요구한 장치 검사
			동작설명	CPU가 모든 I/O 제어기들에 접속된 TEST I/O선을 이용하여 인터럽트를 요구한 장치를 검사하는방식

4. programmed I/O 방식의 설명

CPU
ADDR
Data
I/o port
(Read/
Write)

주소 버스
데이터 버스

| 상태/제어 I/O제어기1 | 상태/제어 I/O제어기2 | 상태/제어 I/O제어기3 |

신호설명	I/o port (Read/write) : 각 제어기의 상태/제어값 확인
동작설명	CPU가 반복적으로 I/O 장치의 상태를 검사하면서 I/O 동작처리

3. Interrupt 구동 I/O와 programmed I/O 방식의 비교

구분	Programmed I/O방식	Interrupt I/O 방식		
		다중인터럽트	데이지 체인	Polling방식
Cpu over head	발생 (I/O동작직접관여)	없음	발생 (회전적 검사중에)	발생 (회전적 검사중에)
H/W요구	별도 H/W 필요 없음	H/W복잡 (I/O장치완료 INT필요)	간단	간단
I/O요구 발견속도	빠름	빠름	다중인터럽트 비해 느림	데이지 체인과 유사
기아현상 발생	없음	없음	발생 (우선순위낮은 Device에서)	없음
장점	-간단 회로구성 -H/W필요없음	CPU는 인터럽 통오한 장치 즉시 발견가능	H/W 간단	우선순위의 변경 이용이
단점	CPU가 I/O동작 수행하느라고 다른일을하지못함	H/W복잡, 확장성 부족 (I/O장치 많아질경우)	starvation 발생	처리시간이 오래 걸림.

4.		실무자 관점에서의 I/O 제어 방식
	-	Programmed I/O와 Interrupt I/O 방식을 혼합
		사용하여 CPU의 Overhead를 감소하는 알고리즘
		(Algorithms) 적용 필요
	-	I/O Device의 저전력 Mode 구현을 위한 Zero
		power 대응(I/O 제어기의 특정 pin을 사용하여
		CPU와 통신)
	-	I/O Device는 현재 Device의 Event를 CPU에게 통보
		하기위해 AN(Asyncronous Notification) 신호 사용
	-	SATA에서는 COMWAKE와 COMINIT 신호 사용
		"끝"

문149) 운영체제에서 I/O 디바이스를 위한 polling 방식과 Interrupt (데이지 체인) 방식을 설명하고 장단점을 비교하시오.

답)

1. I/O Device를 위한 polling 과 Interrupt 방식의 개요

   가. Timer에 의한 주기적 검사 방식, polling 방식의 정의
   - CPU의 Test I/O 핀을 이용하여 각 I/O Device (장치)의 I/O 사용 요청을 주기적으로 검사하는 방법

   나. Interrupt 처리 (H/W), Interrupt 방식의 정의
   - CPU가 각 I/O 장치의 I/O 요청을 검사하지 않고, I/O 장치 (제어기)로부터 Interrupt 요청에 의하여 I/O을 처리하는 방식

2. polling 과 Interrupt 방식의 동작 원리

   가. polling 방식의 동작 원리

   INTR (interrupt Request (요청))

   - 각 I/O 제어기내의 인터럽트 플래그를 Test I/O 선을 이용하여 순차적으로 확인, OS에 의해 Test를 수행하는 순서재로 우선 순위 결정

4. Interrupt (데이지 chain)의 동작원리

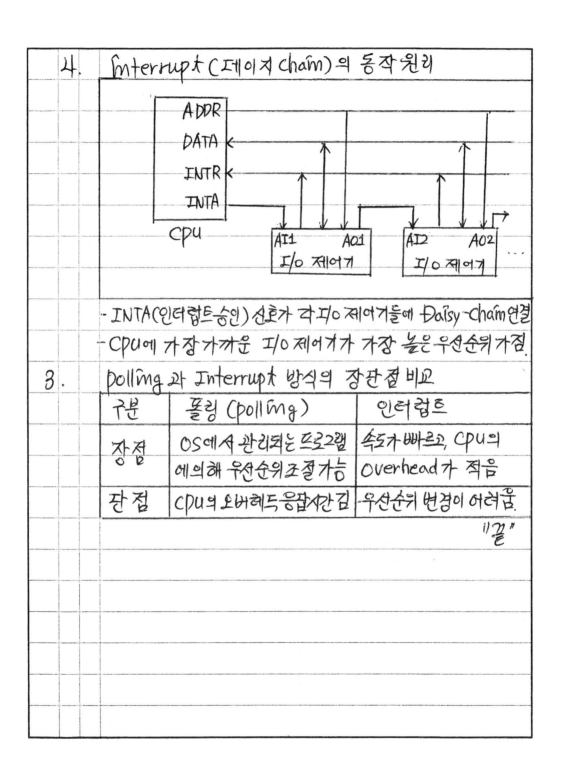

- INTA(인터럽트승인) 신호가 각 I/O 제어기들에 Daisy Chain연결
- CPU에 가장가까운 I/O 제어기가 가장 높은 우선순위 가짐

3. polling과 Interrupt 방식의 장단점 비교

구분	폴링 (polling)	인터럽트
장점	OS에서 관리되는 프로그램에 의해 우선순위조절 가능	속도가 빠르고, CPU의 Overhead가 적음
단점	CPU의 오버헤드 응답시간 김	우선순위 변경이 어려움

"끝"

문 150)	Application과 Kernel 통신 방법에서 Non Blocked I/O와 Blocked I/O에 대해 비교 설명하시오
답)	
1.	APP.과 Kernel 간의 통신, I/O (Input/output)의 개요
가	Non Blocked I/O와 Blocked I/O의 정의

Non -Blocked I/O	다른 Job 수행 여부 차이	Blocked I/O
I/O System call을 요청한 process는 일정 간격으로 Ready 상태를 Monitoring 하면서 다른 Job 수행		I/O system call 요청한 process는 다른 Job 수행 없이 요청이 완료되기를 지속 waiting

나.	Non Blocked I/O의 사용 배경

병렬 처리	I/O 동작중이라도 다른 Job 수행 가능
CPU 효율적 사용	Blocked I/O의 Blocking 현상 제거

2.	Non Blocked I/O와 Blocked I/O의 동작과 설명

Non Blocked I/O	Blocked I/O
App. Kernel polling{ Read 명령 → Not Ready (폴링) Busy ← Ready Busy ← Ready ← Ready 완료 ← Data 전송 ← Data -여러번의 polling 수행	App. Kernel Read 명령 → Not Ready 블록킹 { =waiting Ready 완료 전송 ← Data -polling 없이 Blocking.

| 3. | Non Blocked I/O와 Blocked I/O의 장/단점, 활용 |

분류	Non Blocked I/O	Blocked I/O
장점	- Thread 사용, 병렬 처리가능 - 작업 수행시 Debugging 용이	- 적은수 작업 수행시 고성능 - 이해하기 쉬운 직선적 Code수행
단점	- 다수의 polling 수행 - System 효율 저하	- I/O 대기지연 발생 - 작업수행시 디버깅 어려움
활용	- 병행 서버에 활용 (여러 Client 병렬처리)	- 반복 서버에 활용 (접속한 Client 하나씩 처리)

"끝"

문 151)	Application program과 kernel 간의 비동기 I/O
	(Asynchronous I/O) 제어 방식에 대해 설명하시오
답)	
1.	비동기 I/O (Asynchronous I/O) 방식의 정의
-	process 동작중, 시간이 소요되는 I/O 동작 제어를 위해
	새로운 Thread를 생성하여 Background로 동작을 수행
	하고 원하는 동작이 완료될때 process에게 제어권을 이반하는방식
2.	Asynchronous I/O 방식의 동작원리

<Application> <Kernel>

Signal →
Read (Data)
system call Busy ← Not Ready (Data 준비 안됨)
C++언어 Async() { await(); }
Thread 생성
(Background 동작)
Data 준비완료
해당 Buffer ← Signal 전송
Data 전송완료 (APP. 관리 Buffer에 Copy완료)
Thread 종료

App. 에서는 다른 동작을 계속 수행함

커널 제어 하에 App. 이 관리하는 Buffer에 I/O Data Copy(전송) 완료

-	Application 동작중에 I/O Data (HDD)가 필요할 경우
	process는 Thread를 생성하여 원하는 동작이 종료되었을때
	Signal로 통보 받아 처리 하고 Thread 동작과는 무관
	하게 다른 동작을 지속 수행함.

| 3. | 다른 I/O 제어 Model (방법)과의 비교 (Read동작기준) |

구분	Blocked I/O	NonBlocked I/O	비동기 I/O
Wait for Data	초기화 Blocking	Polling Polling	다른동작 계속수행
Copy (Data)	Blocking Blocking	Blocking Blocking	(Background 처리됨)
커널→APP.	완료	완료	Signal

(Blocked I/O, NonBlocked I/O: 실행순서 / 순서)

- Asynchronous 방식에서는 polling이나 Blocking없이
Signal로 Kernel과 APP간의 상호 정보처리 가능.

"끝"

v와 debugger 종류
환경에 대해 설명하시오.

문 /5ㄹ)	Embedded System 개발위한 Cross Delopment (교차 개발)
답)	☆☆☆(3)
1.	특정(Specific)한 가능개발환경, 교차 개발환경의 개요
가.	교차 개발 환경(Cross Development Environment) 의 정의
-	실제 Software(Firmware)가 수행될시스템과 개발하는시스템이다른환경
나	Cross Development Environment 의 필요성
☆	(응용 Program 개발)-Target 시스템에서는 응용프로그램 개발 불가.
☆	(Compiler 환경구축)-Target System은 저성능 processor
	사용 및 Memory 용량부족으로 Compiler 탑재는 무리.
☆	(실행환경구축)-개발시 실행은 Host에서 실 Code는 target에서동작
2.	교차 개발 환경 구성도 및 설명
가.	교차 개발 환경의 구성도

Host System   *   Interface   *   Target System

- 성능이 우수한 Host System 활용해 Target동작하는 S/W 생성
- 프로그램 작성 & Compile은 Host에서, 실행은 Target에서수행

나.	Cross Development Environment 구성 설명

구분	특징 설명	기술 요소

구분	특징 및 요약	기술요소
Host System (PC)	-Target system 개발환경 제공 system -Tool chain 설치운영 : Target device 의 S/W 개발위한 Cross Compile 환경제공	-Cross Compiler -Boot Loader, -Kernel, Root File system, -Downloader
Target System (System) 임베디드	-ARM, MIPS Core 사용, 임베디드 시스템 -수MB Flash, 수십MB DRAM 탑재 -DRAM을 활용 Data Cache/Buffering	-CPU, Timer, watchDog interrupt, DMA, UARTs, GPIO RTC, LCD, I^2C제어
Inter-face	-Host System과 Target system 간의 통신을 위한 Interface -유선, 무선환경 제공 가능	JTAG, RS-232C, 썬더볼트, I^2C, SATA, USB, SPI등

3 Embedded System Debugger의 종류

- Emulator 환경에서 Step, Break, watch, Dump, Edit(In-Line Assemble), RUN, Stack pointer view 기능 가능

종류	설명
ROM Emulator	ICE를 Target System의 ROM에 직접 연결실행
Full ICE	ICE를 Target System의 CPU에 직접 연결사용
룸모니터링디버거	Host에서 Interface를 통해 Target ROM 수행
JTAG 디버거	JTAG 단자를 활용하여 디거벙 (JTAG회로필요)

-ICE(In Circuit Emulator)

-JTAG(Joint Test Action Group)

"끝"

문153)	Embedded System과 Embedded S/W 특성 설명
답)	
1.	Embedded System의 개요
가.	임베디드 System의 정의 - 특정(Specific) 목적을 처리
	하기 위해 H/W와 S/W로 구성되어 Real time으로 처리수행
나.	임베디드 Software의 정의 - Embedded system을
	Hard/Soft Real Time 처리를 위한 S/W
다.	Embedded System의 필요성

Time To Market	특정한 업무를 효과적으로 필요시 제작
Real time Constraints	DeadLine 시간내 반드시 출력값 요구
Performance	가격대비 성능 최대화
신뢰성	기능정확성, Data 정합성, 신뢰성
실시간성	Real Time 정보처리, 실시간오류 제거

2.	Embedded system 설계사양및 구성도
가.	Embedded System 구성위한 설계사양

Major고려 항목	Sub-Major고려 항목
- product의 Cost	- Datapath의 Bandwidth
- Time to Market	- Clock 스피드 (EMI/ESD 고려)
- Real Time 제약사항	- Processor 아키텍쳐
- 표준 Code 사용	- 기능요구사항 구현 방법
- power Budget (ROI 고려)	- S/W 고려사항

스케줄링	Semaphore, Deadlock, priority Inversion Interrupt Service, Mutual Exclusion 정책등

3. Embedded System의 S/W 구조

가. Embedded System의 S/W 구성도

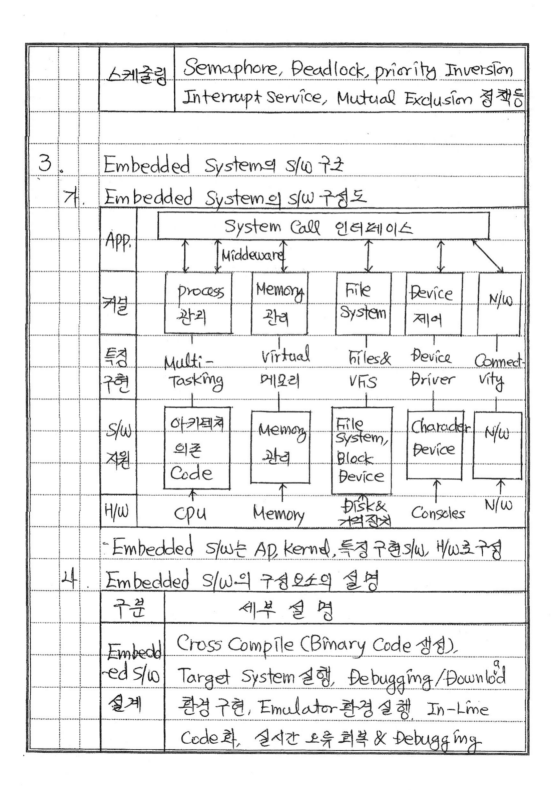

App.	System Call 인터페이스 Middeware			
커널	Process 관리	Memory 관리	File System	Device 제어	N/W
특징 구현	Multi-Tasking	Virtual 메모리	Files& VFS	Device Driver	Connect-vity
S/W 지원	아키텍쳐 의존 Code	Memory 관리	File System, Block Device	Character Device	N/W
H/W	CPU	Memory	Disk& 기억장치	Consoles	N/W

- Embedded S/W는 AP, kernel, 특정 구현S/W, H/W로 구성

나. Embedded S/W의 구성요소의 설명

구분	세부 설명
Embedded S/W 설계	Cross Compile (Binary Code 생성), Target System 실행, Debugging/Downlod, 환경 구현, Emulator환경 실행 In-Line Code화, 실시간 오류 회복 & Debugging

		System performance	Debugging Tool / Buffering
		-Tool, 사용언어 (C, JAVA등)	-Flow Control (S/W)

다. Embedded System의 H/W, S/W 구성도

- System은 H/W와 S/W로 구성되고 N/W을 통해 외부통신

라. 구성요소의 설명

구분	세부 설명
CPU	저소비전력 (Low Power Consumption), 고성능 요구 ARM Core, AMBA Bus, RISC, Pipeline
Input, output	SATA, 1394, USB, RS-232C, 썬더볼트, 병렬 port, K/B, Mouse, Touch Screen, Mike
N/W	Wireless LAN (2.4GHz 802.11 b/a/g/n/ac등) UWB, WPAN, 대용량 Data 고속 전송 가능
OS	Window CE, Linux, Java, POST μ-TRON등 표준화 Code 사용
스케줄링	Kernel, Multi-Tasking, Preemptive,

		Middleware	System & program 호환성 제공
		Device Driver	System Call Interface (API)에서 System 장치의 Data를 Read/write 제어가능
		Kernel	메모리에 상주하여 System 구동 System 내의 모든 Resource (HW, S/W)관리
		FileSystem	I/O 장치, Network 거거간의 Data 포맷 관리
		개발환경	JTAG, ROM Emulator, RS-232C등

4. Embedded System 설계 & 개발시의 고려사항

가. 실시간 동작 (Real Time - Hard/Soft RealTime) 고려

- Deadline time을 가지고 정해진 시간/주기내 반드시 수행

- Interrupt 나 polling Event에 즉각적인 동작수행

나. 기능최소화 (Small Size, Small Weight)

- 각각의 거거에 환경에 적합하게 가볍고 최소기능으로 설계

다. 안정성, 신뢰성, 고효율성 고려된 System 설계 필요

"끝"

문154) 자동차용 Embedded System 기술에 대해 설명하

답)

1. 자동차용 Embedded System의 개요.

   가. (정의) - 자동차내 전기, 전자, IT 기술을 통합관리 및 통제하여 운전환경을 보다 쾌적하고 안전, 환경 에너지 효율, Infortainment 기능을 가능하게 하는 기술

   나. 자동차용 전장제어, IT기술의 발전

엔진및 기계기 술의 한계점도달 (차별화구현불가)	→	디자인과 안정 성이 중요한 경쟁요소	→	안정, 쾌적운전 중요성	→	IT기술 접목 -에너지 효율 기능
1990년대		2000년재		2000년 말		2014년

   다. 자동차용 Embedded system의 변화.

기존	현재
부품 Module 개별 제어	Android OS 탑재, Module 제어
기계 장치 정밀도 향상	새로운 가치 추구 ('안전, 쾌적)
Engery, 환경요소 미고려	IT기술탑재, 환경/고에너지효율

2. 차량용 Embedded System의 기술요구조건, 구성, 핵심기술

   가. 차량용 Embedded System의 (기술요구조건)

기술요구조건	설명
H/W 신뢰성	경량화, 저소비전력, 자원관리, 신뢰성보장

Scheduling	Hard Real time / Soft Real time 처리
Sensor 적용	사전충돌방지, 충돌감도, 무게, 위치, 승객근접, 거동
Network	CAN, LIN, 라이다, MOST, FlexRay 통신 적용
S/W 신뢰성	오작동이나 작동중지 허용불가 System 적용

4. 차량내의 Embedded System의 구성도

〈차량내 Network 구성도〉

- OS(Android OS, Unix, Linux) 탑재, Network 기능
  (MOST, CAN, LIN), ISO 26262 규격 승인 제도

- 차량내 CPU와 OS, Diagnostic, Sensor 기능, N/W 적용.

자. 차량내의 Embedded System 의 핵심기술 설명

핵심 기술	설 명
H/W	CPU, Noise 제거회로, ADC, 액추에이터 구동
Sensor	충돌방지, 무게, 위치파악, 항속제어, Air-Bag 대처
Auto 제어 장치	-Auto Cruise Control (자동 정속 주행) -차선 pattern 인식-주행방향 자동 제어
Diagnostic	전기, 전자, IT기술의 Quick Verification
Operating System	선점형 Kernel, Scheduler, event & Resource Management, File/Data/Timer 관리 & 실행

Network 기술	CAN	- Controller Area Network - 전기적 Noise (Spark) 대응 Network - CSMA/CD 방식, ISO 표준 26262 대응
	MOST	- Media oriented system Transport - 광 케이블 Ring 구조 (Noise 발생 제거) - 차량내 Multimedia/Data 전송
위치정보	GPS	Global positioning system 적용
모바일통신	5/6G →	Global system for Mobile 통신 적용

3. 차량용 Embedded System의 운영체제조건 및 platform

가. 차량용 operating system의 조건

구분	주요기능 (AUTOSAR 요구조건 만족)
Kernel	선점형 커널사용, Hard Real time 제약조건 고려, RM(Rate Monotonic), EDF(Earliest Deadline-First)
Scheduler	FIFO 알고리즘, 우선순위 대기 Queue 사용
Event와 자원관리	Message 관위의 전송기능 및 여러통신 제어 기능 제공 (OSEK COM 운영체제)
Application 개발	- OSEK의 표준 App. 제공 & 기능/기기 호환성 - Task 우선순위, Event/Resource/Message/Network/file/stack Management

나. 차량용 operating system의 platform (framework)

종류	operating system의 설명

AutoSAR
= Automotive ope s/w Architecture

	Embedded Linux	Open Source Linux 내장, 국제 표준인 POSIX 지원, 여러업체 Embedded Linux개발도
	Window CE	Win32 API, 높은 사용자 Interface 표준제냉 Semaphore & 256 관계우선순위 지원
	Android OS	Google의 open Mobile platform, O/S, Middle Ware, UI/UX, App.으로구성, 터치스크린, 쿼티자판

4. 차량 OS 제어, 실무자 입장에서의 개발 방안.

가. Embedded 기술 개발과 동시에 국제 표준규격화 추진.

나. 자동차 전장제어와 IT기술의 융합 거버넌스 필요.

자. 차량용 Embedded System 개발위한 산학공동체필요

"끝"

문(155) Clustering (클러스터링)과 HA의 비교

답) ☆

1. System의 효율적 관리를 위한 HA와 클러스터링 비교

　가. HA(High Availability)의 정의
　- 두대 이상의 시스템을 하나의 Cluster로 묶어서 한 시스템이 장애 발생시 다른 시스템으로 신속히 서비스 재개 기술

　나. 클러스터링(Clustering)의 정의
　- 여러 대의 컴퓨터(SMP)를 고속 Network에 병렬로 연결하여 고성능, 고가용성, 로드 밸런싱 지원 기술

　다. 가용성 관리가 부각되는 배경
　　(IT 복잡도 증가) : 가상화, 채널 다변화, 유무선 비트워크자원
　　(정보시스템 위협) : 해킹, DDoS 공격등을 빈번한 발생

2. HA의 구성도와 구성의 종류

　가. HA(High Availability)의 구성도

　☆

stand by IP	가동 Service IP	standby IP

가동DB / 가동각일시스템 / Private N/W / 외장디스크 / 개발서비스 IP / 개발DB / 개발각일시스템

망이중화

가동시스템 　　　　　 개발(Backup) 시스템

- HA의 각 시스템은 2개 이상의 N/W 카드를 가지면서
  N/W을 통해 상호간의 장애 및 생사여부 감지

나. HA 구성의 종류

종류	상세 설명
Hot Stand by	-정상시 백업시스템 구성하여 재기 상태를 유지하다가 장애 발생시 take-over
Mutual Stand by	-서버별 개발서비스 수행중인 상태에서 특정서비스 문제시 해당서비스를 지정된서버로이동
Concurrent Access	-다수의 시스템이 동일 업무를 동시에 병렬처리. -한 시스템 장애 발생시 나머지 서비스 지속.

3. 고성능 HA 지원을 위한 기술, Clustering

가 Clustering의 구성도

고성능 LAN

SMP	SMP	SMP
▢ ▢ —CPU	▢ ▢	▢ ▢ —CPU.
메모리	메모리	메모리

공유 Disk　// Share Disk
사용

- 각 SMP Computer들이 공유 디스크를 사용하여 하나의 System 이미지를 가짐 (CSMP들간 고 성능 상호 연결망)

라. Clustering 의 유형

구분	상세 설명
병렬처리형	-메세지 송수신 통한 병렬처리, 고성능 수치 연산
고 가용성	-오류 가능성 고려하여 모든 서비스 유지
로드밸런싱형	-부하 파악 및 업무의 분배

다. Clustering 의 핵심 기술

구분	상세 설명
고 가용성 기술	- Computer 하나가 고장이 나더라도 다른 Computer가 업무를 받아서 수행
관리성 기술	-병렬화 처리, 부하 균등화 및 동적인 시스템 재 구성 기능의 제공
확장성 기술	-Computer들이 많아질 수록 시스템의 전체 성능이 최대한 선형적으로 증가하도록 함
Single System Image	-사용자에게 하나의 시스템 인 것 처럼하여 System operating (운용) 편의 제공

4 HA와 Clustering 의 비교

구분	HA	Clustering
Down Time	99.999% 년간 평균 5분 미만	99.9% 연간 평균 8시간 이상

복구소요시간	발생함	발생함
데이터 보호	메모리와 디스크 모두 보호	디스크 만 보호
도입 및 실행	판일서버와 같은 단순 간편한 도입	복잡한 Script 개발 및 테스트
App. 부품교체	-수정불필요 -실시간교체 가능	-수정필요 -실시간교체 불가능
로드밸런싱	-가능 (Concurrent Access 모드)	-가능

"끝"

문156) 파레토(Pareto) 법칙이 소프트웨어공학과 운영체제에서 어떻게 활용되고 있는지 설명하시오.

답)

1. 비용대비 효과를 추구하는 pareto 법칙의 개요

가. 파레토(Pareto principle)의 정의
- 전체 결과의 80%가 전체 원인의 20%에서 발생 법칙
- 양적으로 작은 항목들의 가치가 큰 항목들의 가치보다 훨씬 중요하다는 법칙 - 전체중 20%만 투입 → 80%의 성과 발생

나. 일반적인 pareto 법칙의 사례

소득불균형의 원리	→ 부의 80%는 20%에 의해 소유됨
최소노력의 원리	- 투입된 노력, 비용 20%의 성과; → 산출물의 80%를 달성
우수고객 관리	→ 20%의 고객이 80%의 이익을 창출

2. 소프트웨어 공학측면에서의 파레토법칙의 설계응용 사례

가. 파레토 법칙(Pareto) 설계 적용 필요성

분야	필요성	적용방안
품질 관리	-전체 결함의 80%가 설계 결함에서 발생 -시스템에서 발생되는 결함의 80%는 원인이 되는 20%를 수정해서 해결가능	설계 Review 를 통한 결함의 사전예방

나. 파레토 법칙의 적용사례인 설계 반영의 활동과 효과
- 과거 품질 경험 사례 반영, 자주검증 실시

설계 반영 Action		결함발생 감소
-고객요구사항의 반영여부	20%효과 → 80% Results	-H/W, S/W 성능 개선, 품질문제 Zero
-기술적인 구현 가능성		
-위험요인의 내포 가능성		-고객 만족, 이익극대화

한칸 띄우라

〈사전 선행 검토를 위한 결함 제거 〉

3. 운영체제 측면에서의 파레토 법칙의 응용 사례인 참조지역성의 활용

가. 파레토 법칙의 적용 사례인 참조 국부성 (Locality)

- program의 어떤 특정 Routine을 실행하는 동안 주로 그 Routine의 일부분만이 참조되는 성질

구분	내 용	예
시간 국부성	처음 참조된 기억공간을 특정시간동안 계속 참조	-반복, Stack -계산과 누적 변수
공간 국부성	실행시간의 80% 동안은 20%의 기억장소만을 참조	-배열조작, 지역변수 -순차적 실행

4. 파레토 법칙의 적용에 따른 Thrashing 방지기법적용효과

참조국부성 적용		-쓰레싱발생방지
-Working set	20%효과 → 80% Results →	-디스크접근 감소
-PFF 적용		-시스템 성능향상

다. 파레토법칙 적용 측면에서의 Instruction set 진화 (CISC → RISC 명령)

컴퓨터 사용시간 80%는 전체운영 코드의 20%만 사용	발전 →	사용 빈도가 낮은 명령어 삭제를 통한 CPU 성능향상 및 CPU 설계 비용, 시간단축 효과

→ 성능향상, 고속 처리 방향으로 발전

- 파레토 법칙에 의한 CPU 성능 향상 및 CPU 설계 비용/시간 절약을 위한 방향으로 발전 될.

선택 방안

4. 웹(Web) 3.0 시대에서의 역 파레토 법칙과 파레토 법칙

가. 역 파레토 법칙인 Long-Tail 법칙

- "선택과 집중"의 마케팅 전략에 반대되는 80%의 소비 받던 제품에서 많은 수익을 올리기 시작, 즉 마케팅에서 무시 되었던 80%의 반란.

- 개미 고객 80%에서 나오는 매출이 전통적인 20%의 고객 보다 훨씬 큰 현상을 표현하는 법칙.

나. 파레토 법칙과 Long-Tail 법칙의 비교

구분	파레토 법칙	Long-Tail 법칙
경제 패러다임	희소성의 경제	풍요의 경제
진열 방식	획일적인 진열방식	무한한 진열 방식
유통	복잡한 유통방식	수요와 공급을 직접 연결

다. 파레토 법칙의 선택 방안

- Targeting이 필요한 분야에서는 여전히 중요한 원칙

- 시간, 공간의 제약이 없는 Web 3.0 환경에서는 Long-Tail 법칙이 보다 유리.
- 대상과 제약 상황에 따라서 파레토 및 역 파레토 (Long-Tail) 법칙의 선택 필요. (Tradeoff)

"끝"

↗예상문제

에 대해 설명하시오.

문157)	UEFI(Unifed Extensible Firmware Interface)
답)	
1.	Smart phone으로 PC Booting, UEFI의 정의및등장배경
가	UEFI(Unified Extensible Firmware Interface)의 정의
-	운영체제와 H/W platform새의 F/W 사이에 존재하며 Fast Booting를 하기위한 Application.
-	각 platform의 Boot 정보와 운영체제 및 로더(Loader)에 제공하는 Runtime service을 제공
나.	UEFI의 등장배경

등장배경	설 명
Fast booting의 필요성	BIOS에서실행되는 POST 과정을 생략하여 win8 경우, 8초에서 2초로 단축(POST과정초기값을 OS에서 실시)
다양한기기에서 OS부팅	기존 USB, CD-ROM Booting외에 Smart phone에서도 Booting 가능
표준사양의 필요성	각 platform, 회사별로 BIOS 구속성을 UEFI 표준사양으로 통합.

2.	UEFI의 기술요소 및 기존 BIOS와의 기능 비교
가.	UEFI의 동작 및 동작 설명

동작 구조	동작 설명
운영체제	1) UEFI App. : UEFI Shell, UEFI Shell 명령, 플래시 유틸리터, 진단등으로

ARPB = Agnostic
　　　 Rich Pre-Boot

★ (3)	UEFI ↑↓	구성되어 있고 시스템과 함께 제공된 f/w 내에 상주하거나 SSD, HDD, PCI 카드 내장메모리, USB 키 등의 저장장치에 설치하여 구동됨	
	Firmware (BIOS) ↓	2) OS Loader : OS 부팅 제어와 가상 메모리 매핑, 시스템 Run-Time 모드로 전환하여 Event 처리	
	Hardware	3) UEFI Device Driver : f/w 제어와 OS 부팅관리, UEFI APP.를 Call 하여 동작수행	

4. 전통적인 BIOS 대비 UEFI 기능

UEFI 기능	기능의 설명
OS의 추상화	OS와 f/w 인터페이스, UEFI 사양으로 결정
장치와 관련된 I/O 추상화	PCI, USB, SCSI 등 표준 인터 레이스 지원
확장형 platform 환경	다양한 H/W와 부팅 장치 접근 가능
OS ARPB 환경	N/W, USB 각 일시스템 기능지원
일관성있는 환경설정 인프라	BIOS/Storage/NW option 설정 가능
GUID 파티션 Table	128개의 Primary 파티션 → 9.4 제타 Byte 지원
Secure Boot	관리자는 Secure Boot key를 관리 특정 사용자관리 가능

★★ (2)

5. Legacy BIOS와 UEFI의 비교

구분	Legacy BIOS	UEFI f/w
사용언어	어셈블러	C
지원프로세서	Intel, AMD	Intel, ARM

프로세서 모드	대부분 16bit	16bit/32/64bit
제공서비스	Interrupt	Protocol
비디오 지원	Int 10h & VBIOS	GOP(Graphic출력 프로토콜)
스토리지 자원	Int 13h, MBR, 파라서닝	Block I/O, GPT/MBR파라션
OS 핸드오버	명확한 정의부재	UEFI사양으로 정의

3. UEFI의 platform의 분류및 설명

가. UEFI의 platform의 분류

- Legacy와 혼합된 형태나 UEFI 단독 형태로 구분함.

나. UEFI의 platform의 설명

구분	설명
Class 0	전통적인 레거시 BIOS에 기반한 비 UEFI 플랫폼
Class 1	전통적인 Legacy 에서만 부팅됨 CSM(Compatibility Support Module)이 사용됨.

| Class2 | OS가 UEFI를 지원, 현재판매되고있는 platform 재부팅 적용 |
| Class3 | UEFI를 적용하여 사용 |

4. UEFI 적용시의 고려사항.

- Legacy System과의 호환성 issue 개선필요.
  (H/W와 S/W, Firmware 차원에서 대응)
- Secure Booting을 관리하기위한 Secure key사 공개키
  의 관리 방안 수립 필요.
- POST 시간 최적화에 따른 초기설정 값의 오류 발생시의
  대처 방안 수립필요.

"끝"

문158)	System Tuning (시스템 튜닝) 절차와 방법에 대해 설명하시오
답)	
1.	System의 성능향상, System Tuning의 개요
가	System Tuning (성능유지)의 정의
-	Application, DB, OS, Network, Hardware, S/W 등의 조정(Tuning)을 통해 System을 최적의 자원으로 최상의 성능을 유지하도록 하기위한 작업.
나	시스템 튜닝의 필요성

필요성	내용 설명
변화나 환경에 따른 성능저하 요소 사전 파악	새로운 기능추가, Application의 구조적 문제, Data와 사용자등의 증가에 따른 성능 저하 발생
지속적 성능유지	문제(Issue) 발생시 임시적 대응이
사용자 서비스	아닌 주기적, 지속적 관리 필요

2.	System Tuning의 범위 및 대상
가	System Tuning의 일반적 범위(Scope)

PC — 인터넷 — F/W — 표현(Web) — Logic(App.) — DB

N/W

OS, H/W, S/W

- 일반적으로 N/W과 OS, H/W, S/W로 분류

4. System Tuning의 대상별 tuning check point

구분	Check point
Biz Logic	업무 process의 효율성및 정합성 check
OS, H/W	Server 별 OS, CPU, Memory, HDD등
DB	DBMS 구축환경, 사용자조건, 접근제어
Application	사용/관리자 Application Logic
Web/WAS	Web과 WAS의 분리고려, Service 고려
Network	N/W Node별 대역폭 고려, N/W, 보안장비고려

3. System Tuning의 절차및 Tuning 방법

가. System Tuning의 절차

- 튜닝요소 수집후 방법선정하여 검증평가함.

나. 시스템 tuning Method

구분	항목	방법
비즈니스	비즈니스 Rule튜닝	업무 process의 간소화

				Data Design tuning	-Table 파티셔닝 여부
			Design (디자인)		-Logic/Global Index
					-table 분할과 병합
				응용 프로그램 설계 tuning	-Application PGM의 구조 설계
					-UI/UX의 표준사양 준수 여부
			Application	논리적 구조의 Tuning	-Table의 저장구조
					-외래키 및 제약조건의 여부
				DB운영상의 튜닝	-optimizer의 활용
					-Lock 모니터링, Stored 절차 활용
				실행경로튜닝	-cluster의 활용, Index 여부결정
				Memory 구조의 튜닝	-Shared Buffer 영역 존재여부
					-Sort 영역 및 Hash table 등
			Server (서버)	I/O와 물리적 구조튜닝	-디스크 I/O, Row Chain, Row Migration 등
				자원에 대한 경향튜닝	-Data Block, Lock의 경향
					-2PL 알고리즘 적용 여부
			OS	OS 기본구조	-Data 블럭, Locking 여부
			H/W	H/W 안정성	-정전기, 전원 등의 안정성 여부

4. System 성능향상을 위한 방안 및 고려 사항

가. System 성능 향상을 위한 방안

- 적정 System 자원의 확보 : CPU, 메모리, 서버이중화

- 성능향상을 위한 Solution 적용 : Cache Server, CDN 등
- Application 통제 : App. 변경통제 강화 및 지속적 모니터링

4. System Tuning시 고려사항
- Risk 회피 : 절차준수, 사전 Backup, 복구 방안등 사전대비
- 목적 명확화 : peaktime의 속도 향상 vs 자원 효율화
- Tuning의 한계 : Tuning 전 Tuning의 효과에 대해
  조직내부의 의견공감대 조성 및 사전 검토회 실시.

"끝"

문 /5①	XIP (eXecution In place)에 대해 설명하시오
답)	
1.	효율적인 Embedded System 실행을 위한 XIP의 개요
가.	XIP (Execution-in-place)의 개념
-	임베디드 시스템에서 Word 단위의 개별적인 접근이 가능
	하며 Random Access에 적합한 입출력 Interface를
	제공하는 NOR Flash Memory에 저장된 program을
	직접 접근(Access)하여 실행하는 기능
나.	XIP의 사용현황

임베디드 시스템	프로그램 Size 작고, 구현간단, 별도 DRAM 불필요
NAND Flash	용량대비 비용 저렴화로 NAND Flash 사용

2.	XIP의 주요특징과 Code shadowing과의 비교
가.	XIP와 Code shadowing의 구조

XIP	Code shadowing
CPU	CPU
Code Data	Code → Code
File system   Data
NOR Flash SRAM	NAND SRAM

- XIP system 에서는 Code를 SRAM으로 상주시킬 필요없이 직접(Direct)로 접근(Access) 가능

나	XIP와 Code shadowing의 특징 비교

구분	XIP	Code shadowing

			-DRAM 요구량 작음	-DRAM에 OS 로딩후
		장점	-Booting 시간 짧음	실행, 성능 빠름
			-SDRAM 비해 실행시 저전력	-OS Image update 가능
		단점	-OS의 수행 perfor-mance(성능) 느림	-Booting 시간이 XIP 대비 느림. -DRAM요구량 많음
			-Code update 가능(장점)	-XIP 대비 고소비 전류

3. XIP의 단점 보완 현황및 발전 방향

가. <u>단점보완</u>: Program 크기와 증가문제를 동시에 해결
할수 있는 NAND Flash 기반의 Demand paging 등이 있음.

4. NAND Flash의 입출력 성능 개선, XIp 지원, 이중 page
버퍼등. 다양한 기능이 추가된 Hybrid Flash, one
NAND Flash 등이 개발되어 활용됨

"끝"

문160) 클라우드 컴퓨팅 표준화 동향 및 전략에 대해 설명하시오

답)

1. Internet을 통한 IT 자원의 On-Demand 서비스 cloud개요

가. Cloud Computing의 정의 : Internet 기술을 활용하여
'IT 자원을 서비스'로 제공하는 컴퓨팅, IT 자원
(소프트웨어, 스토리지, 서버, 네트워크)을 필요한만큼 사용, 과금

나. Cloud Computing의 등장배경 및 발전과정

등장 배경	다양한서비스	Saas(s/w), Paas(platform), Aaas.
	활용개념 변화	H/W의 장비보유 개념이 수도와 전기 처럼 빌려서 사용하고 과금하는 활용개념
	IT자원사용위	'가상화된 IT 자원을 서비스'로 제공
발전 과정	Web Service	→ Grid Computing → Network Computing → Utility Computing → Cloud Computing

다. 표준화의 필요성

벤더종속성탈피	각 벤더별 솔루션 제공에 따른 종속/신뢰성 문제
보안/호환성 확보	제품간 상호호환성, 이식성, 보안성 표준화필요

2. Cloud 컴퓨팅의 장/단점 및 주요 표준화 필요 항목

가. Clouding Computing의 장/단점

구분		내 용
장점	IT설치비용절감	사용도가 낮은 IT자원 설치불 필요
	신기능신속재공	IT자원 수용변화에 따른 신속 대응

장점	합리적 가격성	필요 자원 선택적 구매, 사용량기반과금
	경영합리화	자산의 운영비로 재무적 유연성 확보
	Data 보호	해커와 외부 첨입 및 공격 시스템 및 Data보호
단점	안정성 결여	클라우드 서비스에 대한 안정성 우려
	보안문제	주요 Data 클라우드 컴퓨터에 저장에따른
	호환성	표준화 부족, 레거시 Infra 전환 비용 등.

4. Cloud Computing의 주요 표준화 이슈 및 해결방안

구분	내 용 (issue)	해결 방안
platform 간상호호환 성 결여	-특정 클라우드 플랫폼 기반으로 AP. 개발후 타 클라우드 플랫폼 동작 불가.	"서비스지향 클라우드 플랫폼 서비스 공통 API" 사용
플랫폼간통합 서비스마이그레이션 제공 문제	-클라우드 플랫폼 각각의 데이터 저장/관리 방법은 차이. -서비스와 Data 이동 format 차이	"클라우드 서버 연동 방법에 대한 표준 사양" 사용
안전한 Data와 서비스보안결여	-자사의 주요 Data를 타사의 서버에 저장/관리하는위험성 -강력 하고 안전한 보안 필요.	"클라우드 지원 보안 프록시' 사용
단말독립적 서비스결여	-모바일 및 유비쿼터스에 대한 인프라 구축환경에서 단말독립성결여문제	-기본 Web 표준준수 -W3C 모바일웹표준화준수-U. 표준화 (UWA)준수
서비스확장 성 및 상호 운용성 필요	-서비스확장에 필요한 도메인 별 서비스의 특화, 상호운용성 제공 필요.	-모바일, 유비쿼터스, 미디어분야 서비스특성 에맞는 표준화 필요

3. Cloud Computing 국제/국내 표준화

가. 국제표준화 동향

구분	진행 내용
OCC	- Open cloud consortium. - 스토리지 cloud/ Computing cloud 표준 개발 - 과학 데이터/ 바이오/ 유전 Data cloud 중심 - IaaS와 PaaS 연결 Frame work 개발
ISO /IEC	- 서비스 호환성. 보안 이슈, 공통 API 개발. - 국가간 cloud Computing 표준화 사양 정리 (개념/용어정리. 표준동향분석, 사용자 요구 사항분석, 표준기구간의 협력)
ITU-T	- 클라우드 컴퓨팅 및 기타 보안 이슈 대응 W/G

나. 국내 표준화 동향.

지식경제부	「친환경 클라우드 Computing 산업 육성 전략」 발표추진
방송통신위원회	「k-cloud 서비스 추진 계획」 국제 경쟁력 확보주력
행정안전부	「공공부문 Cloud Computing 도입, 확산 방안」 추진

4. cloud Computing의 표준화 개발 사항 및 지원.

가. 호환성/신뢰성 확보방안: I/T/SW 산업의 균형 발전 추진
위한 cloud Computing 호환/신뢰성 확보 중심의 표준 개발지원

나. 전략적 대응 필요성: cloud Computing 관련 표준화
조기 대응 및 선도를 통한 IT/소프트웨어 산업 경쟁력 강화

"끝"

문 161) Cloud Computing에 스토리지 가상화에 대해 설명하시오.

답)

1. Storage 활용증대를 위한 스토리지 가상화 기법.

가. 스토리지 가상화의 개념 : 물리적인 자원을 여러 논리적인
자원으로 분할하여 고속복사, 용량확대를 가능케 하는 기술

나. 스토리지 가상화의 필요성

관리 비용 절감	스토리지 관리 비용 절감요구 (정책기반)
효율성 증대	자원의 운용 효율성 증대 방안 / 수요증대
I/O처리 극복	디스크공간, I/O 처리 능력의 한계 극복

다. Storage 시스템 구축 종류

종류	내용
DAS (Direct Attached Storage)	전통적인 Disk 접속 방법
NAS (Network Attached Storage)	LAN을 통한 독립적 전용서버 Disk구성방법
SAN (Storage Area Network)	광채널 통한 Disk 접속 및 구성방법

2. 스토리지 가상화의 주요 특성 및 요소 기술

가. 스토리지 가상화의 주요 특성 (향상)

특성	구분 내용
스토리지 활용률	-통상 스토리지 활용은 50% 이내 (통계자료) -불필요한 스토리지 추가 방지, 기존스토리지 활용률증대
I/O 성능	-스트라이핑 저장 기술 사용하여 Data 입출력 성능 향상. I/O 성능 증대.

		가용성	- Seam less 서비스 제공 필요.
			- Mirroring 하거나 복제기술로 고장 대처
		비용절감	- 잉여 자원의 재배치 정책 하여 스토리지추가없이 비용 절감 효과 발생
		관리용이성	- 스토리지 관리 비용이 스토리지 구매 비용보다커
			- 스토리지 가상화 기술도입 관리용이성 추구
		디스크와 블럭스토리지 장치 가상화	- RAID 시스템 : 여러 디스크를 하나의 디스크와 같이 동작하는 장치로 가상화.　　사용
			- 볼력 매니저 또는 N/W Storage는 디스크사용 처럼
		파일시스템및 파일 가상화	- 여러 file system을 하나의 file system으로 사용.
			- Cache 개념도입 : 자주 사용되는 file Cache化.
		Host 또는 서버 기반 storage 가상화	- 물리적인 storage을 logical storage로.
			- Mirroring, 복제기능 추가제공
		Network 기반 가상화 관리	- (in-band /out-band storage 가상화. 가상화 장치
			- in band : 가상화 장치사용 (switch ↔ storage)
		클러스터링 분산시스템	- 대량의 스토리지 서버를 하나의 클러스터 파일시스템

4. 스토리지 가상화의 모든 기술

RAID	- 크기가 작은 물리적 Disk 여러개를 하나의 논리적 Disk로사용
SAN	- 광채널 통한 Disk 접근 및 안구성 Network 솔루션
Cache 사용	- 메모리에 데이터를 유치하는 방법은 성능 저하를 줄이는 방법으로 이용.
스냅샷	- 특정 Volum을 다른서버에 할당, 특정시점 백업수행.

3. 스토리지 가상화 구축 방식

가. 설치위치에 따른 가상화 구축방식

구축 방식	내 용
Network 중심	-S/W 스위치에 가상화 Application이 구동되는 별도의 서버를 설치하는 N/W중심의 가상화기법
스토리지중심	-스토리지 자체가 가상화 기능보유 (고가)
서버중심	-서버에 가상화 S/W를 설치해 사용 (부하 발생)

나. 처리방식에 따른 가상화 구축 방식

구축 방식	내 용
Out-of-Band 방식	-서버와 디스크간 I/O에 가상화장비가 사용안됨 -장점: 분리된 Control과 Data는 I/O 들이 SAN의 모든 대역폭 사용. -단점: 구조가 매우 복잡.
In-Band 방식	-서버와 디스크간 I/O에 가상화 장비가 사용됨 -장점: 구조가 간단, 스토리지 N/W상에 일종의 방화벽을 구성. -단점: 오류나 데이터 전송의 병목현상.

4. 스토리지 가상화 구축시 고려사항과 기대효과

가. 고려사항: 스토리지 자원 사용현황, I/O, Cachehit Ratio의 Monitoring과 관리자원량을 구분하여 관리.

나. 기대효과: 자원 활용도 증가, 기존투자장비 활용가능. 관리 비용 절감.

"끝"

문162) Mobile cloud에 대해 설명하시오.

답)

1. 개인형 cloud, Mobile cloud의 개요

가. Mobile cloud Computing의 정의

- Internet 상에 각종 Contents를 저장하고, 언제, 어디서나 smartphone 같은 Mobile 기기로 이용하는 cloud service

나. Mobile cloud의 특징 (pc less, 강력한 보안 (USIM))

| 기업Cloud | 발전→ | 개인 cloud | → | -platform독립, Mobility지원
-N-Screen (Multi Device) |

2. Mobile cloud의 개념도 및 구성

가. Mobile cloud의 개념도

- 스마트폰 / PC / Tablet ← 디바이스 종류/사양 무관, 동일서비스 제공 → 인터넷
- E-maile
- 연락처/일정
- Multi-Media
- Application
- 문서&파일공유

← Mobile Device 서비스 → ← Mobile 서비스 →

- Smart phone/Tablet 확산과 Cloud Computing의 결합

나. Mobile cloud의 구성

구분	구성요소	설 명
Server platform	Data스토리지	사용자 Data 동기화, 저장및 서비스
	인증및과금	Cloud 서비스 요금 정산및 사용 인증
	온라인 마켓	Client 단말 platform 다운로드, 설치지원

단말 platform	응용서비스	이메일, Multimedia, 각일&문서 서버스등
	모바일 Device	스마트폰, Notebook, Tablet, 인증&서비스이용

3. Mobile cloud와 기존 cloud 비교

구분	기업 cloud	Mobile cloud
대상	기업, B2B 중심	개인, B2C 중심
서비스	Iaas, Paas, Saas등 다양	스토리저, 단말중심
비용	종량제, 과금 방식	무료, 광고기반
이슈	Compilance 중심	익명성보장 중심
사례	MS의 Azure, Amazon의 EC2	Apple iCloud, Mobile me, Google sync, 다음 cloud.

"끝"

문/63) VDI (Virtual Desktop Infrastructure)

답)

1. 데스크톱 가상화, VDI의 개요

가. Virtual Desktop Infrastructure의 정의
- 사용자 PC환경을 데이터센터에 구축하여 논리적인 데스크톱(Desktop)환경을 제공하는 Computing 환경

나. Desktop 가상화의 특징 (Features)

구분	특징	설명
보안	Data유출방지	중요 Data의 안전한 관리, 민감정보 추출가능
	내부보안 대책	바이러스 & 악성코드 유입의 원천 차단
관리	중앙 관리	Patch & Upgrade 중앙화
	비용 절감	Desktop 설치/관리 시간과 비용 절감
유연성	유연한 접속	Any Time/Device/place
	변화 적용	시스템 확장과 변화에 유연한 구조

2. 데스크톱 가상화의 계층별 구성요소

가. Desktop 가상화의 계층별 구성도

Client	Client 계층	서비스를 받는 계층
세션관리제	세션 관리자 계층	각 가상머신을 Client에게 연결
가상머신	가상머신 계층	가상 데스크톱을 중앙 서버에게 수행
스토리지	스토리지 계층	가상머신의 Data를 저장

4. Desktop 가상화 계층별 구성요소의 설명

계층	구성요소	설명	사례
클라이언트	사용자디바이스	가상화환경 접속서 사용할거기	PC, 스마트폰
	프로토콜	서버↔client 프로토콜	VMware
세션 관리자	세션브로커	사용자인증정책, 가상머신 정보	로드밸런싱
	인증서버	사용자 계정 통합관리, 인증감광	AD/LDAP
가상머신	하이퍼바이저	가상머신이 실행되는 platform	VMware CitrixXenserver
스토리지	스토리지	가상머신 OS&사용자 Data 저장	iSCSI, FC-SAN

3. Desktop 가상화 운영 방식 비교

항목	공유형 VDI	개별 VDI
특징	공유하는 OS이미지&응용프로그램	사용자별 VM이미지를 독립적 제공
장점	- 대용량의 저장공간 불필요 - 중앙집중적 OS&응용program 업데이트	자신의 PC처럼 사용
단점	- OS&응용프로그램은 VDI 서비스업체 제공품만 사용	- 많은 H/W 리소스 필요 - 동일 OS이미지&응용 데이터 발생

"끝"

문164)	TMR(Triple Modular Redundancy)
답)	
1.	다수결 값을 통한 장애 허용시스템 TMR의 개요
가.	TMR(Triple Modular Redundancy)의 정의
	동일한 모듈을 3개 구성하여 Major Voter를 통한 하나의
	모듈에러, 나머지 2개 Vote에 의해 결정하는 결함허용시스템
나.	Triple Modular Redundancy의 특징

안전무결성	삼중화 시간여분 기법 활용한 무오류 & 안정성 제공
높은 가용성	모듈이 고장 나더라도 시스템 작동하는 동안 교체 가능
유지보수용이	내장진단기능 통한 정확한 장애요인 파악 가능

2.	TMR의 구조도 및 구성요소
가.	TMR의 구조도(구성도)

동일한 모듈을 3개로 구성, 2개 이상의 값이 같은거 Voter

시스템으로 판단함

나.	TMR의 구성요소

구성요소	상세 내용
Input	3개의 모듈에 동일한 Data set을 Input
Module 1, 2, 3	세개의 동일한 논리회로(Logic)가 지정된 부울함수를 계산하기 위해 사용

		3개입력	Voter 측면에서는 3개의 입력
		Major Voter	Major Voter를 통해 3개 Modular의 Boolean 을 판단하여 Output에 전달
		Output	- 3개중 2개 이상 Success이면 Major Voter에의해 [성공처리]
			- TMR을 응용하여 Microprocessor측면에서 적용

3. TMR과 Self-purging Redundancy 비교

구분	TMR	Self-Purging Redundancy
개념	Major Voter를 통한판정	지정 임계치와 같거나 1이라도 크면 Threshold Voter는 1 출력
핵심구성요소	3개 Modular, Major Voter	Threshold Voter, Hot Space Module
처리기준	3개중 2개이상성공시 [처리]	5개중 Elementary 스위치>=2이면 성공처리

"끝"

문165)	System(SMP서버 및 저장장치)증설이 필요할 경우
	성능분석과 용량산정시의 고려사항에 대해 설명하시오.
답)	
1.	System 증설시 성능 및 용량 산정의 개요
가.	성능 및 용량산정의 정의

성능분석 (performance)	시스템 및 스토리지가 처리할 수 있는 처리량 (Throughout), 부하, 응답시간 등을 확인하는 과정
용량 산정 (Capacity)	서비스를 제공하기 위하여 필요한 CPU, Memory HDD, SSD, DB 등의 용량을 확인하는 process

나. 시스템 증설시 성능분석 및 용량 산정을 하는 이유

분류	설 명
성능 측정	성능분석을 통해 시스템 및 Storage 성능 파악, 측정, 확인
결함 검출	시스템 운영 및 서비스 제공시 발생하는 문제점 파악
병목 현상 제거	발생한 문제점을 Hardware 구성, OS 파라미터 수정, Software 수정 등을 통한 병목 제거
용량 산정	운영시스템의 용량이 peak time시 특정기간 동안 업무를 처리할 수 있는지 확인

다. 성능분석과 용량산정과의 관계

관계	성능분석과 용량산정 관계 설명
지속분석	운영시에도 지속적인 성능분석을 수행해야 함
상호보완	성능분석 결과를 용량산정시 이용해야 함
구축/증설	용량부족시 System & Storage의 신규/증설 고려

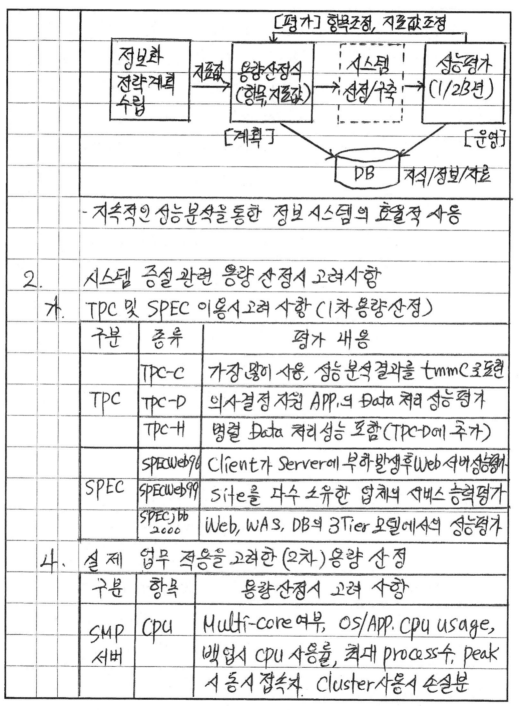

- 지속적인 성능분석을 통한 정보 시스템의 효율적 사용

2. 시스템 증설 관련 용량 산정시 고려사항

가. TPC 및 SPEC 이용시 고려 사항 (1차 용량산정)

구분	종류	평가 내용
TPC	TPC-C	가장 많이 사용, 성능 분석결과를 tmmC로 표현
	TPC-D	의사결정 지원 APP.의 Data 처리 성능평가
	TPC-H	병렬 Data 처리성능 포함 (TPC-D에 추가)
SPEC	SPECWeb96	Client가 Server에 부하발생후 Web서버 성능
	SPECWeb99	Site을 다수 소유한 업체의 서비스 능력평가
	SPECjbb 2000	Web, WAS, DB의 3Tier 모델에서의 성능평가

나. 실제 업무 적용을 고려한 (2차)용량 산정

구분	항목	용량산정시 고려 사항
SMP 서버	CPU	Multi-core 여부, OS/APP. CPU usage, 백업시 CPU 사용률, 최대 process수, peak시 동시 접속자, Cluster 사용시 손실분

TPC: Transaction processing performance
: 시스템의 성능평가 척도

SMP 서버	Memory	OS의 Kernel이 사용하는 메모리, Shared Memory, OS Buffer/Cache, Semaphore, Paging이 발생되지 않는 적정 메모리 용량산정	
	Disk	OS/App 설치 프로그램, System Log영역, Swap 영역, 서비스용 Data 탑재 영역, App Log, DB Archive영역, OS Mirror등	
스토리지 (Storage)	RAID	RAID 0, 1, 1+0, 0+1, 5, DP (dual Parity)등 최적의 안정성과 성능발휘 RAID 채택, Disk fail고려 Hot Spare 디스크 추가	
	Interface	향후 확장성을 고려한 Fiber channel, Infiniband, SCSI, USB, Thunderbolt, PCI-Express등의 Interface 선택	
SAN 스위치		최대 port 연결수, H/W /S/W Zoning (구역)	

3. 시스템 증설 관련 성능분석 시 고려사항

구분	항목	용량선정시 고려사항
SMP 서버	CPU	사용 Time (User/System/Idle), Run Queue Size, Thrashing, Blocking/Waiting Job, Page관련 CPU Job
	Memory	Page In/Out/Fault, Swap In/Out, Cache Hit/Miss, R/W Cache 이용률
	Disk	Busy율, Average Queue수, 코딩 (R/W) Job.

✱ Infiniband: PCI-Express, SAS 및 광 채널 저장 처럼 ↘Read
통신 채널과 같이 쌍방향 시리얼 버스를 이용하는 통신채널 write

			Web 서버	Keep Alive Time, Log File System Busy율
		APP.	WAS 서버	Heap Size Memory, Garbage Collection 그래프, JDBC Connection 수
			DB 서버	Buffer hit율, Lib. 히트율, Redo Size, DISK I/O
		SAN 스위치		port Busy율, traffic 검사

- H/W인 SMP 서버와 Storage 및 이를 사용하는 APP.을 포함하여 성능분석을 수행해야함.

4. System 운영시 성능 및 용량 산정시 고려사항

   가. 성능 & 용량산정은 항상 운영중에도 지속적으로 수행

   나. 년간, 월간, 일간, 주간 단위별 상시 성능/용량 산정

   다. 다양한 Biz를 위해 서버/스토리지 가상화 기술 도입.

   "끝"

문166)	UI(User Interface)와 UX(User Experience)를 비교하고 UX의 기술적인 요소에 대해 기술하시오.	
답)		
1.	System과 사용자의 의사소통, UI/UX의 정의	
	UI(User Interface) : 인간과 기계, Computer간의 행위와 반응등, 효율적인 의사소통 역할, 사용자 편의성 제공	
	UX(User Experience) : 사용자의 경험, 제품/서비스/실제 방식대로 상호작용 경험의 합(Sum)	
	UX는 UI와 Interface를 하고 Interaction을 합한 다양한 경험적 요소를 포함함	
2.	UI와 UX의 비교 & UX의 기술적인 요소	
가.	UI와 UX의 비교 (UI에서 UX로의 전환)	

	- UI의 부족한부분 UX로 보완, 다양한 OS로 대응, 환경변화대응	
나.	UX(User Experience)의 기술적요소	

분류	기술적 요소
터치조작 촉각 (Haptic)	Touch Targeting (크기,위치), 시각적 Feedback, 시맨틱 Zoom, 살짝 밀기및 수직으로 밀기, 광학줌 & 크기조정, Fanning(연속동작), 회전, Text/이미지선택

		디자인	Layout & 탐색, 명령(일관성), Page 디자인,
		스타일	애니메이션 (생동감), 입력체계 (두께, 크기, 위치)
		스냅및	유연한 View, Snap View, 꽉찬 View, 조정
		크기조정	화면에 맞게 크기조정, pixel 밀도에 맞게 크기
		Charm(매력)	검색, 공유 & Data교환, 각일 선택기,
		메뉴,기능성	위치인식 (지리정보), 장치인식 (마이크, 카메라등)
		타일&알람	App 타일 & 보조타일 (App이 신선/유용감), 알림
		로밍/설정	Roaming (언제든 App Easy 사용) 설정 (UI 변경)

"끝"

문16)	Computer의 성능을 측정하기 위한 Throughput, Turnaround Time, Response Time을 설명하시오.
답)	
1.	System 효율성 증대를 위한 CPU 스케줄링 기법의 개요
가.	CPU 스케줄링 (Scheduling)의 정의
-	process의 작업 수행을 위해 언제, 어느 process 에게 CPU을 할당할 것인지를 결정하는 작업 (Job)
나.	process Scheduling의 목표

용어	의미	기준
Throughput	처리능력 大	process/Thread의 시간당 처리개수
Turnaround Time	경과시간 小	Job에 대한 종료시간 - Queue 도착시간
Response time	응답시간 小	작업에 대해 첫번째 응답속도

2.	Scheduling 알고리즘의 종류

구분	알고리즘	처리 방식
선점형 (preemptive)	RR	시간할당량(Time Quantum)만큼 CPU점유
	SRT	수행시간이 가장 짧은 process부터 수행
	MLQ	분할후 정복, 상위단계/하위단계 구분
	MLFQ	Queue 마다 시간 할당량 가짐
비선점형 (Non-preemptive)	FCFS	먼저 진입된 Job부터 먼저 처리
	SJF	가장 짧은 Job부터 CPU에 할당
	HRN	짧은 작업이나 대기시간 긴 작업 우선처리
	priority	우선순위에 따라 CPU 할당

3.	최적의 CPU 스케줄링을 위한 성능 평가요소		
	요소	내용	시간계산
	처리능력	최대한 많은 Task 처리	= 작업량 처리 / 시간
	응답시간	-대화식 요청에 대해 최대한 빠른시간내 응답	응답시간 = 응답한시간 - 요청한시간 -평균응답시간 = 응답시간합/작업수
	경과시간	전체 작업 수행 시간을 최소화	경과시간 = 최종시간 - 진입시간 -평균경과시간 = 경과시간합/작업수

"끝"

| 문 168) | Computer System의 신뢰도 향상을 위해 사용되는 방법중의 하나인 체크포인팅(check pointing) 전략(Strategy)에 대하여 설명하시오 |

답)

1. Computer System (Data Base) 회복기법의 개요

가. Computer System의 회복 (Recovery) 기법의 개념

- 장애로 인해 손상된 컴퓨터 System(DB등)를 손상되기 이전의 안전한 상태로 복구시키는 작업

나. 회복 (Recovery)을 위한 주요 요소

주요요소	설 명
Dump	주기적으로 DB 전체를 다른 저장 장치에 복제
Log	DB가 변경될때마다 변경전/후 값을 별도 파일에 기록
Redo	Forward Recovery, 변경된 내용을 로그파일에 기록하고 장애(fault)시 로그기반 복구
Undo	Backward 회복, 장애 발생시 모든 변경내용을 취소

2. 컴퓨터시스템 (CDB)의 회복 기법.

가. 검사점 (checkpoint) 복원 기법 (체크포인팅 기법)의 원리

checkpoint (검사점)   Failure (장애)

T1 Log저장
무시
(2대로 사용)

T2   Log저장 Log   Log저장   T4   Undo 실행
              T3   (취소)

T: Transaction   Redo 실행 (Log 파일 기반)

		- 검사점(checkpoint)을 로그파일에 저장, 검사시점 이전에 처리된 Transaction은 회복 작업에서 제외(수행시간 단축)

4. 로그(Log) 기반 복원(Recovery) 기법

지연 갱신 (Deferred update)	트랜젝션이 부분완료될 때까지 모든 output 연산(Write)의 반영을 지연
즉시 갱신 (Immediate update)	트랜젝션 실행중 발생하는 변경 내용을 로그(Log)와 DB에 즉시 반영

3. 그림자 페이징(Shadow Paging) 복원 기법

- 현재 페이지 table은 주기억 장치에, 그림자 page table은 하드 disc에 저장하여 트랜젝션 성공시 현재 페이지 table 내용을 그림자 페이지에 저장 하고 트랙젝션 실패시는 그림자 페이지 내용을 이용하여 복구

"끝"

Iaas: Infra as a Service
- OSS: open source s/W

문 169) cloud operating system, open stack에 대해 설명하시오

답)

1. ☆ Iaas를 구현하기 위한 open sw, openstack의 개요
   가. ☆ public/private cloud 구축위한 OSS, openstack의 정의
      - OSS기반 cloud 구축/운용, 오픈소스 개발자, 회사, 사용자로 구성된 커뮤니티.
      - 서버, 스토리지, N/w, 가상화기술등을 제어하고 운영하기위한 cloud OS.
   나. openstack의 특징

   ☆
   | open Source (Apache 2.0특허) | open Design | open 개발 | open 커뮤니티 | open mind |

      - Infra as a Service 구현, OSS기반 project화

2. openstack의 구조 및 구성요소.
   가. open stack의 구조

   ☆ (2)

App.	Self서비스	통합인증	Cloud운용	→ open Source Project로 구체화
OS.	▨ open Stack Cloud 운영체제			
자원	Compute pool	Storage pool	N/w pool	→ 가상화기반

      - Core, Incubation, 커뮤니티 그룹으로 구체화되어 진행
   나. open stack의 구성도.

   ☆
Core	Nova (Compute), Glance (이미지서비스) Swift (Storage)로 project 진행
Incubation	Keystone (통합인증) Quantum (가상N/w서비스)
Related	Data Base, 커뮤니티 관리/운용.

3. 기업의 open stack의 적용현황
   - KT에서 swift 상용서비스 시작
   - 통신사업자의 public/private cloud 환경에 적용됨
   - fabric Computing 재려다입의 가속화예상.

"끝"

문 170) 도커 (Docker)에 대해 설명하시오.

답)

1. Hypervisor 없는 차세대 가상화, Docker의 개요

　가. 자동 배포(Release), platform 호환, Docker의 정의

　　리눅스 컨테이너 (Linux Container) 기술을 바탕으로 APP.

　　을 격리된 상태에서 실행하는 가상화 기술, Solution.

　　(Hypervisor 기반 가상화의 보완책으로 각광받고 있음)

　나. Docker(도커)의 특징과 장점

특징	아키텍처 로고	공유(Share)	Host OS 공유하는 방식
		격리	APP.이나 Process가 해당 컨테이너 내에서 SandBox 처리, 외부 무영향
장점	빠르고 가벼운 실행	최소한의 Resource 만으로 동작	
	-Hypervisor 동작 기반 대비 더 가볍고 Easy 가상화		
	Easy 개발환경	언어/개발환경 자원, 어디서나 실행가능	

2. Docker의 개념도와 구성요소

　가. Docker의 개념도 (Hypervisor 방식과 비교)

docker (도커)		Hypervisor(하이퍼 바이저)	
APP. A	APP. B	APP. A	APP. B
Bins/Libs	Bins/Libs	Bins/Libs	Bins/Libs
		Guest OS	Guest OS
Docker 엔진(Engine)		Hypervisor	
Host OS		Host OS	
Server		Server	

			도커엔진기준, Host와 도커로	Hypervisor 기준, Host와 VM
			구분. -도커엔진은 APP.과	으로 구분. -가상화 APP.은
			꼭필요한 Bins/Libs 만 보유	Bins/Libs도함. OS전체가 포함
	4.		Docker의 구성요소	

구성요소	설명및 특징
이미지	필요한 program + Libs, Source ⇒ 격리화
컨테이너	이미지 실행상태, Host에서 구동하기위한 개념
Linux Container	Container는 file system + process + N/W등과 가상화된 형태의 독립적이고 격리된 공간사용
도커엔진	사용자가 컨테이너를 생성하고 사용할수있도록함
도커허브	SaaS기반 서비스로 Docker 서비스 생성가능

	3.		Docker의 기대효과와 해결과제	
		기대 효과	개발과 운영의 호환성증가 (DevOps)	
			Agility 솔루션 제시, Container는 OS커널에 상관	
			없이 실행가능. -Easy 개발환경, 가벼운 가상화 환경	
		해결 과제	-복잡한 Enterprise APP.을 Cloud에서 구동 지원필	
			요. -좀 더 사용자 친화적인 UI/UX 제공필요.	
			-다양한 Tracking(추적) & Debugging 가능필요.	

"끝"

문 171)	유니커널 (Unikernel) 기반의 클라우드 운영체제
답)	
1.	유니커널 기반의 Cloud OS의 개요
가.	Unikernel 기반의 클라우드 운영체제의 정의
	- 클라우드 Software의 민첩성과 보안성을 위해 단일 응용과 Kernel을 하나의 실행이미지로 구성한 운영체제
나.	Unikernel 기반 클라우드 운영체제의 특징

	격리	단일 응용(Application)과 커널을 동일 주소(Address) 공간에 두어 다른 응용과의 완전한 격리 제공
	민첩성	기존 cloud 운영체제의 불필요한 기능 제거
	보안	엄격한 프로세스분리 (개별 응용의 독립된 kernel 갖음

2.	유니커널 기반 운영체제의 구조와 Software stack
가.	전통적인 운영체제에서의 kernel과 주소구조

Application, User영역 runtime, Lib 등	} User space	} 서로 다른
		} Addres
OS kernel (스케줄러, 프로세스등)	} Kernel Space	spaces
Hypervisor (optional)		
Hardware		

나.	Unikernel 과 주소공간

Application Code Libos, runtime OS services (System call) 등 Kernel.	} Single Address spaces 동일한 주소공간
Hypervisor (optional)	
Hardware	

3. 가상화, 도커와 컨테이너, 유니커널의 구조 비교

Virtual Machine	Docker & Container	Unikernel

- 공통 OS가 별도로 필요하지 않아 개발및 관리와 실행의

  편리성위해 Hypervisor와 Host OS를 포함하는 구조도 가능

- 향후 차세대 Cloud Computing에서 유니커널 기술을 사용

  하여 많은 데이터센터에서 더 많은 시스템 자원용량을

  확보할수 있을 것으로 기대.

"끝"

문/72) Micro-Service, MSA(마이크로서비스 Architecture)

답)

1. 마이크로 서비스(Micro-Service)의 정의

단일응용 프로그램을 나누어 작은 서비스 조합으로
구축함으로써 기존의 Monolithic 한 Application에
비해 변화에 좀 더 유연한 구조를 지향하는 서비스

2. Monolithic App과 Micro-Service 아키텍처의 비교

Monolithic Application	Micro-Service
-3개 Application Layer	-업무영역, 기능 & 담당자 별로
-단일 APP. 단일 DB 구조	서비스와 Data를 분리하여 독립적
-무거우며 복잡하게 구성	서비스로 개발
되어 있어 신중한 배포작업	-작고 가벼우며 독립적 배포 가능

3.　　MSA (Micro-Serivce Architecture)의 특징

　가.　MSA의 정의 - Micro-Service를 실행하는 구조로 서비스

　　요청이 왔을때 해당되는 Micro-Service로 연계하는

　　API Gateway를 갖고 있는 구조

　나.　MSA의 구조

- MS 서비스 사용위한 라우팅, 보안, 분산등
- 모든 MS를 등록하고 서비스간 통신을 중앙에서 통제

　다.　MSA의 특징

- API를 통해 Micro-Service간 통신가능
- Cloud 외부의 Micro-Service 호출가능
- 필요한 경우 Service 단위로 스케일링 IN/OUT
- Service 단위의 부하분산, Routing 지원

- Service 단위의 Update 가능
- API Gateway를 이용한 보안강화에 용이
- 꼼꼼한 설계가 필수

"끝"

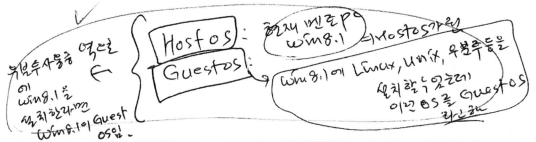

문/73)	가상화 (virtualization)에 대해 설명하시오.

답)
　　　　☆(3)

1. 자원의 효과적 활용을 위한 가상화의 개요

　가　가상화 (virtualization)의 정의
　　- 물리적으로 한개 혹은 다수의 자원을 논리적으로 통합,
　　혹은 분할하여 효율적으로 자원을 사용하는 방식.

　나　virtualization의 종류

스토리지 가상화	저장장치를 통합하여 관리
인프라 가상화	논리적인 관점에서 Server 접근
	-N/W, IT 기기, 정보서비스등 모든분야 가상화가능

2. 가상화 방식의 주요 기술 및 비교

　가　가상화 방식의 주요 기술

Hypervisor	-Guest OS와 Host OS사이의 가상화 지원프로그램
Partitioning	물리장치를 논리적으로 분할하는 방식
provisioning	논리적으로 구성된 장치를 사용자에게 보여줌(권한)
Grouping	물리적 장치를 논리적으로 통합

일종의
에물레이터
★
(3)

　나　가상화 방식간의 비교

구분	전 가상화	반 가상화
구성도	Guest OS Hypervisor Host OS H/W	Guest OS Hypervisor Host OS H/W

cpu

	정의	Host OS 및 H/W 전부를 가상화	일부만 가상화 게스트OS에서 HostOS 존재인지
	CPU지원	필요(Intel UT, AMD-V)	불필요
	OS수정	불필요	필요
	성능	성능저하	고성능 가능

3. 가상화의 문제점 및 발전방향

가. 가상화의 문제점 및 한계

장애 point	장애요인이 다수, 다수H/W관제, 모니터링도구 필수
Security	Hypervisor & 통합에 의한 결함, 장애 전파 가능
Lock-in	Vendor간 비호환성으로 가상화 제한. 이기종호환성저하
복잡성, Cost	Backup, 가용성/성능요인복잡, 가상화 장비 도입비용

나. 가상화의 발전방향

요소가상화	- 현단계, Infra 개별 자원들의 가상화수준
	- 비즈니스 요구 자원 최적화에 집중
통합가상화	- SLA와 가상화 기술의 통합
	- 비즈니스 지원위한 자원 최적화에 중점
완전가상화	- 비즈니스 변화에 따라 실시간 자원 최적화
	- Utility computing의 궁극적 실현

"끝"

문174)	Container 가상화	
답)		정의
1.	Container 기반 OS 레벨 가상화. Container 가상화의	
-	단일 Control Host 상에서 여러 개의 고립된 Container	
	들을 실행하기 위해 cgroups를 활용하여 자원을 할당	
	하는 빠르고 경량화된 가상화 기술	
2.	Container 가상화 구성도 및 기술	
가.	Container 가상화 구성도	

	주요 기술	설 명
나.	주요 Container 기술	
	LXC	Linux Container : 단일 리눅스 호스트에 다중의 독립된 리눅스 Container들을 운영하기 위해 운영/시스템 Level의 가상화 기술
	cgroups	Control group : CPU, memory, Block I/O, Network 등의 자원들을 할당하고 제어하는 기술
	Namespaces	하나의 System에서 수행되지만, 각각 별개

			Name spaces	의 독립된 공간인 것처럼 격리된 환경을 제공하는 기술
			SELinux	Container간 상호간섭을 격리하기 위한 역할
				기반의 접근 제어(Access Control) 보안 기술
3.			컨테이너 가상화의 장/단점	
			장점	빠른시작과 고효율도 / 가상환경이 kernel에서 공유
				높은 직접도 / 하나의 OS 기반
			단점	Host OS에 종속적 / LXC의 경우 리눅스 커널 기반 동작
				Container별 커널 구성 불가 / Container 別(별) 커널 구성 어려움

"끝"

문 175)	하이퍼 바이저 (Hypervisor) 두가지 유형에 대하여
	설명하시오
답)	
1.	효율적 서버 가상화 실현, 하이퍼 바이저의 개요
가.	하이퍼 바이저 (Hypervisor)의 정의
	- 하나의 Host Computer상에서 동시에 다수의 운영
	체제(OS)를 구동시킬수 있는 H/W와 OS사이에
	설치된 Software (S/W) 가상화 플랫폼
나.	Hypervisor의 역할

자원할당	H/W상 상위에서 CPU와 메모리등 상위 가상머신에게(할당)
강력한격리	실행을 위한 격리된 가상 Hardware 플랫폼 제공
에너지효율화	가상화통한 Host 컴퓨팅자원의 효율적 활용(전력 감소)
API 제공	상위 가상머신이 가상화 환경에서 사용할수있게 API제공

2.	하이퍼 바이저의 두가지 유형의 구조적 설명 & 상세 설명
가.	하이퍼 바이저의 두가지 유형의 설명

구분	Type1 (Native Hypervisor)	Type2 (Hosted Hypervisor)
구조		

		동작 방식	하이퍼바이저가 해당 H/W에서 직접 실행되며 게스트 운영체제는 Hardware 위에서 2번째 수준으로 실행	하이퍼바이저는 일반프로그램과 같이 호스트 운영체제에서 실행되며 VM 내부에서 동작하는 [ ]으로 실행됨 게스트 OS는 HW에서 3번째 수준

하이퍼바이저는 VMM (Virtual Machine Monitor)
라고도 불리며 Type1 (native), Type2 (Hosted)로 나뉨

4	하이퍼바이저의 두가지 유형의 설명		
	구분	Type1 (Native Hypervisor)	Type2 (Hosted Hypervisor)
	기술	반 가상화 (Para) 기술	전 가상화 (Full) 기술
	장점	-오버헤드 적음 -물리적 컴퓨터 리소스의 관리 유연	-게스트 OS의 종류에 제약 없음 -손 쉬운 도입 (Window, Linux등) -Desktop 등 컴퓨터 제약없음
	단점	-자체적으로 관리기능없음 (별도콘솔 & 컴퓨터 필요)	-오버헤드 크고, 물리적 컴퓨터에 의존적 (물리 컴퓨터의 H/W를 에뮬레이트)
	구현 사례	-VMWare ESX 서버 (VMware) -Xen Hypervisor (Citrix) -Power Hypervisor (IBM)	-VMWare Workstation (VMware) SUN Virtual Box (Oracle) -User Mode Linux
	공통점	-Host Computer의 H/W 자원의 효율적인 활용 -하이퍼바이저에 드라이버 포함 여부에 따라 구현 기술이 Monolithic과 Microkernel로 나뉘어 짐	

3.	Hypervisor의 두가지 유형별 활용 & 선정시 고려사항		
	- 지원 가능한 Guest OS, 보안, 안전성 및 관리용이		

성을 고려하여 Hypervisor의 선정을 고려해야 함

구분	Native 하이퍼바이저	Hosted 하이퍼바이저
활용	-기업의 데이터 센터 -비즈니스 환경의 유연한재응 -TCO 절감	-Client 가상화를 통한 논리적 망 분리 -테스트 환경의 효율적 사용

"끝"

문176) 메타버스 (Metaverse)

답)

1. Metaverse의 정의와 등장배경

가. 초월(Meta)의 세계(Verse), 메타버스의 정의

현실의 나를 대리하는 아바타를 통해 일상활동과

경제생활을 영위하는 3D기반의 가상세계

나. Metaverse의 등장배경

	도입의 시대 →	소셜 Networking시대 →	메타버스의 시대
배경	PC, 초고속인터넷확산 (1990)	스마트폰 대중화 (2010)	코로나 확산, 5G보급
특징	PC를 활용해 고정상소에서 필요한 기능 (정보검색, 쇼핑)을 이용 -집/사무실 등의 고정 장소	스마트폰, 모바일앱을 활용, 언제, 어디서나 필요한 기능(친목, 쇼핑, 학습등)을 이용/공유	아바타를 통해 통합된 가상환경에서 게임/소통/여행, 관광/생산/소비 등 일상생활을 영위
플랫폼	Naver, Daum 옥션, 이베이 등	트위터, 페이스북(메타) 구글, 에듀카이, 넷플릭스	제페토, 로블록스 포트나이트, 게더타운

2. Metaverse의 관점과 특징

가. 기능 진화/기술 관점에서 바라본 메타버스

관점	설명	기술융합
기능	각각의 서비스를 통합한 인터넷	정보검색, 소통, 게임등
진화	기존 인터넷이 3D 기반으로 진화됨 (새인터넷)	5G/6G 보급, XR등
기술	가상융합기술의 결합체	가상세계 구현등

4. Metaverse의 특징 (5C)

구분	설 명	
Canon 세계관	현실세계 + 가상세계 혼합	디지털 세계
Currency 디지털통화	생산/소비, 저장/교환용 화폐	사이버 Money(돈)
Creator 창작자	AI 조차도 콘텐츠 창작가능	3D 콘텐츠
Continuity 일상의 연장	일상의 연속성 보장	아바타와 상호작용
Connectivity 연결	서로 다른 메타버스와 연결	

3. Metaverse 활용분야

분야	종류
문화예술	메타버스 전용영화, 공연, 전시등 기획자, 제작자, 감독등
콘텐츠	메타버스 건축자, 아바타 제작자, 패션 디자이너등
체육	전용경기 개발자, 트레이너, 메타버스 게이머 등
관광	메타버스 전용 관광업, 투어가이드, 상품개발자등

"끝"

저 자 소 개

저자 권영식

- 성균관대학교 정보통신대학원 정보보호학과 졸업(공학석사)
- 삼성종합기술원 연구원
- 삼성전자 선임/책임/수석 연구원
- 국립공원공단 정보융합실장
- 컴퓨터시스템응용기술사, 정보시스템수석감리원
- 정보통신특급감리원, 정보통신특급기술자
- 과학기술정보통신부 IT 멘토
- 데이터관리인증심사원(DQC-M)
- 韓(한) · 日(일)기술사 교류회 위원
- https://cafe.naver.com/96starpe 운영자

개정증보판

정보관리기술사
컴퓨터시스템응용기술사
- vol. 2 운영체제

2014. 10. 28. 1판 1쇄 발행
2015. 11. 10. 1판 2쇄 발행
2022. 5. 30. 개정증보 1판 1쇄 발행

지은이 │ 권영식
펴낸이 │ 이종춘
펴낸곳 │ BM ㈜도서출판 **성안당**

주소 │ 121-838 서울시 마포구 양화로 127 첨단빌딩 3층(출판기획 R&D 센터)
     │ 413-120 경기도 파주시 문발로 112 파주 출판 문화도시(제작 및 물류)

전화 │ 02) 3142-0036
     │ 031) 950-6300

팩스 │ 031) 955-0510
등록 │ 1973. 2. 1. 제406-2005-000046호
출판사 홈페이지 │ **www.cyber.co.kr**
ISBN │ 978-89-315-5837-1 (13000)
정가 │ 40,000원

이 책을 만든 사람들

책임 │ 최옥현
진행 │ 최창동
본문 디자인 │ 이다혜
표지 디자인 │ 박원석
홍보 │ 김계향, 이보람, 유미나, 서세원, 이준영
국제부 │ 이선민, 조혜란, 권수경
마케팅 │ 구본철, 차정욱, 오영일, 나진호, 강호묵
마케팅 지원 │ 장상범, 박지연
제작 │ 김유석